Splunk 6 핵심 기술

빅데이터 분석과 최적화를 위한

# Splunk 6 핵심 기술

제임스 밀러 지음 │ 이미정 옮김

# 지은이 소개

## 제임스 밀러<sup>James Miller</sup>

IBM이 공인한 유능한 시니어 프로젝트 리더이자 애플리케이션/시스템 아키텍트, 개발자로서 35년간 다양한 애플리케이션/시스템 디자인과 개발을 담당해왔다. 국가 재정 성과 관리<sup>National Financial Practice Management</sup> 수행 책임자, 마이크로소프트 공인 솔루션 전문가, 기술 리더, 기술 교육자, 최고 기술 전도사<sup>practice evangelist</sup> 같은 다양한 직함을 갖고 있다. 비즈니스 인텔리전스, 예측 분석, 웹 아키텍처와 디자인, 업무 분석, GUI 디자인과 테스트, 데이터베이스 모델링 및 시스템 분석 경험이 있으며, 사용자 기반, 서버 기반, 웹 기반, 메인프레임 기반 애플리케이션, 시스템 및 모델의 디자인과 개발에 참여했다.

비즈니스 업무 분석 및 리엔지니어링, 요구사항 문서화, 평가 및 프로젝트 계획/관리, 구조적 평가 및 최적화, 테스트 준비, 자원 관리를 포함한 솔루션 디자인 및 개발과 관련된 모든 일을 주도적으로 담당했다. 메인프레임 시스템(DB2, 로손<sup>Lawson</sup>, 그레이트 플레인즈<sup>Great Plains</sup> 등)과 클라이언트/서버 간 혹은 SQL 서버와 웹 기반 애플리케이션 사이의 데이터 이관 같은 ETL 인프라 개발과 엔터프라이즈 및 데이터 소스 통합과 관련된 일에도 참여했다.

또한 온라인 거래 애플리케이션, 웨어하우스 처리 제어 및 관리 시스템, 제어 애플리케이션을 포함한 다양한 웹사이트의 디자인, 개발, QA, 배송을 담당하는 인터넷 애플리케이션 개발 매니저 역할은 물론, 자산가치가 4억 5,000만 달러인 기업의 CFO와 임원진을 위한 웹 기반 재무 보고 시스템의 디자인, 개발, 관리를 담당했다.

프로젝트와 팀 리더, 리더 개발자, 애플리케이션 개발 디렉터 같은 다양한 리더십 역할로서, 여러 가지 기술과 플랫폼을 활용해 많은 자원을 처리하고 관리했다.

『IBM Cognos TM1 Developer's Certification Guide』의 저자이자, '최고 사례 구축 <sup>Establishing a Center of Excellence</sup>' 등 모범 사례를 다룬 수많은 백서의 저자이기도 하다. 또한

개인적 경험과 업계에서의 모범 사례를 바탕으로 한 수많은 관련 주제의 글을 블로그에 올리고 있다.

현재 그가 관여 중인 기술 인증은 다음과 같다.

- IBM Certified Developer - Cognos TM1(perfect score - 100 percent in exam)
- IBM Certified Business Analyst - Cognos TM1
- IBM Cognos TM1 Master 385 Certification(perfect score - 100 percent in exam)
- IBM Certified Advanced Solution Expert - Cognos TM1
- IBM Certified TM1 Administrator(perfect score - 100 percent in exam)

IBM 코그노스 BI 및 TM1, SPSS, 스플렁크, dynaSight/arcplan, ASP, DHTML, XML, IIS, MS 비주얼 베이직Visual Basic 및 VBA, 비주얼 스튜디오Visual Studio, 펄Perl, 웹스위트WebSuite, MS SQL 서버, 오라클Oracle, 사이베이스Sybase SQL 서버, 다양한 OLAP 툴 등에 관한 기술적인 전문성을 보유하고 있다.

---

항상 모든 것을 헌신하는 나의 아내이자 소울 메이트, 나네트 밀러에게 감사의 말을 전하고 싶습니다.

---

# 기술 감수자 소개

### 크리스토퍼 브리토Christopher Brito

필라델피아에 거주하며, 실시간 운영 데이터를 관리하는 시스템을 설계하고 구축했다. 2009년부터 스플렁크와 함께했는데, 루비Ruby를 위한 스플렁크 검색 API 클라이언트Splunk search API client for Ruby의 창시자이자 유지 관리자로 유명하다.

### 브누아 훗지아Benoit Hudzia 박사

차세대 클라우드 기술을 설계하는 클라우드/시스템 아키텍트이자 스트라토스케일Stratoscale의 아일랜드 운영을 담당하고 있다.

이전에는 SAP HANA 엔터프라이즈 클라우드에 대한 수석 연구원 및 아키텍트로 일했다. 학술서 20권 이상의 저자이면서 가상화, OS, 클라우드, 분산 시스템 등의 분야에서 다수의 특허를 보유하고 있다. 그의 코드와 아이디어는 다양한 SAP 상용 솔루션뿐만 아니라 QEMU/KVM 하이퍼바이저hypervisor, 리눅스 커널, 오픈스택OpenStack 같은 오픈소스 솔루션으로 구현됐다.

현재는 가상화, 클라우드, (레고 클라우드Lego cloud라고도 하는) 고성능 컴퓨팅의 유연성을 조합하는 연구에 힘쓰고 있다. 이 프레임워크의 목표는 물리적 서버의 메모리, I/O, CPU 자원을 재분배하면서, 일반적인 하드웨어에 구축된 순수 리눅스 애플리케이션뿐만 아니라 리눅스/KVM VM에 대한 동적 관리 및 단일화aggregation 기능을 제공하는 것이다.

# 옮긴이 소개

이미정 (puremjlee@gmail.com)

성균관대 전자, 전기 컴퓨터공학부를 졸업하고, 한동대학교 정보통신공학 석사학위를 이수했다. 삼성전자 LSI 사업부 기술개발실에 근무했으며, 오라클 미들웨어 사업부에서 컨설턴트로 활동했다. 현재는 스플렁크 총판인 MDS 테크놀로지 IS 사업부에서 프리세일즈로 재직 중이다. 에이콘출판사에서 출간한 『Pig를 이용한 빅데이터 처리 패턴』(2014년)을 번역했다.

# 옮긴이의 말

2005년 오라일리 미디어O'Reilly Media의 시장조사 연구 담당 로저 모갈라스Roger Mougalas
가 '빅데이터'라는 용어를 처음으로 언급하고 연이어 같은 해 구글의 맵리듀스
MapReduce를 기반으로 한 하둡Hadoop이 야후Yahoo에 의해 탄생함으로써 빅데이터의 역사
가 시작됐다. 그러나 10년이 지난 지금에도 빅데이터에 쏟아지는 열렬하고도 지속적
인 관심은, 그에 대한 비즈니스 측면의 기대치에 비해 제대로 된 활용 사례가 많지 않
음을 반증하는 것이라 할 수 있다. 물론 IoT, M2M 같은 개념이 등장하면서 빅데이터
의 영역이 확장됨에 따라 관심이 증폭됐다는 사실에는 이론의 여지가 없다.

스플렁크Splunk에 주목해야 하는 이유가 바로 여기에 있다. 스플렁크가 수집할 수 있
는 데이터에는 거의 제한이 없다. 모든 비정형 데이터에 대한 수집은 물론, 분석과 시
각화가 가능하다. 하둡은 데이터의 수집과 저장에, R은 데이터 분석에 특화된 솔루션
인 반면, 스플렁크는 데이터의 수집, 분석, 시각화를 단일 플랫폼으로 처리할 수 있는
그야말로 빅데이터만을 위한 솔루션인 것이다. 실제 스플렁크는 주로 이기종 장비에
서 발생하는 데이터를 다루는 IT 운영, FDS, 보안관제, 산업용 데이터 분석 등 다양한
적용 사례를 보유하고 있으며, IoT, M2M과 관련된 분야에서 역시 광범위하게 사용되
고 있다.

이런 시점에서 스플렁크 6.0 버전에 대한 이 책『Mastering Splunk』를 번역하게 되어
막중한 책임감을 느꼈다. 스플렁크 6.0 버전은 이전 버전에 비해 UI는 물론 인덱스 속
도 개선 및 데이터 분석과 관련된 많은 기능이 추가됐으며, 하둡과 클라우드 환경을
지원하도록 발전됐다. 엔지니어라면 누구나 엄지손가락을 높이 치켜들 만큼 만족스
러운 솔루션임을 확신하는 고로, 이 책을 통해 스플렁크가 제공하는 많은 기능을 현
업에 적용할 수 있는 아이디어를 얻게 되리라 믿어 의심치 않는다.

이 책의 화면은 스플렁크 영어 버전을 기준으로 하고 있으므로 모든 메뉴 및 기능을
영문으로 표기했다. 그러나 다수의 한국 사용자들이 스플렁크 한국어 버전을 사용하
고 있음을 고려해 한국어 표기를 병기했다(참고로 스플렁크의 언어 설정은 인터넷 브라우저

의 언어 설정에 따른다). 현업에서 실제 영어로 많이 사용되는 단어는 의미 전달이 중요하다는 판단에서 굳이 번역하지 않고 음독 표기했다. 끝으로, 매끄러운 번역이 될 수 있도록 개념과 용어에 대한 조언뿐만 아니라 세부적인 내용을 세세하게 검토해준 오라클 컨설턴트 이창재 님께 감사의 말씀을 전한다.

# 목차

## 2장    고급 검색                                                                51

# 들어가며

이 책은 스플렁크 입문자를 위한 내용 외에, 엔터프라이즈 아키텍처 관점과 관련된 심도 있는 주제들로 구성되어 있다(예제 또한 제공한다). 또한 모든 스플렁크 전문가가 갖춰야 할 사고 리더십thought leadership을 소개하는 실용적인 책이다.

또한 이 책은 스플렁크의 주요 기능을 설명하면서 각 기능에 대한 문법과 실제 사례를 제공해 스플렁크를 쉽게 이해할 수 있게 하고, 엔터프라이즈 관점에서 스플렁크의 지식 개발 접근법에 대한 주요 개념을 소개한다.

## 이 책의 구성

1장 '스플렁크의 활용'에서는 스플렁크가 무엇인지, 그리고 스플렁크가 조직의 아키텍처 로드맵상에서 어떻게 활용될 수 있는지를 설명한다. 스플렁크 기술을 위해 고려해야 하는 표준 혹은 스플렁크의 일반적인 사용 사례와 함께 스플렁크가 발전해온 과정을 논의한다. 마지막으로, 스플렁크가 즉각적으로 적용되는 분야를 소개한다.

2장, '고급 검색'에서는 고급 검색과 관련된 내용 및 기술에 대해 설명하고 관련 예제를 함께 제공한다. 검색 연산자, 명령어 포맷과 태그, 서브검색, 매개변수를 이용한 검색, 매크로와 검색 결과를 활용한 효과적인 검색 기법을 중점적으로 다룬다.

3장 '테이블, 차트, 필드 정복'에서는 테이블, 차트, 필드를 활용하는 방법을 상세히 설명하고 실제 사례를 함께 제공한다.

4장 '룩업'에서는 스플렁크 룩업과 워크플로우를 다루는데, 필드와 스크립트 룩업을 포함한 룩업의 설계와 활용 측면에 대해 심도 있는 논의를 전개한다.

5장, '혁신적인 대시보드'에서는 스플렁크 대시보드의 기본 기능을 설명하고, 비즈니스 측면에서 효과적인 대시보드를 만들기 위해 스플렁크가 제공하는 고급 기능을 활용하는 방안을 논의한다.

6장, '인덱스와 인덱싱'에서는 인덱싱을 정의하고, 인덱싱의 기능과 중요성을 설명하며, 인덱싱의 기초 개념과 고급 개념을 단계적으로 살펴본다.

7장 '앱 개선'에서는 탐색, 검색, 공유 같은 스플렁크 애플리케이션 및 애드온add-on과 관련된 심화된 내용을 다룬다. 추가 애플리케이션 예제를 찾는 소스도 함께 제공한다.

8장, '모니터링과 경고'에서는 스플렁크 기술 중 모니터링과 경고 기능에 대해 설명하고, 스플렁크와 그 외 모니터링 툴을 비교한다.

9장, '스플렁크 트랜잭션'에서는 엔터프라이즈 관점에서 스플렁크 트랜잭션을 정의하고 설명한다. 트랜잭션과 트랜잭션 타입, 트랜잭션의 고급 사용법, 트랜잭션의 설정 유형, 이벤트 그룹화, 동시발생 이벤트, 트랜잭션 시 주의사항 등을 다룬다.

10장, '엔터프라이즈를 위한 스플렁크'에서는 엔터프라이즈 관점에서 스플렁크를 소개한다. 명명 규칙, 문서화, 비전의 구현 같은 중요한 개발 모범 사례를 자세히 설명한다.

부록, '퀵 스타트'에서는 스플렁크 전문가가 되기 위해 활용할 수 있는 다양한 정보(인증 트랙에서부터 회사의 웹사이트와 지원 포털뿐만 아니라 그 외 부가적인 정보)를 제공한다. 또한 최신 스플렁크 버전을 찾고 기본설정으로 설치하는 과정을 함께 살펴본다.


## 준비물

이 책은 공식적인 교육을 받거나 기가바이트에 달하는 도움말 파일을 정독할 시간이 없음에도 불구하고 스플렁크 전문가가 되기 원하는 독자를 위한 문서다. 윈도우 컴퓨터, 윈도우에 대한 기본 지식, 탐색하고자 하는 데이터만 있으면 된다.


## 대상 독자

엔터프라이즈 아키텍처 관점에서 빅데이터를 다루는 고급 전략을 학습하기 원하는 스플렁크 개발자를 위한 책이다. 스플렁크에 관한 실용적인 정보를 얻게 될 것이다.

스플렁크에 대한 기본 지식이 있든 없든, 이 책은 전문적인 지식과 일반적인 단계별 스플렁크 솔루션 예제를 제공함으로써 독자를 스플렁크 전문가로 만들어줄 것이다.

## 이 책의 편집 규약

이 책에서는 정보의 유형에 따라서 텍스트의 스타일이 바뀐다. 각 스타일은 다음과 같은 의미를 지닌다.

문장 속에서 코드는 다음과 같이 표기한다.

"py 스크립트를 보면 예제에서 MS 윈도우에서 지원되는 socket.gethostbyname_ex(host) 함수가 사용됐음을 알 수 있다."

코드 블록은 다음과 같이 표기한다.

```
[subsearch]
maxout = 250
maxtime = 120
ttl = 400
```

코드의 특정 부분을 강조할 때는 굵은 서체로 표현한다.

```
lookup BUtoBUName BU as "Business Unit" OUTPUT BUName as "Business
Unit Name" | Table Month, "Business Unit", "Business Unit Name", RFCST
```

일부 커맨드라인 혹은 출력은 다음과 같이 표현한다.

```
splunk restart
```

메뉴나 대화상자처럼 컴퓨터 화면에 표시되는 단어는 다음과 같이 고딕체로 표기한다.

"Settings<sup>설정</sup>으로 이동한 후 Indexes<sup>인덱스</sup>로 이동하라."

 경고나 중요한 알림은 이와 같은 상자로 표시한다.

 팁이나 멋진 비법은 이렇게 표시한다.

## 독자 의견

책을 읽는 독자 여러분의 의견은 언제든지 환영한다. 이 책을 어떻게 생각하는지 부담 없이 이야기해준다면 좋겠다. 더 유익한 책을 만드는 데 있어 독자의 의견은 무엇보다 중요하다.

일반적인 의견은 이 책의 제목을 메일 제목으로 해서 feedback@packtpub.com으로 보내면 된다.

특정 분야의 책을 쓰거나 기여하는 데 관심이 있다면 www.packtpub.com/authors에 있는 저자 가이드를 참조하기 바란다.

## 고객 지원

팩트 출판사의 구매자가 된 독자에게 도움이 되는 몇 가지를 제공하고자 한다.

### 이 책의 컬러 이미지 파일 내려받기

이 책에서 사용된 화면/도표의 컬러 이미지 역시 PDF 파일로 제공한다. 컬러 이미지를 통해 결과에서 나타나는 변경사항을 좀 더 쉽게 이해할 수 있을 것이다. https://www.packtpub.com/sites/default/files/downloads/3830EN_ColoredImages.pdf에서 다운로드 가능하다. 에이콘출판사 도서정보 페이지 http://www.acornpub.co.kr/book/mastering-splunk에서도 내려받을 수 있다.

### 오탈자

내용을 정확하게 전달하려고 온 힘을 다했지만, 실수가 있을 수 있다. 팩트 출판사의 책에서 텍스트나 코드상의 문제를 발견해서 알려준다면, 매우 감사하게 생각할 것이다. 그러한 참여를 통해 다른 독자에게 도움을 주고, 다음 버전에서 책을 더 완성도 있게 만들 수 있다. 오자를 발견한다면 http://www.packtpub.com/submit-errata에서 errata submission form 링크를 통해 구체적인 내용을 알려주기 바란다. 보내준 내용이 확인되면 웹사이트에 그 내용이 올라가거나, 해당 서적의 정오표 섹션에 그 내용이 추가될 것이다. http://www.packtpub.com/support에서 해당 타이틀을 선택하면 지금까지의 정오표를 확인할 수 있다. 한국어판은 에이콘출판사의 도서정보 페이지 http://www.acornpub.co.kr/book/mastering-splunk에서 찾아볼 수 있다.

## 저작권 침해

인터넷에서의 저작권 침해는 모든 매체에서 벌어지고 있는 심각한 문제다. 팩트 출판사에서는 저작권과 사용권 문제를 아주 심각하게 인식하고 있다. 어떤 형태로든 팩트 출판사 서적의 불법 복제물을 인터넷에서 발견한다면 적절한 조치를 취할 수 있게 해당 주소나 사이트명을 알려주길 부탁한다.

의심되는 불법 복제물의 링크를 copyright@packtpub.com으로 보내주기 바란다.

저자와 더 좋은 책을 위한 팩트 출판사의 노력을 배려하는 마음에 깊은 감사의 마음을 전한다.

## 질문

이 책에 관련된 질문이 있다면 qucstions@packtpub.com으로 문의하기 바란다. 온 힘을 다해 질문에 답해드리겠다. 한국어판에 관한 질문은 이 책의 옮긴이나 에이콘출판사 편집팀(editor@acornpub.co.kr)으로 문의할 수 있다.

# 1
# 스플렁크의 활용

1장에서는 스플렁크<sup>Splunk</sup>가 무엇이며, 조직의 아키텍처 로드맵상에서 어떻게 활용할 수 있는지 알아본다. 또한 스플렁크 기술이 발전해온 과정과 함께, 관련 표준이나 일반적인 사용 사례를 다루고자 한다. 마지막으로, 스플렁크의 기본 기능을 활용하는 방법을 제시할 것이다.

1장에서 다루는 내용은 다음과 같다.

- 스플렁크의 정의
- 스플렁크의 발전
- 스플렁크의 일반적인 사용
- 스플렁크 사용 영역의 확장

## 스플렁크의 정의

"스플렁크는 캘리포니아 샌프란시스코에 본사를 둔 미국의 다국적 기업으로서, 웹 방식의 인터페이스를 사용해 머신에 의해 생성된 빅데이터를 검색, 모니터링, 분석하는 소프트웨어를 생산한다."

– http://en.wikipedia.org/wiki/Splunk

(동굴 탐험[1]이라는 뜻을 가진) **스플렁크**라는 회사는 머신에 의해 생성된 데이터에 모든 사람이 쉽게 접근하고, 사용 가능하며, 가치를 이끌어낼 수 있게 만들자는 혁신적인 비전 아래 마이클 바움[Michael Baum], 롭 다스[Rob Das], 에릭 스완[Erik Swan]이 2003년에 설립했다.

(빅데이터에서 가장 빠르게 성장하는 분야 중 하나인) 머신 데이터는 인간의 개입 없이 자동으로 생성된 정보라고 정의된다. 이 데이터는 웹사이트, 서버, 애플리케이션, 네트워크, 모바일 기기 등을 포함하는 광범위한 소스에서 생성될 수 있고, 다양한 환경에 산재하며, 심지어는 클라우드 방식으로 존재할 수도 있다.

스플렁크(제품)는 완전한 웹 기반 인터페이스뿐만 아니라 표준 커맨드라인[standard command line]을 통해 실행되며, 과거 누적 데이터와 실시간 데이터 모두에 대용량 고성능 인덱싱[indexing]을 수행한다.

스플렁크는 원본 데이터의 저장을 요구하지 않는다. 대신 원본 데이터의 압축본을 (인덱싱 정보와 함께) 저장함으로써 원본 데이터를 삭제하거나 이동(혹은 제거)할 수 있게 한다. 이후 스플렁크는 이런 검색 가능한 저장소로부터 그래프, 보고서, 경고[alert], 대시보드, 구체적인 시각화 자료[visualization]를 효율적으로 생성하고 활용할 수 있게 한다.

스플렁크의 주요 제품인 **스플렁크 엔터프라이즈**[Splunk Enterprise]를 줄여서 **스플렁크**[Splunk]라고 한다. 스플렁크는 최대 성능을 보장하기 위해 C/C++와 파이썬[Python]으로 구현됐으며, 스플렁크의 기능성과 효율성을 극대화하기 위해 자신만의 **검색 처리 언어**[SPL, Search Processing Language]를 사용한다.

스플렁크 문서는 SPL을 다음과 같이 설명하고 있다.

> "SPL은 스플렁크 소프트웨어와 함께 사용할 목적으로 스플렁크 사에서 개발한 검색 처리 언어다. SPL에는 모든 검색 명령어와 함수(function), 인자(argument), 절(clause)이 포함된다. SPL의 문법은 유닉스(UNIX) 파이프라인과 SQL을 기반으로 한다. SPL의 기능적 범위는 데이터 검색, 필터링, 수정, 조작, 삽입, 삭제 등을 아우른다."

---

1  스플렁킹은 원래 동굴 탐험을 뜻하는 단어였으나 IT 기술자들이 데이터 검색을 동굴 탐험에 비유하면서, 빠르게 데이터를 찾는다는 뜻으로 사용되기 시작했다. - 옮긴이

## 스플렁크 사용을 위한 준비

표준 인스톨러<sup>installer</sup>를 사용하면 개발자 랩톱이나 엔터프라이즈 서버, 그 외 (거의) 모든 시스템에 수 분 안에 스플렁크를 설치할 수 있다. 어떤 외부 패키지도 필요하지 않으며, 깔끔하게 하나의 디렉토리 안에 설치된다(보통 c:\Program Files\Splunk). 설치가 완료되면 빌드 버전과 최신 온라인 문서 위치를 확인하기 위해 리드미<sup>readme</sup> 파일인 splunk.txt를 참조할 수 있다.

이 책을 쓰는 시점에 웹사이트 http://docs.splunk.com에서는 스플렁크를 처음 접하는 사용자를 위해 충분한 문서를 제공하고 있다. 모든 정보는 온라인에서 읽을 수 있으며, 오프라인에서 읽거나 출력할 수 있게 PDF 포맷으로 다운로드 가능하다. 더불어, 추후 참조하기 위해 스플렁크 Splexicon<sup>용어집</sup>을 북마크해놓는 것도 좋은 방법이다. 스플렁크 용어집은 스플렁크 특유의 기술 용어에 대한 유용한 온라인 포털이며, 모든 용어 정의는 스플렁크 문서 내 명시된 관련 정보와 링크로 연결되어 있다.

설치가 완료됐다면 스플렁크를 사용하기 위한 준비는 끝난 셈이다. 스플렁크에서는 특정 제품의 데이터를 다루기 위해 어떠한 추가적인 통합 작업도 필요하지 않다. 스플렁크는 접근할 수 있는 거의 모든 데이터 혹은 데이터 소스에서 간단하게 동작하지만, 만약 도움이 필요한 경우에는 사용자 질문에 답하거나 특정 제품 통합을 위한 서비스를 제공하는 스플렁크 전문 서비스 팀의 지원을 받을 수 있다. 이 팀은 티볼리 넷쿨<sup>Tivoli Netcool</sup>, HP 오픈뷰<sup>OpenView</sup>, BMC 패트롤<sup>PATROL</sup>, 나기오스<sup>Nagios</sup> 같은 기술과 스플렁크의 통합에 어려움을 겪는 고객을 도와주는 역할을 한다.

테스트와 평가가 목적일 때는 일반적으로 스플렁크를 단일 머신(데이터 입력, 인덱싱, 검색, 보고<sup>reporting</sup> 등을 포함한 모든 일을 관리하는 단일 인스턴스 혹은 스플렁크 서버)에 배포한다. 스플렁크가 단일 그룹 혹은 부서 전체를 지원하는 경우, 각각의 기능을 여러 개의 스플렁크 서버에 분산하는 것이 일반적인 방법이다.

예를 들어 입력 데이터를 읽는 하나 이상의 스플렁크 인스턴스, 인덱싱을 위한 하나 이상의 인스턴스, 검색과 보고를 위한 인스턴스들이 존재하는 경우다. 스플렁크 서버는 다음과 같은 목적으로 구현되며, 스플렁크 서버의 용도와 개수를 정하는 많은 방법이 있다.

- 활용 목적

- 특정 데이터 타입 처리
- 특정 작업 처리
- 팀 혹은 그룹의 지원 작업
- 지식 객체<sup>knowledge object</sup>의 그룹화(지식 객체는 매우 다양하게 정의될 수 있으며, 이 책 전체에서 여러 번 다루는 주제다.)
- 보안
- 주위 환경에 따른 사용(테스트, 개발, 운영)

엔터프라이즈 환경에서 스플렁크는 운영 서버에 직접 배포될 필요가 없다(그렇게 되지도 않을 것이다). 참고로, 로컬 파일을 읽거나 로컬 데이터 소스로부터 파일을 읽기 위해 스플렁크를 서버에 직접 설치한 경우, CPU와 네트워크 사용량은 이러한 파일을 Tail 처리해서 그 결과물을 넷캣<sup>Netcat</sup>으로 파이프 처리할 때 발생하는 부하와 일반적으로 비슷하다. 파일을 읽고 네트워크를 통해 넘겨줄 때 스플렁크 서버가 사용하는 메모리는 서버의 물리 메모리 중 30MB 미만이다(예측 사용량에 따라 설치 방법이 달라질 수 있는데, 더 많은 자원을 요구하는 것이 보통이다).

중간 혹은 대용량 스플렁크를 구현하기 위해 여러 개의 스플렁크 인스턴스(혹은 서버)기 사용되는 경우가 일반적인데, 인스턴스들은 특정 목적 혹은 필요에 따라 그룹으로 나뉘고 범주화될 수 있다.

스플렁크의 이런 다양한 배포 환경에 따라 스플렁크의 겉모습과 동작하는 방식이 완전히 달라질 수 있다. 이런 배포 혹은 설정 그룹을 스플렁크 앱<sup>Splunk app</sup>이라고 하는데, 사용자의 요구사항에 따라 일일이 설정을 다르게 하여 배포하는 방식보다 이런 앱이 훨씬 쉽고 빠른 사용을 위한 구성 방식이라 할 수 있다.


## 범용 파일 처리

스플렁크는 어떤 디바이스 혹은 애플리케이션에서도 포맷에 상관없이 모든 종류의 데이터를 읽을 수 있는 기능이 있다. 이런 기능의 핵심은 데이터를 운영 인텔리전스<sup>OI,</sup> <sup>operational intelligence</sup>로 변환할 수 있다는 점인데, 일반적으로 특별한 설정 없이, 어떤 특수한 파서<sup>parser</sup>나 어댑터 없이도 기본 기능만으로<sup>out-of-the-box</sup> 특정 데이터 포맷을 다룰 수 있다.

스플렁크가 사용하는 효율적인 내부 알고리즘을 통해 새로운 데이터와 데이터 소스가 자동으로 처리된다. 일단 스플렁크가 새로운 데이터 타입을 인식하게 되면, 이후 그 데이터 타입을 다시 인식할 필요가 없기 때문에 데이터 처리 시간을 단축할 수 있다.

스플렁크는 로컬 데이터와 원격 데이터 모두를 처리할 수 있기 때문에 거의 무한대로 확장이 가능하다. 이는 처리 대상 데이터가 (스플렁크의 로컬 데이터로서) 스플렁크 인스턴스와 같은 머신에 위치하거나 혹은 완전히 다른 머신, 즉 실제로 어디에나 (원격 데이터로서) 위치할 수 있다는 뜻이다. 심지어 클라우드 기반 데이터까지 다룰 수 있다.

일반적으로 스플렁크의 사용을 고려할 때는 데이터를 네 가지 데이터 소스 중 하나로 분류하면 유용하다.

보통 스플렁크 데이터(혹은 입력) 소스는 다음과 같이 분류할 수 있다.

- **파일, 디렉토리**: 물리적 파일 혹은 파일 위치(디렉토리 혹은 폴더가 된다.)
- **네트워크 이벤트**: 머신과 관련된 혹은 운영 환경과 관련된 이벤트로 기록되는 데이터
- **윈도우 데이터 소스**: 이벤트 로그, 레지스트리registry 변경, 윈도우 관리 도구Windows Management Instrumentation, 액티브 디렉토리Active Directory, 메시지 교환, 성능 감시 정보를 포함하는 MS 윈도우의 특정 입력과 관련된 데이터
- **그 외 데이터 소스**: 메인프레임 로그, FIFO 큐queue, API와 기타 원격 데이터 인터페이스를 통한 스크립트 입력 같은 거의 모든 데이터 소스 타입

## 기밀성과 보안

스플렁크는 표현 계층presentation layer에서 검색 및 결과를 조종함으로써 전형적인 역할role 기반 보안 모델을 사용해 유연하고 효과적인 방법으로 모든 인덱싱 데이터를 보호한다.

접근 제어access control를 구현하기 위해 다음과 같은 창의적인 방법이 사용되기도 한다.

- 하나 이상의 스플렁크 인스턴스를 설치하고 환경을 설정한다. 각 인스턴스는 특정 사용자를 겨냥한 데이터만 다루도록 설정된다.
- 스플렁크 역할에 따라 인덱스를 분리한다(간단한 예로 권한이 필요한 역할과 일반적인 역할로 구분할 수 있다).
- 특정 용도, 목적 혹은 스플렁크 보안 역할에 따라 각각의 앱을 설정한다.

접근 제어를 구현하는 고급 기법에는 필드 암호화, 검색 차단, 감지된 데이터에 대한 필드 에일리어싱<sup>aliasing</sup>이 있다(이 책의 설명과는 별개로 이런 주제들을 연구해볼 수 있다).

## 스플렁크의 발전

빅데이터<sup>big data</sup>라는 용어는 너무나 방대하고 복잡해서 전통적인 방법으로는 처리가 거의 불가능한 정보를 정의하기 위해 사용된다. 빅데이터는 용량, 그리고 비정형이라는 본질상 업계에서 OI라 불리는 형태로 변환하거나 실제로 유용한 데이터로 만들기가 매우 어렵다.

IDC<sup>International Data Corporation</sup>에서 제공한 정보에 따르면, 오늘날 조직이 보유한 데이터의 90% 이상이 (머신에 의해 생성된) 비정형 데이터다.

(일반적으로 방대하고 양적으로 빠르게 증가하는) 이런 종류의 데이터는 어떤 특정한 종류의 작업, 행동, 성능 측정치 등이 시간의 흐름에 따라 계속해서 누적되는 형태. 오늘날 조직은 비즈니스 인텔리전스<sup>BI, business intelligence</sup>와 데이터 웨어하우징<sup>data warehousing</sup>을 위한 전통적인 툴을 사용해 정형 데이터를 다루는 데 집중하고 있기 때문에, 빅데이터가 제공할 수 있는 기회들을 놓치고 있는 것이 현실이다.

기껏해야 조직의 빅데이터를 활용하기 위한 노력의 일환으로 관계형 혹은 다차원 데이터베이스를 사용하는 방법이 시도되고 있는 실정이다.

이런 방법으로 빅데이터 솔루션 개발에 접근한다면 만만치 않은 시행착오를 겪게 될 것이다. 결과적으로 만들어지는 솔루션은 과도하게 복잡해서 보통 유연하게 어떤 질문을 던지거나 그러한 질문에 실시간으로 답을 얻기가 불가능하다. 결국은 요구사항에 맞지 않고 별 필요가 없는 솔루션이 만들어지는 셈이다.

## 스플렁크의 접근법

"스플렁크 소프트웨어는 다양한 소스에서 생성된 막대한 양의 머신 데이터로부터
유용한 통찰(insight)을 조직화하고 추출하는 통일된 방법을 제공한다."

– www.Splunk.com, 2014

스플렁크는 정보기술$^{IT, information technology}$ 모니터링 서버, 메시징 큐$^{messaging\ queue}$, 웹사이트 등과 함께 출발했다. 이제 스플렁크는 머신에 의해 생성된 (사실상 모든 종류의) 대용량 빅데이터를 효율적으로 조직화하고 관리하는 데서 발생하는 특정 문제(그리고 기회)를 해결하는 고유의 기능으로 인정받고 있다.

스플렁크가 하는 일, 특별히 가장 잘 처리하는 일은 모든 종류의(거의 모든 종류, 심지어 실시간으로) 데이터를 스플렁크 내부 저장소라 불리는 곳으로 읽어와서 인덱스를 부여하고 즉각적인 분석과 보고를 가능하게 만드는 것이다. 이후 사용자는 **핵심 성과 지표** $^{KPI, key performance indicator}$에 대한 기본적인 비즈니스 인텔리전스, 분석, 보고를 지원하는 지표와 대시보드를 (스플렁크로) 쉽게 구성할 수 있으며, 주변 정보와 환경을 좀 더 잘 파악할 수 있게 된다.

이런 정보를 파악하기 위해서는 때때로 대용량 비정형 혹은 반정형 데이터의 빠른 검색 능력이 요구된다. 일반적인 질의 언어(SQL 혹은 MDX)는 효율적인 빅데이터 검색에 필요한 유연성을 제공하지 못한다.

이런 질의 언어는 스키마에 의존적이다. (데이터베이스) 스키마는 데이터가 체계화되고 구조화되는 방법을 정의한다. 이런 구조는 데이터베이스에 적재되는 정보의 타입이나 잠재적 사용자의 관심사에 따라 애플리케이션이 해당 정보를 처리하기 편리한 형태로 되어 있다.

유닉스 명령어의 파이프라이닝$^{pipelining}$ 개념을 기초로 한다고 알려진 스플렁크는 **NoSQL** 질의 방식을 사용하며, 미리 정해진 스키마를 사용하거나 요구하지 않는다. 스플렁크의 **검색 처리 언어**$^{SPL}$에는 스플렁크의 검색 명령어(함수, 인자, 절)가 포함된다.

검색 명령어는 인덱싱 데이터로부터 검색된 정보를 가지고 스플렁크가 해야 하는 작업을 알려준다. 몇 가지 스플렁크 검색 명령어의 예로 `stats`, `abstract`, `accum`, `crawl`, `delta`, `diff`를 들 수 있다(스플렁크에는 훨씬 많은 검색 명령어가 존재하며, 스플렁크 문서는 각각에 대한 실행 예를 제공한다).

스플렁크 제품 마케팅 수석 디렉터인 산제이 메타(Sanjay Meta)는 "데이터를 가져올 때 스키마를 요구하지 않기 때문에 어디에든 스플렁크를 사용할 수 있다. 질의를 실행시킬 때 상황에 따라 스키마를 생성하기 때문이다."라고 설명했다.

- 인포메이션위크(InformationWeek), 1/11/2012

### 정보의 상관관계

스플렁크는 다음 요소들을 기반으로 검색을 실행해 사용자가 데이터와 데이터 소스 내에서 관계와 패턴을 쉽게 인식할 수 있도록 지원한다.

- 시간, 근접성, 거리
- (단일 혹은 다중) 트랜잭션
- 서브검색(단일 검색에서 결과를 취한 후, 그 결과를 입력으로 사용하거나 또 다른 검색에 반영하는 검색 방법)
- 외부 데이터와 데이터 소스에 대한 룩업[lookup]
- SQL 형식의 조인[join]

유연한 검색과 연관짓기[correlating]가 스플렁크의 유일한 기능은 아니다. 스플렁크를 사용하면 사용자는 빠르게 보고서와 대시보드를 구성할 수 있으며 시각화 자료(차트[chart], 히스토그램[histogram], 추세선[trend line] 등)의 활용이 가능하기 때문에, 초기 데이터의 형식적인 구조화 혹은 모델링을 위한 비용 소모 없이 데이터를 파악하고 활용할 수 있다.


# 일반적인 사용 사례

스플렁크가 일반적으로 사용되는 사례를 살펴보면, 스플렁크를 적용할 수 있는 영역은 다음 화면과 같이 분류됨을 알게 될 것이다. 스플렁크가 일반적으로 사용되는 영역은 다음과 같다.

- 조사형[investigational] 검색
- 모니터링과 경고
- 의사결정 지원 분석

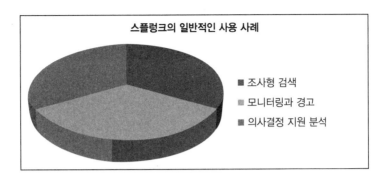

## 조사형 검색

조사형 검색의 실례는 보통 특정 이벤트나 에러, 사건$^{incident}$의 발생을 감지하기 위해 주변 환경, 인프라$^{infrastructure}$, 혹은 대용량의 축적된 데이터를 면밀히 조사하는 과정과 관련이 있다. 더불어 이벤트, 에러, 사건의 발생 가능성을 보여주는 정보의 정확한 위치를 찾아내는 과정도 포함한다.

앞서 언급한 것처럼, 스플렁크는 인덱싱을 수행하며 어떤 애플리케이션, 서버, 네트워크 기기로부터 얻은 데이터와 데이터 소스에서도 실시간 검색과 처리를 가능케 한다. 작업 대상에는 위치와 상관없이 어느 곳이나 존재하는 로그, 설정 파일, 메시지, 트랩, 경고, 스크립트 등이 포함된다.

"머신이 데이터를 생성하기만 하면, 스플렁크는 그 데이터에 인덱싱을 수행한다.
– www.Splunk.com

검색 및 보고$^{Search \& Reporting}$ 앱을 통해 스플렁크의 강력한 검색 기능을 경험해볼 수 있다(또한 이 앱은 보고서를 생성하고 수정하는 인터페이스 역할을 한다).

스플렁크 앱의 예로는 수집된 이벤트를 대상으로 하는 간단한 검색, 효율성을 위해 (혹은 여러 가지 이유로) 범주화된 경고 그룹, 혹은 스플렁크의 REST API를 사용해 개발된 전체 프로그램 등이 있을 수 있다.

아니면 스플렁크 앱은 다음 중 하나가 될 수도 있다.

- 환경설정들의 조직적인 모음
- 스플렁크 기본 기능의 추가 혹은 보강을 목적으로 설계된 프로그램을 포함하는

일련의 객체들

- 스플렁크 자체와는 완전히 별개인 배포판

검색 및 보고 앱은 검색바<sup>search bar</sup>, 시간 범위 선택기, 과거 스플렁크가 읽고 인덱싱한 데이터의 요약 정보를 제공한다. 또한 빠른 실행 아이콘, 모드 선택기, 이벤트 상태, 다양한 이벤트 결과를 보여주는 몇 가지 탭, 이런 것들이 포함된 대시보드 역시 제공한다.

스플렁크 검색이 제공하는 기능은 다음과 같다.

- (미리 정의된 필드 리스트가 아닌) 존재하는 거의 모든 개체의 위치를 파악한다.
- 시간과 용어<sup>terms</sup>를 조합한 검색이 가능하다.
- 인프라의 여러 층<sup>tier</sup>에 걸쳐 있는 에러를 찾아낸다(심지어 클라우드 기반 환경에 접근할 수도 있다).
- 설정 변경을 감지하고 추적한다.

또한 사용자에게 검색 모드를 변경함으로써 검색 속도를 높일 수 있는 권한을 부여한다.

- 검색 패턴의 위치만을 빠르게 파악하려면 고속 모드<sup>fast mode</sup>를 사용한다.
- 검색 패턴을 파악하고 문제 해결에 필요한 관련 정보를 얻으려면 상세 모드<sup>verbose mode</sup>를 사용한다.
- 스마트 모드<sup>smart mode</sup>를 사용할 수 있다(이 모드는 나중에 자세히 다룰 것이다).

그 외 **커맨드라인 인터페이스**<sup>CLI, command-line interface</sup>와 좀 더 진보된 기술인 스플렁크 REST API를 통한 자동 검색은 스플렁크만의 고급 기능이라 할 수 있다.

이런 고급 기능을 활용한 스플렁크 검색은 스플렁크 웹을 거치지 않는다. 따라서 훨씬 **효율적이다**(고급 기능을 활용한 검색에서 스플렁크는 이벤트 타임라인을 계산하거나 생성하지 않으므로 처리 시간이 단축된다).

## 피벗을 활용한 검색

앞서 언급한 검색 옵션 외에, 스플렁크 피벗 툴<sup>pivot tool</sup>은 드래그앤드롭<sup>drag-and-drop</sup> 인터페이스를 제공해 SPL(1장 전반부에서 언급했다)을 사용하지 않고도 특정 데이터 세트에 대한 보고를 가능하게 한다.

피벗 툴은 데이터를 좀 더 관리하기 편한 단위로 처리하고 걸러내기 위해 데이터 모델 객체(이 책 후반부에서 논의할 텐데, 데이터 모델 편집기를 사용해 설계하고 구현한다)를 사용하는데, 이 툴을 통해 좀 더 집중적인 분석과 보고가 가능해진다.

## 이벤트 타임라인

스플렁크 이벤트 타임라인은 특정 시점에 발생하는 다수의 이벤트를 시각적으로 표현한 것인데, 이벤트의 패턴을 강조하거나 이벤트의 움직임에서 높은 점과 낮은 점을 파악하는 용도로 사용된다.

스플렁크 검색 이벤트 타임라인을 계산하는 일은 많은 자원이 집중적으로 소모되는 작업이다. 왜냐하면 사용자가 타임라인의 바를 클릭할 때 검색 시 참조되는 모든 이벤트의 통계를 저장하기 위한 링크와 폴더 등을 수집 대상 디렉토리에 생성해야 하기 때문이다.

 스플렁크 검색을 통해 조직은 효율적으로 이슈를 파악하고 해결할 수 있는데, 스플렁크 외 모든 검색 툴 및 간단한 구식 수동(manual) 검색보다 스플렁크 검색이 훨씬 빠르다.

## 모니터링

모든 조직의 데이터 센터 혹은 지원 센터의 전형적인 요구사항은 다수의 애플리케이션과 환경을 모니터링하는 것이다. 이슈, 문제, 공격이 고객, 서비스, 궁극적으로 수익에 영향을 미치기 이전에 그것들을 파악하려면 인프라를 실시간으로 모니터링하는 기능이 필수적이다.

스플렁크의 모니터링 기능을 사용하면 특정 패턴pattern, 추세trend, 임계점threshold 등이 이벤트로 설정되어 스플렁크가 이에 대한 경고alert를 발생시키기 때문에 개인이 따로 이와 관련된 작업을 할 필요가 없다.

또한 실시간으로 알림notification을 보내는 기능을 통해(1장 후반부에서 설명할 것이다) 이벤트에 대응하는 적절한 액션을 실행하거나 혹은 아예 잠재적으로 이러한 이벤트로 인해 초래될 수 있는 다운타임downtime과 비용을 회피하기 위한 액션을 실행할 수가 있다.

또한 스플렁크는 특정 이벤트 혹은 조건을 기반으로 액션을 실행하는 기능이 있다. 이런 액션의 예는 다음과 같다.

- 이메일 전송
- 프로그램 혹은 스크립트 실행
- 조직적 지원 혹은 액션 티켓<sup>action ticket</sup>의 생성

모든 이벤트 정보는 (스플렁크) 내부 티켓 형태로 스플렁크에 의해 추적되며, 추후 쉽게 보고될 수 있다.

전형적인 스플렁크 모니터링 대상은 다음과 같다.

- **액티브 디렉토리**<sup>Active Directory</sup>: 액티브 디렉토리 환경의 변경을 감시하고 사용자와 머신의 메타데이터를 수집할 수 있다.
- **MS 윈도우 이벤트 로그와 윈도우 프린터 정보**: 인프라 내부에 위치한 MS 윈도우 시스템과 프린터에 발생하는 문제의 위치를 파악하는 기능을 제공한다.
- **파일 및 디렉토리**: 인프라 내 모든 데이터 소스를 모니터링할 수 있고, 새롭게 유입되는 데이터를 감지할 수 있다.
- **윈도우 성능**: 윈도우는 시스템 상태를 나타내는 엄청난 양의 데이터를 생성한다. 이런 데이터의 적절한 분석을 통해 잘 동작하는 시스템과 낮은 성능 혹은 다운타임 때문에 제대로 동작하지 않는 시스템을 구별해낼 수 있다. 스플렁크는 시스템의 모든 윈도우 성능 카운터<sup>Windows performance counter</sup>에 대한 실시간 모니터링을 지원하는데, 로컬 및 원격 성능 데이터 모두를 지원한다.
- **WMI 기반 데이터**: 머신에 어떤 설치 작업도 없이 주어진 환경 내 윈도우 서버와 데스크톱에서 이벤트 로그를 추출해낼 수 있다.
- **윈도우 레지스트리 정보**: 레지스트리 상태 역시 중요하다. 스플렁크는 레지스트리 변경 시점은 물론 그 변경의 성공 여부를 알려준다.

## 경고

빅데이터 검색 및 모니터링과 더불어, 스플렁크는 조직 내부 누구에게나 이벤트 발생 시점과 검색 결과가 특정 조건을 만족시키는 시점을 경고로 알려줄 수 있다. 사용자는 정규적인 작업 일정에 맞추어 다양한 경고 시나리오에 따라 자동으로 실시간 검색

과 누적 데이터를 대상으로 하는 검색을 실행할 수 있다.

다양한 임계점 범위와 추세에 따른 변화를 기준으로 하여 스플렁크 경고를 발생시킬 수 있다. 경고를 발생시키는 기준의 예는 다음과 같다.

- empty 혹은 null 조건
- 조건을 넘어서기 직전
- 환경에 대한 공격에 선행되는 이벤트
- 서버 혹은 애플리케이션 에러
- 이용률

스플렁크에서 모든 경고는 시간을 기준으로 발생하는데, 이는 경고를 다음과 같은 종류로 설정할 수 있다는 뜻이다.

- 실시간 경고: 가용 디스크 공간이 일정 수준에 이른 경우와 같이, 검색이 특정 결과를 반환할 때마다 발생하는 경고
- 누적 데이터를 대상으로 하는 경고: 정기적으로 실행되는 예약된 검색을 기반으로 하는 경고. 이 경고는 특정 종류의 이벤트 개수가 임계점을 초과할 때 발생한다. 그 예로, 특정 애플리케이션 에러 개수가 평균을 초과하는 경우를 들 수 있다.
- 시간 흐름에 따른 경고: 움직이는 시간 단위 안에서 특정 조건이 발생했을 때 경고를 발생시키도록 설정할 수 있다. 예를 들면, 로그인 시도의 실패 횟수가 지난 10분 동안 3회를 초과했을 때와 같은 경우다(검색이 실행된 시점을 기준으로 과거의 10분을 의미한다).

또한 스플렁크는 보고서가 실행되고 완성될 때마다 하나의 액션이 수행되도록 경고를 발생시키는 보고서를 일정에 맞추어 생성할 수 있다. 경고는 메시지 형태가 될 수도 있고 실제 보고서 결과를 제공하는 형태가 될 수도 있다(이러한 경고 보고서는 개인들이 실제 보고서를 수신하도록 설정했는지 여부와 상관없이 무조건 경고를 보내도록 설정될 수 있다).

## 보고서

(지정된 이벤트 발생에 의해 혹은 검색 결과가 특정 상황을 만족시킬 때) 경고가 발생하면 레코드가 생성된다. 스플렁크에서는 스플렁크 경고 관리자alert manager를 이용해 경고 발생 레코드를 쉽게 검토할 수 있다(이를 위해서는 이 기능이 활성화되어 있어야 한다).

스플렁크 경고 관리자를 사용해 애플리케이션, 경고 심각도<sup>alert severity</sup>, 경고 타입에 따라 발생 레코드(경고 결과)를 걸러낼 수 있다. 또한 경고 결과 내에서 특정 키워드를 사용한 검색도 가능하다. 경고/발생 레코드는 자동으로 만료되도록 설정할 수 있고, 경고 관리자를 사용해 개별 경고 레코드를 원하는 시기에 수동으로 삭제할 수도 있다.

추후 실행하고자 하는(혹은 또 다른 스플렁크 사용자와 공유하고자 하는) 검색(혹은 피벗)을 생성할 때 역시 보고서가 생성된다.

## 운영 환경에서의 가시성

IT **서비스 수준 협약**<sup>SLA, service-level agreement</sup>을 위해서는 실시간으로 운영 데이터를 시각화하는 지원 조직의 능력이 필수적이다. 애플리케이션 구조상의 모든 구성요소에 이런 가시성이 요구된다.

IT 환경에서는 다음과 관련된 엄청난 양의 정보가 쏟아지고 있다.

- 설정 변경
- 사용자 활동
- 사용자 요청
- 운영상 발생하는 이벤트
- 사건
- 배포
- 스트리밍 이벤트

더불어 전 세계가 디지털화되면서, 높은 수준의 분석을 위해 사용 가능한 데이터 타입의 생성 속도와 종류의 다양성이 증가하고 있다.

실제로 운영상 중요한 정보에서 가시성을 획득하는(그리고 유지보수하는) 능력을 '운영 인텔리전스를 획득한다'고 말한다.

### 운영 인텔리전스

**운영 인텔리전스**<sup>OI, operational intelligence</sup>는 실시간, 동적, 비즈니스 분석의 한 범주로서, 사용된 정보로부터 핵심 통찰을 산출하며 실제로 (수동 혹은 자동으로) 액션(특정한 운영상의 명령)을 발생시킨다.

특별히 오늘날 대다수 IT 운영 환경에서는 비용 효율적인 방법으로 적시에 운영 데이터에 접근하고 그 데이터를 활용하는 일에 어려움을 겪고 있다.

오늘날 산업 환경에서는 조직을 모니터링하고, 지원하며, 유지해나가는 운영상 능력을 평가하는 핵심 지표(혹은 KPI)로서 (운영상 정보량에 대한) 조직의 평가 능력과 시각화 역량이 중요하게 다뤄진다.

비즈니스 및 정보기술에서 모든 분야의 전문가들은 IT 서비스의 질이 자신들의 매출과 수익성에 얼마나 큰 영향을 미치는지 깨닫기 시작했다. 때문에, 운영 데이터를 보고 어떤 일이 발생하고 있는지 혹은 발생할 것인지 실시간으로 파악하기 위해 정보를 대상으로 실질적인 질의를 실행할 수 있는 OI 솔루션을 찾고 있는 것이다.

이런 정보를 파악하고 활용하는 능력을 보유하면, 다음과 같은 운영상 이점을 얻게 된다.

- 출시 혹은 배포 검증을 자동화할 수 있다.
- 사건이 발생했을 때 변경사항을 찾아낼 수 있다.
- 사건의 근본 원인을 빠르게 파악할 수 있다.
- 환경 일관성 검사를 자동화할 수 있다.
- 사용자 트랜잭션을 모니터링할 수 있다.
- 지원 스태프가 주도적으로 해결 방안을 찾을 수 있다(보고되는 문제가 상당 부분 감소한다).
- 애플리케이션 혹은 서버 로그에 개발자가 직접 접근할 수 있는 셀프서비스 기능이 제공된다.
- 주요 애플리케이션 성능 지표와 함께 데이터 뷰를 실시간으로 생성할 수 있다.
- 사용자 선호도와 사용 추세에 영향력을 행사할 수 있다.
- 보안상 결함을 파악할 수 있다.
- 성능 측정이 가능하다.

대규모 분산 환경에서 사용자 정의 애플리케이션을 모니터링하기 위해서는 전통적인 모니터링 툴로는 부족한 것이 사실인데, 이런 툴은 보통 조직 내에서 사용된 모든 기술을 포괄해 다루지 못하고 다양한 분석적 요구를 효율적으로 수용할 수 없기 때문이다. 전통적인 모니터링 툴은 보통 특정 기술이나 특정 지표$^{metric}$에 편중되어 있으며, 모든 애플리케이션 구성요소와 인프라에 걸쳐 있는 데이터를 통합하는 완전한 그림을 제시하지 못한다.

## 기술 중립적 접근

스플렁크는 조직의 모든 운영 데이터를 인덱싱하고 사용할 수 있다. 또한 스플렁크는 적절한 서비스 수준을 보장하는데, 서로 연관된 애플리케이션 컴포넌트들과 인프라 모두에 대한 중앙 집중형 뷰를 제공한다. 따라서 (지원과 유지보수가 필요한) 다양한 기술과 툴로 인프라를 정비하는 데 수억 원을 쏠 필요가 없게 된다.

시스템이 얼마나 점차적으로 복잡해지고, 모듈화되고, 분산되며, 동적으로 변하는가와 상관없이, 스플렁크 기술을 활용하면 지속적으로 이런 시스템의 토폴로지$^{topology}$를 관리할 수 있고, 환경의 변화 혹은 사용자나 이벤트의 단일(관련된) 액션 변경에 의해 이런 시스템이 어떻게 변하는지 시각화할 수 있다.

스플렁크가 사용되는 영역은 이벤트 혹은 (다양한 기술 층$^{tire}$에 산재하는) 트랜잭션의 연결, 전체적인 큰 그림 제시, 성능 관리, 사용 추세의 시각화, 용량 산정을 위한 지원, SLA 위반 감지 등이며, 평가 방법을 기준으로 지원 팀이 어떻게 일하고 있는지까지 추적 가능하다.

스플렁크는 조직의 운영 정보에 대한 실행 가능한 통찰과 함께 새로운 수준의 가시성을 제공하는데, 이를 통해 좀 더 나은 의사결정이 가능해진다.

## 의사결정 지원(실시간 분석)

조직은 올바른 의사결정을 위해 어떤 방법으로 분석을 해야 할까? 이것이 중요한 이유는 이윤과 손실(혹은 생존과 파산)은 조직의 올바른 의사결정 능력에 좌우되기 때문이다.

**의사결정 지원 시스템**$^{DSS, Decision Support System}$은 조직의 핵심 인사들(관리, 운영, 계획 등)을 지원하는데, 위험 요소를 감소시키면서 효율적으로 예측변수(이는 빠른 속도로 등락을 거듭하며 쉽게 먼저 정해지지 않을 수 있다)를 측정하고 최상의 결정을 내릴 수 있게 한다.

성공적으로 구현된 운영상의 의사결정 지원 시스템이 가져오는 장점들은 다음과
같다.

- 수익성 증가
- 효율성 증대
- 더 나은 의사소통
- 비용 절감
- 시간 절감
- 운영 인텔리전스 획득(1장 전반부에서 설명했다.)
- 지원 교육
- 절차<sup>process</sup>와 처리<sup>processing</sup>를 제어하는 능력 향상
- 추세/패턴 인식
- 채널<sup>channel</sup>, 위치, 계절, 인구통계 혹은 다양한 요인에 의한 서비스 결과 측정
- 요금 승인
- 과 사용자<sup>heaviest user</sup>(혹은 부정 사용자) 발견
- 그 외 다수

스플렁크를 실시간 의사결정 시스템으로 사용할 수 있을까? 물론이다. 스플렁크는
사용자에게 다음 기능을 제공함으로써 DSS의 역할을 한다.

- 변통성이 있고, 유연하며, 대화식으로 구현돼서 배우고 사용하기 쉽다.
- 데이터를 기반으로 한 정형 및 비정형 질의 모두에 대응 가능하다.
- 빠르고 효율적으로 응답을 생성한다.
- 조직 내 모든 계층에 존재하는 개인과 그룹을 지원한다.
- 개발된 프로세스를 계획하에 제어할 수 있다.
- 스플렁크 환경변수, 앱 등의 개발을 지원한다(어떤 기술 수준에서도 개발이 가능하도록
  지원한다).
- 보편적인 방식으로 모든 데이터 타입에 접근 가능하다.
- 스플렁크는 단독<sup>standalone</sup>형과 웹 기반 통합형 두 가지로 사용 가능하다.
- 실시간 데이터 및 이에 대한 더 자세한 데이터(조직의 마스터 데이터 혹은 기타 데이터
  에서 수집된 데이터)를 수집하고 처리할 수 있는 기능이 있다.

## ETL 분석과 예측

일반적으로 분석 프로젝트는 요구사항을 파악하는 것으로부터 시작된다. 요구사항이란 미리 결정된 질의들의 집합이며, 이 질문들은 사용 가능한 데이터를 기반으로 응답될 것이다. 특별히 사용자가 거듭해서 (고객, 기간, 상품 등의 각기 다른 요인을 기준으로) 정해진 질의에 응답할 수 있게 모델을 생성하는 것이 목적이므로, 요구사항은 이후 데이터 모델링을 수행하려는 노력으로 진화한다.

분석에 대한 이러한 접근법은 분석에 제한을 가한다. 형식적인 데이터 모델을 사용하려면 데이터 활용(접근 혹은 질의)을 위해 정형 스키마가 필요하기 때문이다. 그러나 스플렁크의 인덱싱 데이터에는 이런 제한이 없다. 검색이 이뤄지는 시점에 스키마가 적용되어, 질의가 계속해서 데이터를 탐색하고 찾아내는 동안 사용자는 또 다른 여러 질의를 만들어내고 요청할 수 있기 때문이다.

또 한 가지 스플렁크의 중요한 특징은 스플렁크를 시작하기 위해 데이터가 사용 가능한 모델로 추출되고$^{extract}$, 변형되며$^{transform}$, 적재될$^{load}$ 필요가 없다는 점이다. 단지 데이터 인덱싱과 전처리를 위해 데이터의 위치를 스플렁크에게 알려주기만 하면 된다.

(특정 목적하에 대시보드와 애플리케이션을 쉽게 생성하는 기능과 더불어) 이런 기능을 통해 스플렁크 사용자(그리고 비즈니스)는 핵심 통찰을 얻게 된다. 그것도 모두 실시간으로 말이다.


## 스플렁크를 이용한 보완

오늘날 조직은 분석적 BI 툴과 (어떤 경우에는) **엔터프라이즈 데이터 웨어하우스**$^{EDW,}$ enterprise data warehouses까지 보유하고 있다.

스플렁크가 이런 툴과 경쟁해야 한다고 생각할 수도 있으나, 스플렁크의 목적은 현존하는 툴과 그 툴로 행해지는 작업을 대체하는 게 아니라, 사용자에게 활용 가능한 머신 데이터 소스와 자신들이 보유하고 있는 조직화된 데이터 혹은 정형 데이터를 통합할 수 있는 기능을 제공함으로써 본질적으로 현존하는 툴을 보완하고자 함이다. 이런 종류의 통합 인텔리전스는 (보통 수일 혹은 수개월이 아니라 수 시간 내에) **빠르게 구축될** 수 있다.

(대체가 아닌) 보완 방법론의 사용:

- 데이터 설계자는 분석 툴에서 사용될 데이터의 범위를 확장할 수 있다.
- 개발자는 **소프트웨어 개발 키트**<sup>SDK, software development kit</sup>와 **애플리케이션 프로그램 인터페이스**<sup>API, application program interface</sup>를 사용해 애플리케이션에서 발생하는 스플렁크 데이터에 직접 접근할 수 있다(현존하는 데이터 시각화 툴에서 사용 가능하게 한다).
- 비즈니스 분석가는 사용하기 쉬운 스플렁크의 인터페이스를 이용해 광범위한 검색과 경고, 대시보드를 생성하고 심도 있는 데이터 분석을 수행할 수 있다.

또한 스플렁크에 의해 이미 읽히고 인덱싱된 모든 데이터에 접근할 수 있는 스플렁크 ODBC 커넥터를 활용함으로써, 스플렁크는 애플리케이션 뒷단에서 엔진 역할을 할 수도 있다. 스플렁크에서는 데이터를 사용하기 위한 특정 프로그래밍 작업 없이도 비즈니스 분석에 적합한 인터페이스를 통해 데이터가 보유한 기회와 능력을 활용할 수가 있다.

### ODBC

분석가는 스플렁크 관리자가 데이터에 접근하기 위해 스플렁크 ODBC 드라이버를 사용해 수행하는 액션을 MS 엑셀 혹은 타블로<sup>Tableau</sup> 같은 기술에 정통한 전문가의 도움을 얻어 수행할 수 있다. 이후, 분석가가 인터페이스(예: 엑셀의 질의 마법사)를 사용해 스플렁크에 의해 인덱싱된 데이터를 대상으로 특정 질의를 생성하면, 스플렁크 ODBC 드라이버는 이 요청을 유효한 스플렁크 검색으로 (화면 뒤에서) 변형할 것이다.


## 스플렁크 사용 영역의 확장

스플렁크는 머신 빅데이터의 수집, 분석, 시각화 기능을 제공하는 툴로서, 업계에서 명실상부한 리더로 급부상하고 있다. 대용량 데이터뿐만 아니라 실제로 어떤 데이터에서든 정보를 조직하고 추출해내는 보편적인 방법론이 스플렁크를 통해 구현됐으며, 이로 인해 앞으로 일반적이지 않은 영역에서도 역시 새로운 활용 가능성이 열릴 것이다.

일단 데이터가 스플렁크로 들어오면 그 데이터로 할 수 있는 일은 무궁무진하다. 스플렁크 소프트웨어는 데이터센터, 클라우드 인프라, 심지어 일반적인 하드웨어 환경에까지 확장해 사용될 수 있다.

> "다양한 지역, 다중 데이터센터, 하이브리드 클라우드 인프라를 넘어 테라바이트급 데이터를 수집하고 인덱싱하라."
>
> – Splunk.com

개발자 관점에서 보면, 스플렁크에는 내장 소프트웨어 REST API와 자바스크립트 및 JSON 개발 키트(혹은 SDK)가 포함되어 있으며, 파이썬, PHP, C#, 루비[Ruby]를 위한 SDK 역시 다운로드 가능하다. 이를 활용하면 스플렁크는 사용자 정의 애플리케이션에서 '엔진' 역할을 담당하게 됨으로써 사용자 정의 '대형 앱[big app]' 개발이 가능해진다.

이제부터는 대용량 비정형 데이터 혹은 특이한 데이터를 다루기 위해 스플렁크 기술과 애플리케이션이 적용되는 영역에 대해 설명할 것이다.

## 고객 관계 관리

고객 관계 관리[CRM, Customer Relationship Management]란 회사와 현재 고객 및 잠재 고객과의 관계를 관리하는 방법론이다. CRM에는 (변하고 진화하는 모든) 영업, 마케팅, 고객 서비스, 기술 지원 정보를 실시간으로 조직화, 자동화, 동기화하는 기술이 포함된다.

## 신기술

농업, 바이오메드[biomed], 전자, 에너지, 제조, 재료과학 같은 분야에서 꾸준한 성장을 보여주는 기술적 혁신이 신기술[emerging technology]에 해당된다. 이런 모든 영역에서는 일반적으로 엄청난 양의 검색과 테스트 데이터가 다뤄진다.

## 지식 발견과 데이터 마이닝

지식 발견[knowledge discovery]과 데이터 마이닝[data mining]은 더 나은 의사결정 혹은 새로운 발견을 도출하기 위한 목적으로 패턴 혹은 관계를 찾아내기 위해 데이터베이스의 대용량 데이터를 수집하고, 검색하며, 분석하는 과정이다.

## 재해 복구

**재해 복구**<sup>DR, disaster recovery</sup>란 자연재해 혹은 인간에 의해 야기된 재해 이후 조직에게 필수적인 기술 인프라의 복구 혹은 지속적 대비와 관련된 과정, 정책, 절차를 뜻한다. 조직에 대한 위협을 줄이거나 제거할 수 있는 조치가 취해지도록 모든 종류의 정보가 검토된다. 재해 복구, 관리 조치, 전략 수립 과정에서 각기 다른 형태의 데이터가 측정될 수 있다.

## 바이러스 방지

바이러스 방지 비즈니스에는 알려진 위협을 감지하고, 엄청난 양의 작업 데이터를 통해 새로운 위협과 알려지지 않은 위협을 발견하는 기능이 포함되어 있다. 또한 일반적인 방법을 적용하기 전에 새로운 공격 혹은 위협 프로파일을 발견함으로써, 지속적으로 변하는 보안에 대한 위협을 추적하려는 노력이 매우 중요하다.

## 정형 데이터의 증대

1장 전반부에 논의했듯이, 정형 데이터의 증대는 머신이 생성한 빅데이터를 조직의 엔터프라이즈 데이터 혹은 마스터 데이터와 연결한다는 개념이다. 이런 데이터의 연결을 통해 머신 데이터에서 걸러진 정보에 맥락<sup>context</sup>이 추가되어, 머신 데이터는 좀 더 유의미한 데이터로 변모하게 된다. 이런 '맥락 안에서의 정보'를 활용하면 사용자는 정보 프레임워크를 확립할 수 있고, 유의미한 시간 간격에서 (실시간 머신 데이터로부터) '최신 이미지'와 (과거부터 지속적으로 사용해온 데이터 소스로부터) 이미지의 누적 값을 얻을 수 있다.

머신 빅데이터 혹은 그 외 데이터 웨어하우스, 일반 원장<sup>ledger</sup> 시스템, 매장, 업무상 의사소통 내역 등의 빅데이터와 데이터를 연결함으로써, 유의미한 데이터를 활용할 수 있는 무한한 투자 기회가 열리는 것이다.

## 프로젝트 관리

프로젝트 관리란 모든 종류의 프로젝트에 존재하는 프로젝트별 특이사항을 집중 관리함으로써 개선을 이뤄내는 분야 중 하나다. 널리 사용되는 (MS 프로젝트 혹은 JIRA 같은) 프로젝트 관리 소프트웨어 시스템은 프로젝트 병목현상bottleneck 혹은 장애 지점failure point, 위험 영역risk area, 성공 요인, 수익성을 예견하거나 판매 및 마케팅 프로그램에 대한 자원 계획을 지원하기 위해 사용될 수 있다.

제품 이슈를 실시간으로 찾아내는 코드 체크인code checkin 및 빌드 서버를 모니터링하고, 애플리케이션 사용량 및 사용자 선호도에 대해 유의미한 값을 얻어내어 전체 상품 개발 수명주기를 좀 더 효율적으로 개선할 수 있다.

## 방화벽 애플리케이션

방화벽 애플리케이션 소프트웨어는 방화벽에 의해 생성되는 대용량 데이터를 모두 처리해 (소스, 서비스 포트별) 차단 및 허용에 대한 보고서를 생성하고, 현재 활성화된 방화벽 규칙과 시간 흐름에 따른 트래픽 패턴 및 추세를 알리는 일을 담당한다.

## 엔터프라이즈 무선 솔루션

엔터프라이즈 무선 솔루션은 정책 제어policy control, 위협 빙지, 싱능 최적화뿐만 아니라 무선 장치의 유지보수와 지원을 위한 조직 내부의 모든 무선 활동을 감시하는 과정을 다룬다.

## 하둡 기술

하둡Hadoop 기술은 메모리 혹은 스토리지를 공유하면서 고사양일 필요가 없는 (때때로) 다수의 머신(즉, 클러스터)에 설치되어 실행될 수 있게 설계됐다.

이 기술의 목적은 다수 하둡 머신에서의 대용량 데이터 세트 분산 처리다. 이는 사실상 무한한 용량의 빅데이터가 하둡으로 적재될 수 있음을 의미하는데, 왜냐하면 하둡에서는 데이터가 세그먼트segment 혹은 조각piece으로 나뉘어 클러스터 안에 존재하는 각기 다른 하둡 서버로 분산되기 때문이다.

데이터들의 진입점이 되는 중심 지점이 없음에도 하둡은 데이터의 위치를 파악한다. 복제 저장소가 여럿 존재하기 때문에 전원이 꺼진 머신에 존재하는 데이터들은 알려진 복사본을 통해 자동으로 복구될 수 있다.

그러면 스플렁크와 하둡은 어떤 점에서 잘 어울릴까? 스플렁크는 **헝크**<sup>Hunk</sup>(스플렁크 앱의 한 종류)를 통해 **하둡 분산 파일 시스템**<sup>HDFS, Hadoop Distributed File System</sup>에 저장된 데이터의 검색을 지원한다. 조직은 헝크로 스플렁크와 기존의 빅데이터 기술을 같이 활용할 수 있다.

## 미디어 조사

매우 흥미로운 분야다. 미디어 조사에는 일정 기간 내 프로그램의 시청률, 혹은 마우스 클릭, 뷰, 기기에서의 실행 여부를 측정하는 일이 포함된다. 미디어 조사의 예로, 개인 관심사를 기반으로 그 값이 계속해서 변경되는 추천<sup>recommendation</sup>을 들 수 있다. 개인 관심사는 빅데이터 자동 분석과 관계 식별<sup>relationship identification</sup>을 통해 추출된다.

## 소셜 미디어

오늘날 소셜 미디어 기술은 매우 다양하며, 변화를 거듭하는 주제다. 소셜 미디어를 대상으로 특정 정보 혹은 검색 기준에 대한 모니터링이 활발하게 진행되고 있다.

소셜 미디어 기술이 지원하는 기능은 통찰 추출, 성능 측정, 기회 및 위기 감지, 경쟁자 동향 파악, 임박한 위기나 상황에 대한 경고 수신 등이다. 이런 활동의 결과로 시장조사원, PR 스태프, 마케팅 부서, 사회적 참여 및 공동체 스태프, 에이전시<sup>agency</sup>, 영업 부서가 도움을 얻고 있다.

스플렁크는 이런 데이터를 모니터링하고 유의미한 인텔리전스로 구조화하는 툴이 될 수 있다.

## 지리 정보 시스템

**지리 정보 시스템**<sup>GIS, Geographical Information Systems</sup>은 분석과 의사결정을 위한 모든 형태의 지리적 데이터의 획득, 저장, 처리, 분석, 관리, 표현을 위해 설계됐다. GIS 애플리케이션은 실시간 질의(사용자 검색)의 생성과 지도상의 공간 데이터 분석, 그리고 체계적인 방법으로 이런 모든 작업 결과를 보여주는 기능을 갖춰야 한다.

## 모바일 기기 관리

모바일 기기는 오늘을 살아가는 우리에게 매우 일상적인 것이다. **모바일 기기 관리**MDM, Mobile Device Management라는 용어는 일반적으로 스마트폰, 태블릿 컴퓨터, 러기다이즈드 모바일 컴퓨터ruggedized mobile computer, 모바일 프린터, 모바일 POS 기기 등을 포함한 모든 종류의 모바일 기기에 대한 애플리케이션, 데이터, 환경설정의 배포 같은 전체적인 무선 활동을 모니터링하고 제어하는 작업을 의미한다.

모바일 기기 관리를 통해 네트워크상의 모든 모바일 기기에서 오가는 빅데이터를 제어하고 보호함으로써, 조직과 개별 소비자가 감당하는 지원 비용과 위험을 줄일 수 있다.

## 스플렁크의 실제 활용

오늘날 전 세계적으로 6,400명이 넘는 고객이 운영 인텔리전스 활동을 지원하기 위해 어떤 방식으로든 스플렁크 기술에 의존한다고 알려져 있다. 고객들은 빅데이터가 자신의 비즈니스 환경을 모든 각도에서 실시간으로 볼 수 있게 해준다는 사실을 경험하고 있는 것이다.

## 정리

1장에서는 스플렁크가 무엇이고, 어디서 시작됐으며, 초기 스플렁크가 중점적으로 다뤘던 대상이 무엇이었는지 알아봤다. 또한 일반적인 사용 사례뿐만 아니라 미래에 이 기술이 즉각적으로 적용될 수 있는 기회들을 소개하면서 스플렁크 기술의 발전에 대해 논의했다.

2장에서는 고급 검색에 대해 알아보고 실제 사용 사례를 소개할 것이다.

# 2
# 고급 검색

2장에서는 고급 검색과 관련된 내용 및 기술에 대해 설명하고, 관련 예제를 함께 살펴볼 것이다.

2장에서 다루는 내용은 다음과 같다.

- 연산자, 명령어 포맷, 태그 검색
- 서브검색
- 매개변수를 이용한 검색
- 매크로를 이용한 효율적인 검색
- 검색 결과

## 스플렁크에서의 검색

이 책에 『Splunk 6 핵심 기술』이라는 제목을 붙인 이상, 스플렁크 버전 6.0의 대시보드에 대해 언급하지 않을 수 없다. 먼저 대시보드에 대해 알아보자.

## 검색 대시보드

스플렁크 검색Search 대시보드는 다음과 같은 4개의 큰 부분으로 나뉜다.

- **검색바**<sup>search bar</sup>: 스플렁크 웹 사용 시 검색 값이 입력되는 텍스트 박스다.
- **범위 선택기**<sup>range picker</sup>: 검색이 적용될 기간을 설정할 수 있다. 사용자는 스플렁크가 제공하는 여러 가지 시간 범위 선택 옵션을 사용할 수 있으나, 직접 원하는 시간 범위를 입력할 수도 있다.
- **도움말**<sup>How-To</sup>(패널): **검색 튜토리얼**<sup>Search Tutorial</sup>과 **검색 매뉴얼**<sup>Search Manual</sup> 페이지로 이동할 수 있는 링크가 위치한 스플렁크 패널이다.
- **작업 대상**<sup>What-To</sup>(패널): 현재 스플렁크 인스턴스에 설치된 데이터를 요약해서 보여주는 스플렁크 패널이다.

## 새로운 검색 대시보드

검색 실행 후에는 New Search<sup>새로운 검색</sup> 페이지로 화면이 전환된다. 이 페이지에도 검색 바와 시간 범위 선택기가 위치하며, 대시보드에는 검색 액션 버튼, 검색 모드 선택기, 총 이벤트 개수, 작업 상태바, 이벤트에 대한 결과 탭, 통계, 시각화 자료 같은 더 많은 엘리먼트가 포함된다.

## 스플렁크 검색 메커니즘

스플렁크에서의 모든 검색은 검색 대상 데이터에 설정된 인덱스를 활용한다. 인덱스는 모든 데이터베이스에 존재하는데, 스플렁크 역시 예외가 아니다. 데이터베이스의 인덱스와 스플렁크의 인덱스는 물리적으로는 서로 다를 수 있으나, 성능을 최적화하기 위해 사용된다는 점에서는 개념적으로 같다고 할 수 있다. 스플렁크의 인덱스는 시간이 지나면서 데이터에 존재하는 단어 혹은 구<sup>phrase</sup>를 조직적으로 분류한다. 스플렁크 검색이 성공적으로 수행되면(결과를 생성하면) 검색 기준을 만족시키는 레코드(이벤트)가 반환된다. 검색 시 데이터에 매칭되는 내용이 많을수록, 스플렁크가 반환하는 이벤트도 많아진다. 이는 전체적인 검색 성능에 영향을 미치므로, 가능하면 구체적으로 검색할 필요가 있다.

다음은 검색을 시작하기 전에 명심해야 할 사항이다.

- 검색 용어는 대문자와 소문자를 구별하지 않는다.
- 검색 용어는 추가적<sup>additive</sup> 속성을 갖는다.

- 특정 시간 범위를 대상으로 질의한다.

## 스플렁크 퀵 레퍼런스 가이드

미래 스플렁크 전문가가 될 독자를 위해, 스플렁크는 스플렁크 언어 퀵 레퍼런스 가이드 Splunk Language Quick Reference Guide(버전 6.0으로 갱신됐다)를 제공한다. 회사 웹사이트 http://www.splunk.com/web_assets/pdfs/secure/Splunk_Quick_Reference_Guide.pdf를 통해 PDF 포맷으로 내려받을 수 있다.

## 스플렁크 검색 지원 기능

스플렁크를 정복하기 위해서는 방대한 양의 명령어, 인자, 함수로 구성된 스플렁크 검색 언어를 숙지해야 한다.

스플렁크 검색 도우미는 사용자가 검색바에 글자를 입력할 때 검색 명령어와 인자가 자동으로 제시되는 타이프 어헤드typeahead 기능을 지원한다. 제시되는 내용은 검색하고 있는 데이터 소스의 내용을 토대로 하며, 입력을 계속해나가면서 갱신된다. 또한 검색 도우미는 스플렁크가 얼마나 많은 검색 결과를 반환할지에 대한 정보와 함께 검색 용어와 매칭되는 내용의 개수를 보여줄 것이다.

다음 절의 화면에서 실행 중인 스플렁크 검색 도우미를 볼 수 있다. 검색바에 'TM1'이라고 입력하면, 스플렁크는 사용자의 데이터 소스(다양한 코그노스Cognos TM1 서버 로그) 내에서 이 글자와 일치하는 모든 결과를 일치 개수hit count와 함께 보여준다.

추후 참조를 위한 몇 가지 정보: 검색 도우미는 파이썬을 사용해 리버스 URL 룩업 reverse URL lookup을 수행하는데, 사용자가 글자를 입력할 때 설명과 문법syntax 정보를 반환하는 역할을 한다.

**검색바**(SearchBar) 모듈의 UI 설정을 통해 검색 도우미의 실행을 제어할 수 있으나, 가능하면 검색 도우미 설정을 기본으로 유지하고 참고로 활용하기를 권장한다. 검색 도우미는 몇몇 환경에서(일반적으로 대량 원시(raw) 데이터를 다루는 환경에서) 성능에 영향을 미친다는 사실을 명심하라.

## 기본적인 최적화

스플렁크에서의 검색은 스플렁크 웹, 커맨드라인 인터페이스[CLI, command-line interface], REST API를 통해 실행된다. 웹 인터페이스를 사용해 검색을 실행할 때는 검색 모드(고속 모드, 상세 모드, 스마트 모드)를 설정함으로써 검색을 최적화할 수 있다(해야 한다). 검색 모드 선택기는 검색바 우측 상단에 위치한다. 스마트 모드(기본), 고속 모드, 상세 모드 세 종류가 있다. 다음 화면에서 이를 볼 수 있다.

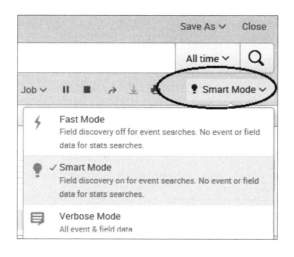

검색 모드에 따라 스플렁크는 기본 필드 외의 필드를 자동으로 찾아내고 추출하는데, 이벤트 리스트 혹은 테이블 형태로 결과를 반환하고 이벤트 타임라인을 생성하기 위한 연산을 실행한다. 이런 '추가적인 작업'은 성능에 영향을 미친다. 그러므로 초기 검색 결과를 처리하는 동안은 (검색 도우미의 지원과 함께) 고속 모드로 설정을 유지하고, 이후 (특정 요구사항과 검색 결과에 따라) 상세 모드나 스마트 모드로 전환할 것을 권장한다.

## 고속 모드? 상세 모드? 아니면 스마트 모드?

스플렁크는 검색 모드에 따라 검색 방식을 조정해 적용한다. 상위 단계에서는 그 이름이 의미하는 대로 고속 모드가 빠르다(일반적으로 가장 빠른 방식이다). 고속 모드에서는 필드 발견 기능이 비활성화되어 기본 필드만이 사용되는 반면, 상세 모드에서는 검색 가능한 모든 필드를 찾아내는 데 시간을 소모하기 때문이다. 스마트 모드에서는 검색 명령어에 따라 접근 방법(필드 발견 기능을 활성화할 것인가 혹은 비활성화할 것인가)을 다르게 설정한다.

## 명령어 분류

스플렁크 **검색 처리 언어**<sup>SPL, search processing language</sup>의 검색 명령어 중 일부에는 그 명령어 와 관련된 특정 함수, 인자, 절이 포함된다. 이들은 검색 명령어가 어떻게 검색 결과 에 영향을 미칠지, 어떤 필드를 대상으로 동작할지 명시하는 역할을 한다. 또한 검색 명령어는 다음과 같은 세 종류로 분류된다.

- **스트리밍형**streaming **명령**어: 검색에 의해 반환되는 각 이벤트에 변형을 가하는 명령 어다. 예를 들어, regex 명령어는 검색 시 필드를 추출하고 그 필드를 이벤트에 추 가한다.
- **보고형**reporting **명령어**: 검색 결과 데이터를 컬럼, 바, 라인line, 영역area, 파이 차트pie chart 같은 시각화 자료를 위한 데이터 구조로 변형한다.
- **비 스트리밍형**nonstreaming **명령어**: 주어진 단계에서 사용 가능한 전체 데이터 집합을 분석하고, 이후 그 집합에서 검색 결과를 가져온다.

## 드문 검색과 조밀한 검색의 차이점

항상 스플렁크로 하고자 하는 일이 무엇인지 명확히 하라. 검색 목적에 따라 검색 대 상이 드문지sparse 조밀한지dense 생각해볼 필요가 있다. 소수의 이벤트 혹은 단일 이벤 트를 생성할 것이라고 예측되는 대용량 데이터 분석을 위한 검색은 드문 검색이라고 할 수 있다. 많은 이벤트 발생을 요약하기 위한 검색은 조밀한 검색이다.

어떤 종류의 검색을 수행할 것인지, 스플렁크가 어떻게 그 검색을 처리할 것인지 이 해하는 일과 더불어, **전문적인 최적화**KO, knowledgeable optimizations가 의미하는 내용을 생각 해볼 수 있다.

전문적인 최적화란 **검색 파이프라인**search pipeline(파이프 문자(|)를 사용해서 연이은 명령어가 연결된 스플렁크 검색 구조)의 간단한 표현 방식을 뜻하는데, 이를 위해 좀 더 연관성이

높은 검색 명령어 혹은 연산자가 사용되고, 간략화된 로직이 적용되기도 하며, 새로운 데이터를 인덱싱하면서 검색 결과 내에서 발견된 주요 정보를 스플렁크가 인지하도록 설정할 수 있다.

## 연산자, 명령어 포맷, 태그 검색

모든 스플렁크 검색은 검색 항term을 통해 실행된다. 검색 항은 키워드, 구phrase, 불린 연산식Boolean expression, 키/값 쌍key-value pair 등인데, 이들은 검색으로 얻고자 하는 이벤트를 명시한다.

스플렁크 명령어는 파이프 문자(|)로 명령어의 범위를 한정하며 쌓여간다. 이런 방법으로 명령어를 쌓아가면, 좌측 명령어의 결과(혹은 출력)는 우측 명령어의 입력으로 사용되고, 스플렁크는 마지막 결과를 필터링하거나 정제한다.

명령어 쌓기의 간단한 예는 검색된 이벤트나 원치 않는 정보에 대한 필터링, 추가 이벤트 정보 추출, 새로운 필드 평가, 통계치 연산, 결과 정렬, (차트 같은) 시각화 자료 생성을 위해 명령어를 연속으로 사용하는 경우다.

다음 절에서는 얼마나 자주 TM1 서버가 중단됐는지 알아보기 위해 단계적 중단phrase Shutdown에 대한 코그노스 TM1 서버의 로그 파일을 검색할 것이다. 그 다음, 2014년까지 발생했던 매칭 이벤트를 보는 검색 필드를 추가한다. 마지막으로, 파이프 구획문자로 검색 명령어를 쌓는 방법을 사용해 검색 결과를 ('날짜별 횟수' 차트를 생성하는 데 필요한 인자와 함께) 스플렁크 chart 명령어로 입력한다. 그러면 (서버가 중단된 날짜와 횟수를 보여주는) 결과에 대한 시각화 자료가 나올 것이다.

## 처리 과정

좀 더 복잡한 스플렁크 질의를 생성하거나 전문적인 최적화를 시도하기 전에, 스플렁크가 검색 명령어 파이프라인을 처리할 때 따르는 독립된 개별 단계들을 이해하는 일이 중요하다. 스플렁크는 (하나의 엄청 큰 질의가 아닌) 독립된 개별 단계라는 개념을 적용함으로써 사용자 요청을 효율적으로 처리하는데, 이는 작은 크기의 독립된 개별 SQL 질의가 하나의 크고 복잡한 질의보다 효율적이라는 사실과 같은 개념이다.

다음 검색 질의를 생각해보자.

```
Shutdown date_year=2014 | chart count by date_mday
```

처리 과정은 다음과 같다.

- 모든 인덱싱 데이터는 스플렁크 검색에서 입력으로 사용된다.
- 중간 결과 테이블이 생성되며, 이 테이블에는 검색 기준(2014년에 발생한 이벤트 중 Shutdown이라는 항이 발견된 이벤트)과 매칭되는 데이터의 모든 이벤트가 포함된다.
- 이후 중간 결과 테이블은 chart 명령어로 읽히며, 매칭되는 이벤트를 날짜별 횟수로 요약함으로써 시각화 자료가 생성된다.


## 불린 연산식

스플렁크 검색은 불린^Boolean 데이터 타입(참^true과 거짓^false이라는 두 가지 가능한 값을 갖는 데이터 타입)을 지원한다. 다음은 현재 지원되는 연산자다.

- AND
- OR
- NOT

스플렁크 불린 검색은 단일형 아니면 복합형이다. 다음과 같은 단일형 불린 연산식을 사용할 수 있다.

```
Shutdown OR Closing
```

또한 다음과 같은 복합형 불린 연산식도 가능하다.

```
(shutdown OR Closing) AND (date_mday=3 OR date_mday=4)
```

여타 프로그래밍 언어처럼 스플렁크도 선결정 우선순위^predetermined precedence를 적용해 불린 연산식을 해석한다. 스플렁크 검색은 다음과 같은 순서로 해석될 것이다.

1. 괄호 안에서 연산식을 해석한다.
2. OR 절을 해석한다.
3. AND 혹은 NOT 절을 해석한다.

다음은 스플렁크 전문가가 제안하는, 스플렁크 검색을 계획할 때 명심해야 할 사항이다.

- 모든 불린 연산자는 대문자여야 한다(대문자가 아니면 연산자로 해석하지 않는다).
- AND 연산자는 항상 항$^{term}$들 사이에 내포되어 있다. 즉, `shutdownclosing`은 `shutdown AND closing`과 같다.
- 불린 연산식을 그룹으로 묶기 위해서는 항상 괄호를 사용해야 한다(이는 가독성을 높인다).
- 제외 기반으로 검색을 작성하지 말고, 되도록 포함 구문을 사용하라(`Not successful` 대신 `error`를 사용하라).

## 인용부호와 이스케이프의 의미

가장 간단한 검색 명령어를 제외하면 검색 명령어에는 공백과 괄호가 포함될 것이다. 그리고 대부분의 경우 스플렁크 키워드와 구$^{phrase}$의 실제 의미가 검색 대상이 되지는 않을 것이다.

스플렁크가 검색 파이프라인을 정확하게 해석하도록 하기 위해서는 **인용부호**$^{quote}$와 **이스케이프**$^{escape}$를 사용해야 한다.

일반적으로 사람에 의해서뿐만 아니라 스플렁크에 의해 검색이 정확하게 해석됨을 보장하려면 항상 인용부호를 사용해야 한다. 다음은 완전히 서로 다른 검색이라는 점을 명심하라.

```
Server shutdown
"Server shutdown"
```

첫 번째 검색에는 불린 연산자 AND가 내포되어 있다. 따라서 `Server`와 `shutdown`이라는 단어를 모두 포함하는 이벤트가 반환될 것이다. 두 번째 검색에서는 `Server shutdown`이라는 구와 일치하는 이벤트만 반환될 것이다. 즉, 각기 다른 결과를 생성할 것이 확실하다.

게다가 스플렁크 키워드 혹은 연산자의 실제 (원시) 값을 포함하는 이벤트를 검색하고 싶지 않다면, 이벤트를 인용부호로 감싸야 한다. 스플렁크 검색 파이프라인에서 인용부호 사용 규칙은 다음과 같다.

- 공백, 쉼표, 파이프, 인용부호, 괄호를 포함하는 구와 필드 값 주변에 인용부호를 사용하라.
- 인용부호는 쌍을 이뤄야 한다(여는 인용부호 뒤에는 반드시 닫는 인용부호가 나와야 한다).
- 불린 연산자와 필드/값 쌍처럼 그들 문자 자체가 검색 대상이 아니라면 키워드와 구 주변에 인용부호를 사용하라.

검색 로직을 정확하게 검증하기 위한 목적으로 인용부호가 사용되면, 인용부호의 실제 값에 대한 검색이 어려워진다. 이 문제를 해결하기 위해 이스케이프 시퀀스escape sequence를 생성하는 역슬래시 문자(\)를 사용해야 한다.

역슬래시 문자는 인용부호, 파이프, 그리고 자기 자신에게서 벗어나기escape 위해 사용된다. 역슬래시 이스케이프 시퀀스는 인용부호 안에서도 연속해서 사용될 수 있다.

다음 예를 살펴보자.

- 검색의 일부로서 시퀀스 \|는 파이프가 명령어 사이를 나누게 하는 대신, 파이프 문자를 명령어로 넘긴다.
- 시퀀스 \"는 인용부호를 문자 그대로 명령어에게 넘긴다. 예를 들어, 인용부호를 문자 그대로 검색하거나 rex 명령어를 사용해 필드로 삽입하는 경우를 들 수 있다.
- 시퀀스 \\는 명령어에서 역슬래시 문자 그대로 인식된다.

실제로 인용부호를 포함하는 이벤트를 검색하는 경우가 좋은 예다. 단일 인용부호에 대한 검색을 수행하거나 한 쌍의 인용부호 안에서 하나의 인용부호를 사용하는 경우 문법 에러가 발생한다.

인용부호에서 벗어나기 위해 역슬래시를 사용하면 정확한 결과를 얻을 수 있다.

주의: 문자를 벗어나기 위한 목적으로 역슬래시를 사용하면 별표(*)를 검색할 수 없다. 스플렁크는 별표를 주요 단절자breaker로 인식한다(이에 대해서는 나중에 좀 더 자세히 논의할 것이다).

## 스플렁크에서 태그 달기

스플렁크는 사용자가 구성한 검색 파이프라인에 근거해서 모든 인덱싱 데이터를 대상으로 효율적인 분석과 검색을 수행한다. 앞서 말했듯이, 사용자는 알지만 스플렁크는 인지하지 못하는 부가적인 인텔리전스를 검색에 추가하고 싶은 경우가 있을 것이다. 부가적인 인텔리전스란 사용자의 조직 구조 혹은 사용자가 데이터 일부를 사용하는 특정 방법에 관련된 정보가 될 수 있다. 호스트 이름 혹은 서버 이름이 그 예다. 이런 정보를 사용자가 (매번 검색 파이프라인에) 반복해서 기입하도록 하는 대신, 스플렁크 검색 태그 형태로 지식 객체<sup>knowledge object</sup>를 생성하는 방법이 있다.

## 검색 태그 달기

(eventtype, host, source, sourcetype을 포함해서) 모든 필드/값 조합에 (단일 혹은 여러 개의) 태그를 붙이고, 이후 이 태그를 기반으로 검색을 수행할 수가 있다. 그러면 특정 이벤트 데이터 그룹으로 사용자를 지원할 수 있다(효율적인 검색이 가능하다).

## 필드/값 쌍 태그 달기

예제를 살펴보자. 예제를 들 때마다 코그노스 TM1 서버의 로그 메시지 데이터를 언급하는 것 같다. 이 (머신에 의해 생성된) 데이터는 스플렁크 서버에 의해 입력되고 모니터링되며, 검색을 위해 인덱싱될 것이다. 이 데이터는 여러 대의 코그노스 TM1 어드민<sup>admin</sup> 서버에서 생성된 로그로 구성되고, 단일 스플렁크 서버에 의해 인덱싱된다.

매번 검색마다 개별 서버 소스를 검증하고 싶지 않다면 이 서버에 태그를 생성하는 것이 좋다.

자, 이제 (스플렁크 웹을 사용해 얻은) 전형적인 검색 결과에서 (태그를 달기 원하는 필드/값 쌍을 갖는) 이벤트의 위치를 찾아내고, 그 후에 다음 단계를 실행하라.

1. 먼저, (이벤트 옆) 화살표 모양을 찾아 클릭한다.
2. 이번에는 Actions<sup>작업</sup> 밑에 위치한 화살표 모양을 찾아 클릭한다(필드 값 옆이다).
3. Edit Tags<sup>태그 편집</sup>를 선택한다.
4. 이제 태그를 구성할 수 있다. (실제로 이 태그를 달기 위해) Save<sup>저장</sup>를 클릭한다.

이 예제에서는 개별 코그노스 TM1 서버 소스를 명시하는 TM1-2라는 이름의 태그가 생성됐다. 나중에 이 태그는 검색 범위를 좁히고 오직 그 서버 로그에서 발생한 이벤트만을 분리해내는 작업에 사용될 수 있다.

검색 범위를 좁히는 문법은 (이전 예에서 보여준 것처럼) 다음과 같다.

```
tag=<tagname>
```

이를 좀 더 응용하면, 다음 문법처럼 태그를 특정 필드와 연결함으로써 검색 범위를 좁힐 수 있다.

```
tag::<field>=<tagname>
```

## 태그의 와일드카드 확장

스플렁크 전문가로서 한 가지 팁을 주자면, 스플렁크 태그를 활용한 검색에 별표(*)를 사용할 수 있다. 예를 들어, TM1-1부터 TM1-99까지 여러 종류의 TM1 서버에 대해 여러 개의 sourcetype 태그를 붙였다면, 다음 코드를 사용해 그 모든 서버를 한 번에 검색할 수 있다.

```
tag::eventtype=TM1-*
```

만약 44를 포함하는 태그가 붙은 모든 호스트의 위치를 파악하기 원한다면? 문제없다. 다음과 같이 태그를 검색하면 된다.

```
tag::host=*44*
```

스플렁크 문서에서 다음과 같은 예를 몇 번 정도 보긴 할 테지만, 아직까지 실제로 사용된 경우를 본 적은 없다. 관련 태그가 붙지 않은 이벤트 타입의 모든 이벤트를 검색하기 원한다면 다음과 같은 불린 연산식을 사용하면 된다.

```
NOT tag::eventtype=*
```

## 와일드카드: 개략적인 소개

그렇다. 스플렁크는 와일드카드[wildcard]를 지원하는데, 이로 인해 검색의 유연성이 확장된다. 그러나 스플렁크 검색이 유연할수록 (덜 구체적일수록) 효율성은 떨어진다는 사실을 알아둬야 한다. (특별히 복잡하고 지능적인) 검색에서 와일드카드를 구현할 때는 주의$^{caution}$ 기능을 함께 사용하라.

## 태그 비활성화와 제거

일단 태그를 설정했다면, Settings$^{설정}$에서 Tags$^{태그}$를 선택해 태그를 관리(삭제 혹은 비활성화)할 수 있다.

여기서 자신이 생성한 모든 태그를 볼 수 있다(공개$^{public}$로 설정되지 않은 태그도 있을 것이다). 마지막으로, 태그의 상태를 (비활성화로) 변경하거나 삭제할 수도 있다.

## 트랜잭션 검색

> 트랜잭션은 '일의 한 단위(unit of work)'로 구성되며 다른 데이터와는 별개로서, 일관되고 신뢰할 만한 방식으로 다뤄진다.
>
> – 위키피디아(Wikipedia), 2014

스플렁크는 서로 관련 있는 원시$^{raw}$ 이벤트들을 검색으로 찾아낸 후, 그 이벤트들을 단일 이벤트 그룹으로 묶는데, 이것을 트랜잭션$^{transaction}$이라고 한다.

이런 이벤트들은 공통 필드에 의해 서로 연결되어 있다. 또한 트랜잭션을 트랜잭션 타입$^{transactional\ type}$으로 저장해 추후 재사용할 수도 있다.

트랜잭션을 구성하는 이벤트의 종류는 다음과 같다.

* 같은 소스/호스트에서 서로 다른 이벤트들
* 서로 다른 소스 / 같은 호스트에서 서로 다른 이벤트들
* 서로 다른 호스트/소스에서 비슷한 이벤트들

스플렁크에서는 트랜잭션 검색의 강력한 기능을 이해하는 것이 중요하기 때문에, 개념적인 사용 예제들을 살펴볼 것이다.

* 특정 서버 에러에 의해 발생되는, 로그로 남는 이벤트
* 정확한 시간 간격 내에서 발생하는 모든 이벤트
* 같은 호스트 혹은 같은 쿠키 값을 공유하는 이벤트
* 로그인 실패 시 발생하는 비밀번호 변경 시도

- 특정 시간 범위 내에서 관찰되는 IP 주소에 접속하는 모든 웹 주소

스플렁크 트랜잭션을 사용하기 위해서는 트랜잭션 타입(transactiontypes.conf 파일을 통해 설정한다)을 호출하거나 검색 내에서 (트랜잭션 명령어의 검색 옵션을 설정함으로써) 트랜잭션 제약 조건<sup>transaction constraints</sup>을 정의해야 한다.

다음은 트랜잭션 명령어의 문법이다.

```
transaction [<field-list>] [name=<transaction-name>] <txn_definition-opt>*
<memcontrol-opt>* <rendering-opt>*
```

스플렁크 트랜잭션은 두 가지 중요한 인자로 구성된다. 필드 이름(혹은 쉼표로 구분된 필드 이름의 리스트)과 트랜잭션 이름, 그리고 그 외 추가적인 인자들이다.

- **필드 리스트**: 하나 혹은 그 이상의 필드 이름으로 구성된 단일 문자열 값으로서, 이벤트들을 트랜잭션으로 그룹화하기 위해 사용된다.
- **트랜잭션 이름**: 트랜잭션에서 참조되는 ID 혹은 transactiontypes.conf 파일에 명시된 트랜잭션 타입의 이름이다.
- **추가적인 인자들**: (maxspan 같은) 그 외 설정 인자가 스플렁크 검색에 추가되면, 그 인자는 (transactiontypes.conf 파일 내의) 트랜잭션 정의 항목에 명시된 매개변수 값을 무효로 한다. 매개변수가 파일에 명시되지 않은 경우, 스플렁크 엔터프라이즈는 기본 값을 사용한다.

## 지식 관리

앞서 언급한 대로 transactiontypes.conf 파일을 사용해 스플렁크 사용자 본인을 위해 혹은 다른 사용자를 위해 스플렁크 트랜잭션 타입을 정의하거나 생성할 수 있다. 많은 사상이 스플렁크 지식 관리 전략에 담겨 있다. 이 책 후반부에 좀 더 언급하겠지만, 여기서는 스플렁크 트랜잭션을 정의하기 위해 사용되는 기본적인 방법을 설명할 것이다.

1. 현재 스플렁크 트랜잭션이 존재하지 않는다면, $SPLUNK_HOME/etc/system/local/ 혹은 $SPLUNK_HOME/etc/apps/ 아래 사용자 정의 앱 디렉토리에 텍스트 편집기를 사용해 transactiontypes.conf 파일을 생성하라.

2. 다음 인자를 사용해 트랜잭션을 정의하라.

```
[<transactiontype>]
maxspan = [<integer>s|m|h|d|-1]
maxpause = [<integer>s|m|h|d|-1]
fields = <comma-separated list of fields>
startswith = <transam-filter-string>
endswith=<transam-filter-string>
```

위 예에서 사용된 항[term]의 기능을 살펴보자.

- transactiontype: 트랜잭션 타입의 이름이다.
- maxspan: 트랜잭션의 최대 시간 범위를 설정한다.
- maxpause: 트랜잭션의 이벤트들 사이의 최대 정지[pause] 시간을 설정한다.
- maxevents: 트랜잭션의 최대 이벤트 개수를 설정한다.
- fields: 쉼표로 구분된 필드 리스트다.
- startswith: 새로운 트랜잭션의 시작을 표시한다.
- endswith: 트랜잭션의 끝을 표시한다.

예를 들어, TM1-2라는 이름의 새로운 스플렁크 트랜잭션 타입을 추가하기 위해서는 transactiontypes.conf 파일을 수정하면 된다. 이 태그는 한 시간이라는 시간 범위 내에 TM1 어드민 서버의 중단과 재가동 여부를 알아내고 발생 간격이 15분 내인 이벤트들을 찾기 위해 사용될 수 있다.

스플렁크 transactiontypes.conf 파일이 변경된 이후부터 계속 혹은 다시 변경되기 전까지, 이 트랜잭션은 다음과 같은 방법으로 검색된다.

```
sourcetype=tm1* | transaction TM1-2
```

## 실제 사례

다음은 지식 관리 사례 중 하나다.

```
http | transaction maxpause=2s
```

결과는 발생 간격이 최대 2초인 이벤트들로 정의된, 문자열이 http로 시작하는 모든 트랜잭션이 검색될 것이다. 다음을 살펴보자.

```
sourcetype=access_* | transaction clientipmaxspan=30s maxpause=5s
```

같은 IP 주소를 공유하는 웹 접근 이벤트<sup>web access event</sup>들을 기반으로 하나의 트랜잭션을 정의하고 있다. 트랜잭션에서 처음과 마지막 이벤트 사이의 간격은 30초 이상 벌어지면 안 되고, 각 이벤트 사이의 간격은 5초 이상 벌어지면 안 된다. 다음을 살펴보자.

```
... | transaction from maxspan=90s maxpause=5s
```

90초라는 시간 동안 from과 동일한 값을 가지면서 이벤트들 사이의 최대 정지 시간이 5초를 넘지 않는 검색 결과를 그룹으로 묶어 하나의 트랜잭션을 정의하고 있다.


## 서브검색

서브검색<sup>subsearch</sup>은 검색 파이프라인을 인자로 사용하는 스플렁크 검색이다. 스플렁크에서 서브검색은 대괄호로 싸여 있기 때문에 가장 먼저 해석된다. 서브검색을 SQL 서브질의<sup>subquery</sup>(서브질의란 큰 질의 내부에 중첩된 또 다른 SQL 질의를 뜻한다)와 비슷한 개념으로 생각하라.

서브검색은 주로 다음 세 가지 목적으로 사용된다.

- 어떤 검색의 출력을 이와 다른 검색에서 매개변수로 활용하기 위해
- append 명령어를 사용해 출력을 첫 번째 검색으로 연결하는 것이 아니라 개별적인 검색을 수행하기 위해
- 결과가 어떤 기준이나 서브검색의 임계점<sup>threshold</sup>을 만족시키는 경우에만 그 결과가 보이는 조건 검색을 생성하기 위해

보통 서브검색은 단일 스플렁크 검색 파이프라인에서 하나의 검색 결과를 취하고, 그 결과를 또 다른 검색에 사용하기 위한 목적으로 활용한다. 이런 수행 방식 때문에 두 번째 검색은 (앞서 언급했던 것처럼) append 명령어 같은 인자를 받을 수 있어야 한다.

다음은 서브검색의 몇 가지 예다.

- **매개변수화**parameterization: 다음 코드를 살펴보자.

```
sourcetype=TM1* ERROR[search earliest=-30d | top limit=1 date_mday|
fields + date_mday]
```

이 스플렁크 검색은 매개변수화된 검색으로서 서브검색을 활용하고 있다. 검색 대상은 에러 이벤트가 포함된 스플렁크 인스턴스 내에 존재하는 모든 인덱싱된 TM1 로그다. (대괄호로 싸인) 서브검색은 과거 30일간의 데이터를 걸러낸 뒤에 특정 날짜 기준으로 상위 이벤트를 걸러낸다.

- **append 사용**: 스플렁크의 append 명령어는 현재 검색 결과를 서브검색 결과에 덧붙이기 위해 사용된다.

```
sourcetype=TM1* ERROR | stats dc(date_year), count by sourcetype |
append [search sourcetype=TM1* | top 1 sourcetype by date_year]
```

이 검색은 append 명령어를 사용해 TM1 서버 로그 검색을 결합하기 위해 서브검색을 활용한다. 주 검색은 인덱싱된 모든 TM1 소스에서 '에러' 이벤트를 찾아낸다. 이후 다음 검색은 연도별로 발생한 TM1 이벤트 개수를 추려내고, 그 다음 서브검색이 연도별 상위 TM1 소스를 반환한다.

- **조건**: 다음 코드를 살펴보자.

```
sourcetype=access_* | stats dc(clientip), count by method | append
[search sourcetype=access_* clientip where action = 'addtocart' by
method]
```

이 검색은 웹 서버에 접속하는 각기 다른 IP 주소의 개수와 그 웹 서버에 가장 많이 접속한 사용자를 페이지 요청 타입(메소드)별로 검색한다. addtocart 액션(즉, 실제 구입 여부와 상관없이 사용자가 온라인 장바구니에 가장 많이 넣은 물건)에만 개수 제한을 가하기 위해 where 절을 수정했다.

앞에 언급된 검색 명령어를 좀 더 명확히 이해하기 위해 다음과 같이 명령어를 세분화했다.

| 검색 명령어 일부 | 목적 |
|---|---|
| `sourcetype=access_*` | access_* 소스 타입 중 인덱싱된 웹 서버 로그를 검색한다. |
| `stats dc(clientip) count by method` | 각 클라이언트 IP당 메소드별(GET, POST 등) 이벤트 개수를 계산한다. |
| `[search sourcetype=access_* clientip where action = 'addtocart' by method]` | addtocart 이벤트만 검색한다. |

## 서브검색에 대한 출력 설정

스플렁크 검색을 수행하면서 `format` 명령어를 자주 사용하게 될 것이다. 이 명령어는 서브검색의 결과를 취해서 그 결과를 **단일 결과**single result로 포맷화한다.

검색 파이프라인에 따라 반환되는 결과는 다양한데, 이는 검색 성능에 영향을 미친다. 이런 점을 극복하기 위해 `format` 명령어의 동작 대상 결과 개수를 변경할 수가 있다. 이를 위해 서브검색 끝에 다음과 같은 코드를 추가한다.

```
| format maxresults = <integer>
```

스플렁크 전문가 관점에서 말하자면 좀 더 보수적인 접근법을 택하는 편이 안전하고, 서브검색에 많은 제한을 가하기 위해서는 스플렁크의 limits.conf 파일을 활용하는 것이 좋다.

limits.conf 파일은 (기본설정에서) $SPLUNK_HOME/etc/system/default/ 폴더에 위치하는데, 로컬에서 제어하려면 $SPLUNK_HOME/etc/system/local/ 폴더의 복사본을 사용할 수도 있다. 이 파일은 모든 스플렁크 검색을 제어할 뿐만 아니라, 서브검색 설정과 관련된 subsearch라는 섹션을 포함하고 있다. 이 섹션 안에는 3개의 중요한 하위 항목이 존재한다.

- `maxout`: 서브검색에서 반환되는 최대 결과 개수다. 기본설정은 100이다.
- `maxtime`: 종료 전 서브검색이 실행되는 최대 시간을 초 단위로 표현한다. 기본설정은 60이다.
- `ttl`: 주어진 서브검색 결과를 캐시하는 시간이다. 기본설정은 300이다.

다음은 limits.conf 파일에서 subsearch 섹션의 예다.

```
[subsearch]
maxout = 250
maxtime = 120
ttl = 400
```

## 검색 작업 검사기

스플렁크 검색 실행 이후, Job<sup>작업</sup> 메뉴를 클릭하고 Inspect Job<sup>작업 검색</sup>을 선택해 Search Job Inspector<sup>검색 작업 검사기</sup> 대화창을 연다.

대화창에서 반환된 이벤트와 (검색) 실행 부하에 대한 요약 정보를 볼 수 있다. 또한 Search job properties<sup>검색 작업 속성</sup>에서 스크롤을 remoteSearch로 내리면 서브검색에서 얻은 실제 검색 질의를 볼 수 있다.

스플렁크 검색 작업 검사기를 사용하면 스플렁크 검색 파이프라인 내에서 '부하'가 가장 많이 걸리는(가장 많은 시간을 소모하는) 검색과 같은 성능 병목현상 요인을 파악할 수 있다. 또한 사용자가 검색 최적화 방법을 고안해낼 수 있게 검색 행위를 분절하는 역할을 한다.

## 매개변수를 이용한 검색

스플렁크에서 검색은 커맨드라인 인터페이스 혹은 CLI(CLI 접속 방법과 도움말 검색 정보는 SplunkAdmin 매뉴얼을 참고하라)는 물론 스플렁크 웹을 통해 시작된다.

CLI에서의 검색 방식은 검색 결과에 타임라인이 없다는 점과 기본 시간 범위가 없다는 점을 제외하면 스플렁크 웹을 통한 검색 방식과 동일하다. 대신, 검색 타입에 따라 결과가 원시 이벤트 리스트 혹은 테이블로 보인다. CLI 검색이 실행되는 방식 혹은 검색 결과가 보이는 방식을 제어하는 옵션은 검색 매개변수(batch, header, wrap)다.

스플렁크 웹, 스플렁크 CLI와 더불어 **애플리케이션 프로그래밍 인터페이스**(API, applications programming interface) 역시 사용 가능하다. 스플렁크 프로그래머는 검색을 수행하고 스플렁크 설정과 개체를 관리하기 위해 API를 사용할 수 있다.

이 책에서는 CLI 검색을 다루지 않는다. 매개변수를 이용한 검색에 대해 설명하면서 스플렁크 검색 시 eval 문을 사용하는 것과 같은 (고급) 검색 방식을 자세히 다룰 것이다.

스플렁크 검색에서는 eval 문을 사용해 검색을 매개변수화할 수 있다. 이는 검색 기준을 다음 항목의 현재 값으로 설정해 검색을 작성할 수 있다는 의미다.

- 단일 필드
- 필드 혹은 필드들의 일부
- 다중 필드
- 계산된 값
- 논리적으로 설정된 값

## eval 문

스플렁크 eval 문은 (거의) 모든 표현식을 해석하고, 그 결과 값을 스플렁크 검색에서 (매개변수로) 사용되는 필드로 대입하는 역할을 한다. 문법은 간단하다.

```
eval<eval-field>=<eval-expression>
```

다음과 같은 매개변수를 갖는다.

- eval-field: 결과 값의 대상$^{destination}$ (문자열) 필드 이름이다.
- eval-expression: eval 대상 필드의 값을 나타내는 값, 변수, 연산자, 함수의 조합이다.

eval 문에는 연산, 결합$^{concatenation}$, 불린 연산자뿐만 아니라 다수의 스플렁크 함수 (ifnull, tostring, upper 등)가 포함될 수 있다.

## 간단한 예

간단한 eval 문의 사용 예를 살펴보자.

```
sourcetype=TM1* error | EVAL event_date = date_month + "/" + date_mday +
"/" + date_year | where event_date = "october/24/2007"
```

이 스플렁크 검색은 eval 문을 사용해 date_month, date_mday, date_year를 연결해서 event_date라는 새로운 필드를 생성하고, 이후 이 필드를 특정 날짜에 발생한 이벤트를 찾아내는 검색에 사용한다. 다음을 살펴보자.

```
sourcetype=TM1* error | eval status = if(date_wday == "sunday", "Error",
"OK")| search status=Error
```

이 스플렁크 검색은 몇 가지 로직으로 필드 상태를 갱신하기 위해 eval 문을 사용한다. 이 경우, 일요일에 발생한 TM1 서버 로그에서 에러가 발견됐다면, 스플렁크는 검토를 위해 그 이벤트를 반환하고 그 외 이벤트(다른 요일에 발생한 에러)는 무시한다(반환하지 않는다).

# 스플렁크 매크로

스플렁크 매크로는 재사용 가능한 (사전 테스트를 거쳤거나 검증된) 스플렁크 로직<sup>logic</sup>의 집합체라고 말할 수 있다. 로직이란 기본적으로 반복해서 입력하기 원치 않는 스플렁크 검색의 일부분 혹은 모든 부분을 뜻한다. 저장된 매크로는 재사용 시 인자를 받도록 정의될 수 있다. 스플렁크 매크로는 지식 관리의 필수 요소다.

어떻게 매크로가 정의되고, 저장되며, 재사용되는지 이해하기 위해 eval 문을 사용하는 이전 예제를 살펴보자. 이전 검색에서는 새로운 필드 event_date를 정의하고 해석과 검색을 수행했다.

```
sourcetype=TM1* error | EVAL event_date = date_month + "/" + date_mday +
"/" + date_year | where event_date = "october/24/2007"
```

event_date 필드는 date_month, date_mday, date_year 필드로 만들어진다. 다른 날짜에 발생한 이벤트를 검색할 때 eval 문을 반복해서 입력하고 싶지 않다면 event_ date의 정의를 매크로로 저장할 수 있다. 이후 검색 파이프라인에서 이 매크로를 호출할 수가 있다.

## 자신만의 매크로 생성하기

스플렁크 검색 매크로를 생성하는 가장 간단한 방법은 스플렁크 웹을 통해서다. Settings<sup>설정</sup>에서 Advanced Search<sup>고급 검색</sup>를 선택하고 Search macros<sup>검색 매크로</sup>를 클릭하라.

Search macros<sup>검색 매크로</sup> 페이지에서 이전에 정의된 매크로를 볼 수 있을 것이다. New<sup>새로 만들기</sup>를 클릭해 Add new<sup>새로 추가</sup> 페이지에서 새로운 검색 매크로를 정의할 수 있다.

Add new<sup>새로 추가</sup> 페이지에서 다음 필드를 볼 수 있을 것이다.

- Destination app<sup>대상 앱</sup>: 검색 매크로가 적용되는 스플렁크 앱의 이름이다. 검색 앱 search app에 적용되는 것이 기본설정이다.

- Name<sup>이름</sup>: 검색 매크로 이름이다(예제에서는 TM1_Event_Date를 사용한다). 매크로가 인자를 받을 때는 이름 옆에 인자의 개수를 추가해야 한다. 예를 들어, TM1_Event_Date가 두 개의 인자를 받는다면 이름은 TM1_Event_Date(2)가 되어야 한다.

- Definition<sup>정의</sup>: 또 다른 검색에서 이 검색 매크로를 참조할 때 확장되는 문자열이다. 사용자가 검색 매크로에 인자를 입력해야 한다면, 인자 주변을 달러 기호로 감싸는 방식을 사용한다. $arg1$처럼 말이다. 인자 값은 이후 검색 매크로가 호출될 때 명시된다.

이전 예제의 경우, Add new<sup>새로 추가</sup> 페이지의 Definition<sup>정의</sup>에 다음 eval 문을 입력해 새로운 검색 필드를 정의할 수 있다.

```
EVAL event_date = date_month + "/" + date_mday + "/" + date_year
```

## 자신만의 매크로 사용하기

검색 시 저장된 스플렁크 검색 매크로를 활용하려면 (낮은 액센트표<sup>grave accent</sup>라고도 하는) 좌측 단일 인용부호를 사용해야 한다. 이 문자는 키보드에서 이중 인용부호(")와 같은 키에 위치하는 단일 인용부호와 혼동해서는 안 된다.

다음 예를 살펴보자.

```
sourcetype=TM1* error | `TM1_Event_Date` | where event_date =
"october/24/2007"
```

이 예제에서는 검색 필드 event_date를 재정의하는 작업을 피하기 위해 매크로를 생성했다. 특정 날짜(즉, 월/일/년)에 발생하는 (이 예제에서) TM1 에러 이벤트를 주기적으로 검색해야 한다면, 특정 날짜를 인자로 받는 스플렁크 매크로로 전체 검색 내용을 저장해두면 좋지 않을까? 이를 구현하기 위해 TM1Events(1)이라는 새로운 매크로를 생성할 수 있다. 스플렁크가 인식하는 명명 규칙은 검색 시점에 넘어오게 될 인자의 개수를 (괄호 안에) 포함시키는 것임을 명심하라. 따라서 이 경우는 1이 된다. 다음 화면은 매크로 정의가 입력된 Definition<sup>정의</sup> 영역과(달러 기호로 감싼 인자 $argme$를 추가했다.) 단일 인자(argme) 이름이 입력된 Arguments<sup>인자</sup> 영역을 보여준다.

매크로 정의

이제 (매크로를 호출하는) 스플렁크 검색을 실행하기 위해 다음과 같은 코드를 사용할 수 있다.

```
`TM1Events("october/24/2007")`
```

## 스클렁크의 한계

정의할 수 있는 매크로의 개수 혹은 단일 검색에 포함될 수 있는 매크로의 개수에는 제한이 없다. 그러나 이전 스플렁크 검색 예에서 내부적으로 어떻게 TM1_Event_Date

가 정의되는지 파악할 수는 없다는 사실을 명심하라. 이는 강력한 지식 관리 전략의 매우 중요한 영역 중 하나다.

## 검색 결과

스플렁크 검색을 수행하면 스플렁크 웹 검색 결과 탭(Events<sup>이벤트</sup>, Statistics<sup>통계</sup>, Visualization<sup>시각화</sup>) 모두를 볼 수 있는 건 아니다.

- **이벤트 검색**: 검색이 오직 이벤트만을 반환한다면, Events<sup>이벤트</sup> 탭만 볼 수 있다.
- **변형 검색**: 검색에 변형 명령어<sup>transforming command</sup>가 포함되면, Events 탭뿐만 아니라 Statistics 탭과 Visualization 탭을 볼 수 있다.
- **변형 명령어**: 변형 명령어는 이벤트 결과를 수치로 변환하는데, 스플렁크는 이를 통계적 목적, 즉 차트, 테이블, 그래프를 생성하기 위한 목적으로 사용한다.

변형 명령어의 종류는 다음과 같다.

- chart
- timechart
- stats
- top
- rare
- contingency

### 기본적인 스플렁크 검색 예제

결과 탭들 사이의 차이점을 설명하기 위해 이전의 검색 예제를 살펴보자. (사용자가 생성한 매크로를 사용하는) 다음 검색을 떠올릴 수 있을 것이다.

`` `TM1Events("october/24/2007")` ``

이 검색은 간단한 이벤트 검색으로서, Events<sup>이벤트</sup> 탭만을 생성하게 될 것이다. Statistics<sup>통계</sup>와 Visualization<sup>시각화</sup> 탭은 생성되지 않는다.

이제 위 검색에 변형 명령어를 추가해보자(이 경우 검색 결과에서 요일을 '초 단위 이벤트'로 분리하기 위해 timechart 명령어를 추가했다).

```
`TM1Events("october/24/2007")` | timechart per_second(date_second)
```

이제 모든 탭이 생성된다.

## 추가 포맷화

스플렁크는 좀 더 나은 검색 결과를 보여주기 위해, 다음과 같은 명령어를 제공한다.

- abstract: 각 검색 결과를 최대 다섯 줄로 요약해서 보여준다.
- diff: 검색 결과 사이의 값을 비교하고, 두 값의 차이를 보여준다.
- highlight: 명시된 용어를 강조한다.
- iconify: 각 이벤트 타입에 따라 각기 다른 아이콘을 보여준다.
- outputtext: 현재 검색의 _raw 필드를 _xml로 출력한다.
- scrub: 현재 검색 결과를 익명으로 처리한다.
- xmlunescape: 모든 XML 문자를 구조에 맞도록(쌍이 맞도록) 포맷화한다.
- append: 일반적인 포맷화 명령어는 아니지만 언급할 필요가 있다. 테이블로 표현된 검색 결과에 현재 결과를 덧붙인다.

# 정리

2장에서는 검색 명령어 목적에 부합하는 간단한 (검색 명령어) 최적화 전략 같은 스플렁크 고급 검색에 대해 알아봤다. 추가로 검색 연산자, 태킹, 트랜잭션 검색, 서브검색, 매크로에 대해서도 살펴봤다. 가장 많이 사용되는 스플렁크 검색 명령어(chart, eval, timechart, top, transaction, where)를 활용하는 실제 사용 예제를 수록했다.

3장에서는 고급 테이블, 차트, 필드에 대해 알아보고, 이에 대한 실제 예제를 살펴볼 것이다.

# 3

# 테이블, 차트, 필드 정복

3장에서는 스플렁크 테이블, 차트, 필드를 활용하는 방법을 상세히 설명하고, 이를 적용한 사례를 살펴볼 것이다.

3장에서 다루는 내용은 다음과 같다.

- 테이블, 차트, 필드
- 드릴다운
- 피벗
- 스파크라인

## 테이블, 차트, 필드

2장 '고급 검색'에서는 스플렁크 검색 수행 시 생성되는 검색 결과 탭(혹은 탭들)의 종류가 명령어 파이프라인에 의해 결정된다는 사실을 설명했다. 이벤트 검색이 주 목적이라면 그 결과는 Events<sup>이벤트</sup> 탭에 반환될 것이다. 반면 Statistics<sup>통계</sup>와 Visualization<sup>시각화</sup> 탭에서는 변형된 형태의 이벤트를 볼 수 있다..

3장에서는 이벤트 데이터의 변형과 이와 관련 있는 Statistics 및 Visualization 탭에 대해 자세히 알아볼 것이다.

## 테이블 파헤치기

검색 결과를 테이블로 보여주는 것은 그 결과를 좀 더 읽기 쉬운 형태로 변형하는 가장 쉽고 직관적인 방법이다. 원시 이벤트 데이터를 그대로 보는 것이 아니라, 스플렁크 명령어를 사용해 원시 이벤트 데이터에서 필요 없는 부분을 축소하고 그 나머지를 스플렁크 Statistics<sup>통계</sup> 탭 내에서 테이블 형태로 볼 수 있다.

스플렁크 검색 결과에서 단일 필드(혹은 다중 필드)를 남겨두거나 제거해 Statistics 탭의 가독성 수준을 높이기 원할 때는 스플렁크 fields 명령어를 사용하면 된다.

* (필드) 리스트의 필드들 중 하나와 매칭되는 필드만 남겨둘 때는 +를 사용하라.
* (필드) 리스트와 매칭되는 필드(들)를 제거할 때는 -를 사용하라.

일반적으로 fields 명령어를 사용해 반환받을 스플렁크 검색 결과를 자세히 명시하는 경우가 대부분이다. 스플렁크의 table 명령어는 fields 명령어와 어느 정도 유사하다 (3장 후반부에 다룬다). table 명령어를 통해 결과(테이블)에서 남겨두고 싶은 필드를 명시(제한)할 수 있다. 그러나 스플렁크에서 (chart 명령어 같은) 몇몇 명령어를 실행하기 위해서는 검색에서 사용되는 특정 내부 필드가 필요한데, (기본설정일 때) table 명령어는 검색 결과로부터 이런 필드들을 가져올 수 있음 명심하라. 결과를 제한하는 가장 좋은 방법은 fields 명령어를 사용하는 것이다(항상 모든 내부 필드를 갖기 때문이다).

## table 명령어

table 명령어는 명령어 'table'과 '필드 리스트'로 간단하게 구성된다. 오직 필드들의 이름만을 사용해 테이블이 생성된다. 필드 리스트 일부에 와일드카드를 사용할 수 있다. 컬럼은 필드가 명시된 순서대로 표현된다.

 다음을 기억하라.
* 컬럼 머리말(header) = 필드 이름
* 행 = 필드 값
* 각 행 = 이벤트 하나

다음 예에서는 3개의 컬럼 date_year, date_month, date_wday로 구성된 테이블을 생성하기 위해 table 명령어가 사용된다.

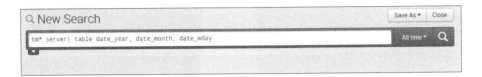

결과는 다음 화면과 같다.

| | | date_year ⌄ | date_month ⌄ | date_wday ⌄ |
|---|---|---|---|---|
| | | 2014 | march | friday |
| | | 2014 | march | friday |
| | | 2014 | march | friday |
| | | 2014 | march | friday |
| | | 2014 | march | thursday |
| | | 2014 | march | thursday |

검색 결과

스플렁크의 table 명령어로는 스플렁크 필드 이름을 재정의할 수 없다. 결과 테이블에 보이게 할 목적으로 생성된 필드만 재정의가 가능하다. 필드 이름을 변경하기 원한다면 rename 명령어를 사용해야 한다.

### rename 명령어

스플렁크의 rename 명령어를 사용해 하나의 특정 필드 혹은 다중 필드 이름을 재정의할 수 있다. date_month 대신 month 같이, 필드에 좀 더 의미 있는 이름을 붙일 수 있다. 여러 개의 필드 이름을 재정의하려면 와일드카드를 사용해야 한다. 구phrase를 사용하고 싶다면(새로운 필드 이름에 공백이 있다면), 인용부호로 구를 감싸야 한다. 문법은 간단하다.

```
rename old-field-name as new-field-name
```

필드 이름을 문자 구로 재정의하고 싶으면 다음 문법처럼 인용부호를 사용해야 한다.

```
... | rename SESSIONID AS "The Session"
```

또한 다중 필드 이름을 재정의하기 위해 와일드카드를 사용할 수 있다.

```
... | rename *ip AS IPaddress_*
```

다음 예에서는 3개의 필드 이름 모두를 재정의하기 위해 rename 명령어를 사용했고, table 명령어에서 변경된 이름이 사용됐다.

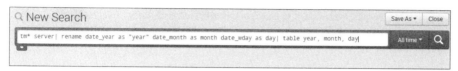

rename 명령어

rename 명령어가 사용된 검색 결과는 다음과 같다.

rename 명령이기 시용된 검색 결과

검색 결과를 변형하는 스플렁크 table 명령어의 또 다른 사용 예를 보자. 스플렁크 서버가 코그노스 TM1 모델에서 추출한 원시 CSV 파일을 인덱싱하는 경우다. 이 파일에는 헤더가 없기 때문에 스플렁크는 데이터를 필드 이름으로 해석하게 된다. 게다가 스플렁크는 각 레코드의 예측 양<sup>forecast amount</sup>을 문자열로 해석한다. 다음과 같이 좀 더 의미 있는 이름으로 필드 이름을 재정의하기 위해 스플렁크 rename 명령어를 사용했다.

- `May as Month`
- `Actual as Version`
- `FY 2012 as Year`
- 그 외 다수

또한 반올림이 적용된 예측 양을 생성하기 위해 스플렁크 eval 명령어를 사용했다.

```
Eval = RFCST= round(FCST)
```

마지막으로, `table` 명령어를 사용해 읽기 쉬운 형태로 검색 결과를 표현했다.

```
sourcetype=csv 2014 "Current Forecast" "Direct" "513500" | rename
May as "Month" Actual as "Version" "FY 2012" as Year 650693NLR001
as "Business Unit" 100000 as "FCST" "09997_Eliminations Co 2" as
"Account" "451200" as "Activity" | eval RFCST= round(FCST) | Table
Month, "Business Unit", Activity, Account, RFCST, FCST
```

이 스플렁크 검색 파이프라인이 실행되면 반환되는 결과는 다음과 같다.

| Month ‡ | Business Unit ‡ | Activity ‡ | Account ‡ | RFCST ‡ | FCST ‡ |
|---|---|---|---|---|---|
| June | 999999 | 513500 | 42000-S2S GLOBAL | 3049034 | 3049033.736 |
| May | 999999 | 513500 | 42000-S2S GLOBAL | 3049034 | 3049033.736 |
| April | 999999 | 513500 | 42000-S2S GLOBAL | 3049034 | 3049033.736 |
| March | 999999 | 513500 | 42000-S2S GLOBAL | 3048728 | 3048728.3670000001 |
| February | 999999 | 513500 | 42000-S2S GLOBAL | 3225361 | 3225361.287 |

table 명령어가 사용된 검색 결과

## 제한 설정

지금까지 살펴본 것처럼, 스플렁크는 기본설정 속성, 매개변수, 임계점을 재정의하기 위해 설정(configuration 혹은 conf) 파일을 사용한다. limits.conf 파일에는 검색 명령어에 제한을 가하는 설정에 대한 속성/값 쌍이 존재한다. 다음 위치에 limits.conf 파일이 있음을 기억하라.

```
$SPLUNK_HOME/etc/system/default/
```

 스플렁크 홈 디렉토리가 아닌 스플렁크 로컬 디렉토리에 위치한 limits.conf 파일을 변경해야 한다. 이를 주의하라.

기본 설치 시 스플렁크 설정 파일 limits.conf에 매개변수 `truncate_report` 값이 1로 설정되어 있다면, 스플렁크 `table` 명령어는 반환되는 전체 결과의 개수를 줄이게 된다.

## 필드

스플렁크가 데이터를 인덱싱할 때는 몇 개의 필드를 이용해 각 이벤트를 표시한다. 이 필드들은 인덱스의 이벤트 데이터 일부가 되고, 검색 결과 일부로서 반환된다. 또한 내부 처리 과정에서, 스플렁크는 특정 용도에 적합한 몇 개의 기본 필드를 일부 데이터에 추가한다. 다음은 스플렁크의 기본 필드와 그 필드의 사용 용도에 대한 설명이다(전체 리스트는 제품 문서를 참조하라).

- index: 이벤트가 위치하는 인덱스를 표시한다.
- linecount: 이벤트가 포함하는 라인의 개수를 나타낸다.

일단 데이터가 인덱싱되면, 스플렁크 검색 시 이런 기본 필드를 활용할 수 있다. 만약 특정 필드가 필요 없다면 성능과 결과의 가독성을 높이기 위해 검색 결과에서 필드를 제거하는 방법을 고려해볼 수도 있다. 검색 결과에서 하나의 필드(혹은 여러 개의 필드)를 남겨두거나 제거하기 위해서는 스플렁크 fields 명령어를 사용하면 된다.

 검색 파이프라인을 기준으로 볼 때 스플렁크가 내부적으로 사용하는 몇몇 기본 필드가 있다는 사실을 명심하라. 예를 들어, 모든 통계 명령어에는 기본적으로 _time 필드가 필요하다.

fields 명령어는 간단하다.

```
fields [+|-] <field-list>
```

필드 리스트는 구분된 필드들의 목록으로서 보유(+) 혹은 제거(-)의 대상이 되는데, 와일드카드가 포함되기도 한다. - 기호는 필드 리스트를 제거하는 반면, + 기호는 필드 리스트를 남겨둔다. + 혹은 -를 포함하지 않을 경우, 스플렁크는 그 값을 +로 가정함을 기억하라.

### fields 명령어의 예

검색 결과를 나타내기 위해 이전에 사용했던 다음 코드를 살펴보자.

```
sourcetype=csv 2014 "Current Forecast" "Direct" "513500" | rename
```

```
May as "Month" Actual as "Version" "FY 2012" as Year 650693NLR001
as "Business Unit" 100000 as "FCST" "09997_Eliminations Co 2" as
"Account" "451200" as "Activity" | eval RFCST= round(FCST) | Table
Month, "Business Unit", Activity, Account, RFCST, FCST
```

이 코드를 실행해 얻은 결과는 다음과 같다.

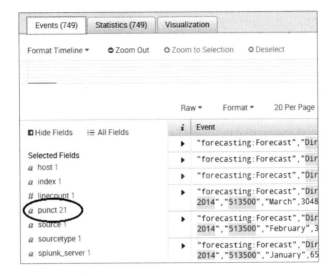

(이전에 사용된 것과) 같은 코드에 fields 명령어를 사용했다.

```
sourcetype=csv 2014 "Current Forecast" "Direct" "513500" | fields -
punct | rename May as "Month" Actual as "Version" "FY 2012" as Year
650693NLR001 as "Business Unit" 100000 as "FCST" "09997_Eliminations
Co 2" as "Account" "451200" as "Activity" | eval RFCST= round(FCST) |
Table Month, "Business Unit", Activity, Account, RFCST, FCST
```

(이름이 punct인 필드를 제거하기 위해 fields 명령어를 사용해) 얻은 결과는 다음과 같다.

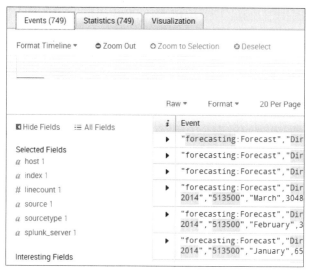

fields 명령어가 사용된 검색 결과

## 검색 결과를 차트로 반환하기

이제까지는 Events<sup>이벤트</sup>와 Statistics<sup>통계</sup> 탭을 살펴봤다. 지금부터는 Visualization<sup>시각화</sup> 탭에 대해 알아볼 것이다.

기본적으로 스플렁크의 표준 검색 결과에 대한 옵션 중 하나가 '이벤트 리스트'다. 그 외의 옵션에는 테이블과 (Visualization 탭에서 볼 수 있는) 컬럼, 라인, 영역<sup>area</sup>, 파이 차트 같은 차트 형태들이 포함된다.

스플렁크의 chart 명령어는 보고형 명령어로서, 검색 결과를 차트 같은 시각화 자료를 지원하는 데이터 구조로 반환하는 역할을 한다.

### chart 명령어

chart 명령어는 스플렁크 table 명령어보다 좀 더 복잡하다. chart 명령어는 필수 인자와 선택 인자 모두를 갖고 있다. 스플렁크가 요구하는 시점에 차트에 사용되는 필드는 수치량으로 자동 변경된다. chart 명령어로 차트 시각화 자료의 x축을 설정할 수 있다(3장 후반부에서 논의할 텐데, chart 명령어와 유사한 timechart 명령어는 항상 x축에 _time을 생성한다).

chart 명령어에서 필요한 인자는 집합자, 스파크라인 집합자 항, eval 표현식인데, 다음 설명을 참고하라(시각화 자료에 스파크라인을 사용하지 않는다면 스파크라인 집합자 항도 필요하지 않다는 사실에 주의하라).

- **집합자**<sup>aggregator</sup>: 집합자 혹은 함수를 명시한다.
- **스파크라인 집합자 항**<sup>sparkline-agg-term</sup>: 스파크라인 명시자다(스파크라인에 대해서는 3장 후반부에서 설명한다).
- **eval 표현식**<sup>eval-expression</sup>: 대상 필드 값을 표현하는 문자들, 필드, 연산자, 함수의 조합이다.

chart 명령어의 간단한 예는 다음과 같다.

```
sourcetype=csv "Current Forecast" "Direct" "513500" | rename 100000
as "FCST", "FY 2012" as "Year"| eval RFCST= round(FCST) | chart
avg(RFCST) by Year
```

이 (CSV 파일에서 추출된 코그노스 TM1을 소스로 사용한) 예에서 일반적인 스플렁크 통계 함수 avg를 집합자로 사용하고, by를 사용해서 연도를 차트의 x축으로 명시했음을 볼 수 있다(over 명령어 또한 여기서 동작할 것이다). rename 명령어로 FCST라는 값을 생성했는데, 이것은 이후 이 검색의 eval 표현식으로 사용될 것이다. 이 시각화 자료에서는 스파크라인이 필요하지 않으므로 명령어에서 스파크라인 집합자 항은 사용되지 않았다.

스플렁크 웹에서 보이는 search 명령어는 다음과 같다.

search 명령어

위의 search 명령어를 실행해서 얻은 결과다.

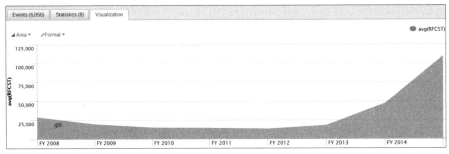

search 명령어 결과

## 필드에 의한 분할

스플렁크 chart 명령어를 사용할 때, '필드에 의한 분할'을 명시하는 기능이 있다. 스플렁크 검색 출력은 테이블 형태가 되는데, 필드에 의해 분할된 개별적인 값이 각 컬럼을 대표하게 될 것이다. 다음 명령어를 살펴보자.

```
sourcetype=csv "2014" "Current Forecast" "Direct" "513500" | rename
100000 as "FCST", "May" as "Month" | eval RFCST= round(FCST) | sort
by Month | chart sum(FCST) by FCST, Month
```

위의 예에서 chart sum(FCST) by FCST, Month 부분을 다시 보자. by FCST에 의한 첫 번째 필드는 결국 하나의 행당 1개의 필드로 표현된다(스플렁크는 이를 group by로 간주한다). by Month에 의한 두 번째 필드는 컬럼당 1개의 필드로 표현된다(이는 필드에 의한 분할이다). 시각화 자료 결과는 아래에서 볼 수 있듯이 이전 예와 다르다.

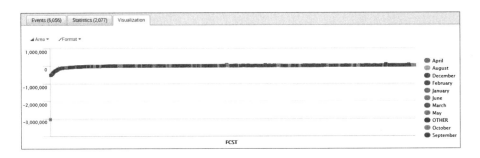

## where 절

스플렁크 where 절은 SQL 질의에서의 where 절과 비슷하다고 생각할 수 있다. 'where'는 스플렁크 검색 파이프라인 내에 포함시킬 특정 데이터에 대한 기준을 명시한다. 그 예로 다음 검색을 살펴보자.

```
sourcetype=csv "2014" "Direct" "513500" ("Current Forecast" OR
"Budget") | rename 100000 as "FCST", "May" as "Month", Actual as
"Version" | eval RFCST= round(FCST) | chart var(FCST) over Month by
Version
```

위 예는 다음 결과를 생성한다.

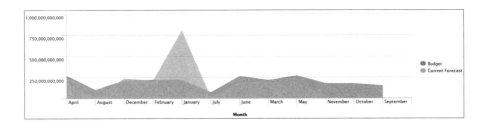

이 코드는 where 절을 사용해 다음과 같이 변형할 수 있다.

```
sourcetype=csv "2014" "Direct" "513500" ("Current Forecast" OR
"Budget") | rename 100000 as "FCST", "May" as "Month", Actual as
"Version" | eval RFCST= round(FCST) | where FCST > 99999 | chart
var(FCST) over Month by Version
```

주어진 코드는 다음과 같은 결과를 생성할 것이다.

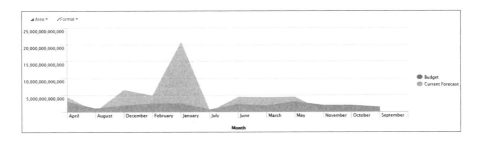

## 시각화 자료 관련 추가 예제

다음 예에서는 TM1 제어 차수 }clients와 함께 코그노스 TM1 트랜잭션 로그에 의해 반환되는 이벤트에 주목하자. 이를 시간 단위, 주 단위, 월 단위로 시각화된 형태로 보기 원한다고 하자.

```
tm1* }Clients| chart count(date_hour) over date_wday by date_month |
sort by date_wday
```

이 코드를 실행한 후 얻은 차트는 다음과 같다.

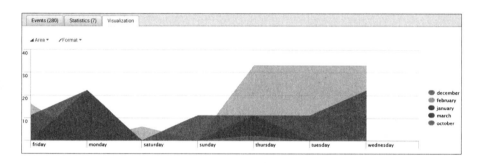

다음은 코그노스 TM1 '에러'가 발생한 가장 이른 시간을 다음처럼 earliest 함수를 사용해 요일 단위로 시각화하는 예다.

```
tm1* "Error" | chart earliest(date_hour) over date_wday
```

이 명령어는 다음 결과를 생성한다.

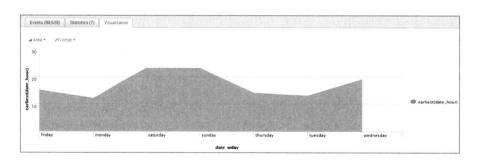

이번에는 median 함수를 (over 및 by를 함께) 사용해 (실제 값, 예산, 현재 예측치, 이전 예측치) 데이터 각 버전에 대한 FCST의 월 단위 중앙값$^{median}$을 그래프로 보여줄 것이다.

```
sourcetype=csv "2014" "Direct" "513500" | rename 100000 as "FCST",
"May" as "Month", Actual as "Version" | eval RFCST= round(FCST) |
chart Median(FCST) over Month by Version
```

위의 검색 명령어는 다음 결과를 생성한다.

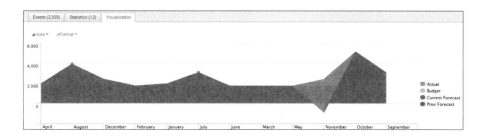

다음 예는 var 함수를 (over 및 by를 함께) 사용해 Budget$^{예산}$과 Current Forecast$^{현재 예측치}$의 표본 분산$^{sample\ variance}$을 그래프로 보여준다.

```
sourcetype=csv "2014" "Direct" "513500" ("Current Forecast" OR
"Budget") | rename 100000 as "FCST", "May" as "Month", Actual as
"Version" | eval RFCST= round(FCST) | chart var(FCST) over Month by
Version
```

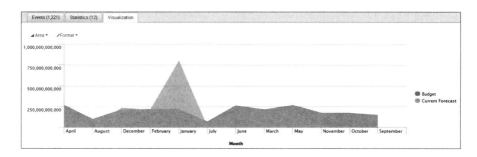

## 추가 함수

chart 명령어를 사용할 때 알아야 하는 유용한 함수들은 다음과 같다.

avg, C 혹은 Count, dc 혹은 distinct_count, earliest, estdc, estdc_error, First, Last, latest, List, max, Median, Min, Mode, Range, Stdev, Stdevp, sum, sumsq, Values, Var, varp

각 함수의 용도와 문법은 제품 문서에 자세히 명시되어 있다. 이를 참고하라.

## 스플렁크 버킷화

스플렁크 버킷화$^{bucketing}$ 옵션으로 이벤트를 개별적인 정보 버킷으로 그룹화하면 더 나은 분석이 가능해진다. 예를 들면, 인덱싱된 데이터로부터 반환된 이벤트의 개수가 너무 많을 때는 이벤트를 시간 간격(혹은 시간 범위, 초, 분, 시간, 일, 월, 혹은 초보다 작은 단위가 될 수 있다)으로 그룹화하거나 버킷으로 묶는 것이 좋다.

다음 예를 통해 이를 설명할 것이다.

```
tm1* error | stats count(_raw) by _time source
```

생성된 출력을 살펴보자.

추가 예제가 있다.

```
tm1* error | bucket _time span=5d | stats count(_raw) by _time source
```

출력은 다음과 같다.

| _time ⇕ | source ⇕ | count(_raw) ⇕ |
|---|---|---|
| 2007-10-19 | c:\Splunk\Splunk book\tm1server.log | 9 |
| 2007-10-24 | c:\Splunk\Splunk book\tm1server.log | 69890 |
| 2009-06-25 | c:\Splunk\Splunk book\tm1smsg.log | 5 |
| 2013-12-06 | C:\PreimerMe\tm1server.log | 184 |
| 2013-12-11 | C:\PreimerMe\tm1server.log | 360 |

Events (80,638) | Statistics (18) | Visualization
20 Per Page ▾   Format ▾   Preview ▾

## timechart 명령어를 사용해 보고하기

timechart 명령어는 chart 명령어와 유사한데, 시간 연속 차트와 그에 해당하는 통계 테이블의 생성을 위한 보고형 명령어다. 앞서 언급했듯이 timechart는 _time x축을 생성한다(차트 시각화 자료의 x축을 직접 설정할 수 있다). 아래 두 명령어는 비슷하게 보이지만 전혀 다른 결과를 생성한다.

```
tm1* rule | chart count(date_hour) by date_wday
tm1* rule | timechart count(date_hour) by date_wday
```

chart 명령어는 다음과 같은 시각화 자료를 생성한다.

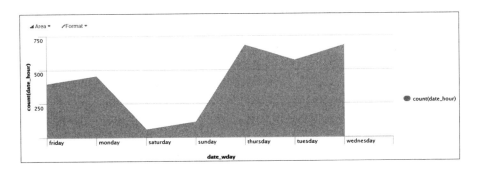

timechart 명령어는 다음과 같은 버전으로 시각화 자료를 생성한다.

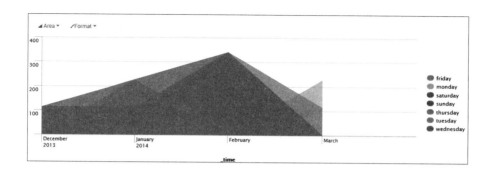

## timechart 명령어에서 필요한 인자

timechart 명령어를 사용할 때는 다음과 같이 단일 집합[aggregation] 혹은 eval 표현식이 필요하다.

- **단일 집합**: 단일 필드에 적용되는 집합이다.
- **eval 표현식**: 대상 필드 값을 표현하는 문자들, 필드, 연산자, 함수의 조합이다.

## 버킷 시간 간격과 per_* 함수

per_day(), per_hour(), per_minute(), per_second() 함수는 집합자[aggregator] 함수로서, (정확한 간격(시간 범위)이 제공되지 않았을 때) 일정한 단위로 데이터를 얻기 위해 timechart와 함께 사용된다. 다음은 각 함수에 대한 설명이다.

- per_day(): 필드 값 $X$ 일 단위 결과 값을 반환한다.
- per_hour(): 필드 값 $X$ 시간 단위 결과 값을 반환한다.
- per_minute(): 필드 값 $X$ 분 단위 결과 값을 반환한다.
- per_second(): 필드 값 $X$ 초 단위 결과 값을 반환한다.

다음은 (other 필드의 일 단위 합계를 계산하기 위해) per_day 함수와 timechart가 함께 사용되는 예다.

```
sourcetype=access_* action=purchase | timechart per_day(other) by file
usenull=f
```

위 코드는 다음 출력을 생성한다.

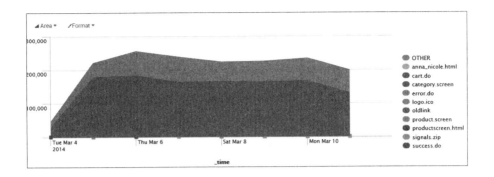

같은 명령어를 다음과 같이 span과 sum 함수를 사용해 다시 작성했다.

```
sourcetype=access_* action=purchase | timechart span=1d sum(other) by
file usenull=f
```

이 검색을 실행하면 다음 차트가 생성된다.

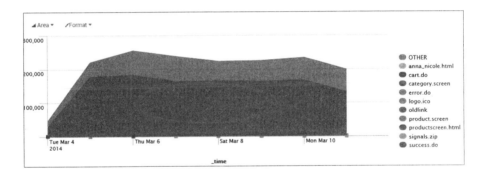

## 드릴다운

웨보피디아[webopedia]에 따르면 IT에서 드릴다운[drilldown]의 정의는 다음과 같다.

> "어떤 것을 집중해서 파고드는 과정을 통해 요약된 정보에서 세부 데이터로 옮겨가
> 는 작업"

> – 웨보피디아, 2014

스플렁크는 테이블(에서의 한 줄) 혹은 차트(내의 바)를 클릭함으로써 검색을 시작할 수 있는 기능을 제공한다. 테이블 혹은 차트에서 클릭한 정보를 기반으로 검색이 수행된다. 선택 세부사항을 자세히 파고드는 검색을 일명 드릴다운이라 하고, 그 결과는 원래 검색 결과와는 분리된 별개의 창에 나타난다.

이전 스플렁크 검색 예를 다시 살펴보자.

```
sourcetype=csv 2014 "Current Forecast" "Direct" "513500" | rename
May as "Month" Actual as "Version" "FY 2012" as Year 650693NLR001
as "Business Unit" 100000 as "FCST" "09997_Eliminations Co 2" as
"Account" "451200" as "Activity" | eval RFCST= round(FCST) | Table
"Business Unit", Activity, Account, RFCST, FCST
```

위 검색을 통해 다음과 같은 테이블 시각화 자료를 얻을 수 있다.

| Events (749) | Statistics (749) | Visualization | | | |
|---|---|---|---|---|---|
| 20 Per Page ▼ | Format ▼ | Preview ▼ | | ‹Prev 1 2 3 4 5 … Next› | |
| Business Unit ⇕ | Activity ⇕ | Account ⇕ | RFCST ⇕ | | FCST |
| 999999 | 513500 | 42000-S2S GLOBAL | 3049034 | | 3049033.73 |
| 999999 | 513500 | 42000-S2S GLOBAL | 3049034 | | 3049033.73 |
| 999999 | 513500 | 42000-S2S GLOBAL | 3049034 | | 3049033.73 |
| 999999 | 513500 | 42000-S2S GLOBAL | 3048728 | | 3048728.367000000 |
| 999999 | 513500 | 42000-S2S GLOBAL | 3225361 | | 3225361.28 |
| 999999 | 513500 | 42000-S2S GLOBAL | 6567749 | | 6567748.696999999 |
| 999999 | 513500 | 42000-S2S GLOBAL | 3726281 | | 3726281.206999999 |

이 테이블에 행[row] 드릴다운이 설정되어 있다면(잠시 후 좀 더 자세히 살펴보겠다), 패널의 첫 번째 행이 클릭될 때 스플렁크는 Search[검색] 화면으로 이동한 후 다음 검색을 실행하게 된다.

```
sourcetype=csv 2014 "Current Forecast" "Direct" "513500" | rename
May as "Month" Actual as "Version" "FY 2012" as Year 650693NLR001
as "Business Unit" 100000 as "FCST" "09997_Eliminations Co 2" as
"Account" "451200" as "Activity" | search "Business Unit"=999999
Activity=513500 Account="42000-S2S GLOBAL" FCST="3049033.736" | eval
RFCST= round(FCST) | search RFCST=3049034
```

이후 이 검색은 원래 검색에서 선택된 행에 근거한 상세 이벤트 정보를 제공한다. 이런 상세 검색에서는 원시 변형 명령어(table)가 제거되므로 아래에 보이는 것처럼 Statistics<sup>통계</sup> 혹은 Visualization<sup>시각화</sup> 탭에 아무런 결과도 보이지 않게 된다.

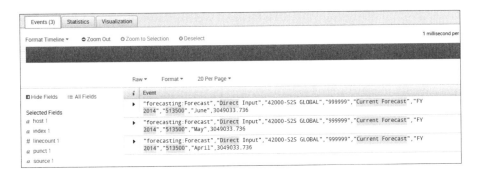

## 드릴다운 옵션

이전 예에서는 행 드릴다운이 활성화되어 있었다. 검색 실행 후 Statistics<sup>통계</sup> 탭 아래 Format<sup>형식</sup> 메뉴를 클릭하면 테이블 결과의 드릴다운 옵션을 볼 수 있다(혹은 변경할 수 있다).

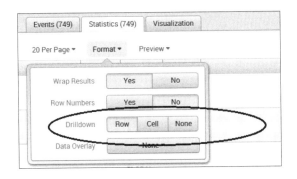

테이블 시각화 자료에는 세 가지 드릴다운 옵션이 존재한다.

- Row<sup>행</sup>: 행을 클릭하면 그 행에서 보이는 x축 값에 대한 검색이 시작된다.
- Cell<sup>셀</sup>: 셀을 클릭하면 셀에서 보이는 x축과 y축 값 모두에 대한 드릴다운 검색이 시작된다.
- None<sup>없음</sup>(오프<sup>off</sup>): 이 옵션은 테이블에 대한 드릴다운 기능을 비활성화한다.

바, 컬럼, 라인, 영역, 파이 차트 같은 차트 시각화 자료에는 두 가지 드릴다운 옵션이 존재한다. 다음과 같이 chart 명령어가 포함된 이전의 스플렁크 검색 예 중 하나를 다시 살펴보자.

```
tm1* rule | chart count(date_hour) by date_wday
```

다음 화면처럼 Visualization<sup>시각화</sup> 탭 아래 Format<sup>형식</sup> 메뉴를 클릭한다.

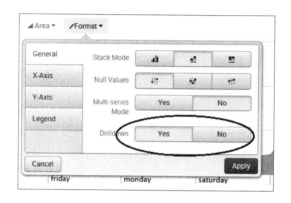

여기서 두 가지 드릴다운 옵션을 볼 수 있다.

- Yes<sup>예</sup>: 시각화 자료에 대한 느릴나운 기능을 활성화한다. 차트 혹은 빔례의 특징 부분을 클릭하면 그 부분에 대한 드릴다운이 시작된다.
- No<sup>아니오</sup>: 시각화 자료에 대한 드릴다운 기능을 비활성화한다.

## 기본적인 드릴다운 기능

일반적으로 테이블이나 차트 생성 시 동반되는 스플렁크 검색에 변형 명령어가 사용되면, 드릴다운 기능은 최종 변형 명령어를 제거하고, 그 명령어를 인자로 대체하는데, 그 인자는 클릭으로 선택한 특정 x축 값 혹은 x, y축 값의 조합을 드릴다운한다.

# 행 드릴다운

앞서 본 바와 같이 테이블이 행의 드릴다운 값을 가지면, 클릭을 통해 모든 행에서 드릴다운 검색을 시작할 수 있다. 간단한 예를 살펴보자.

```
sourcetype=csv 2014 "Current Forecast" "Direct" | rename May
as "Month" Actual as "Version" "FY 2012" as Year 650693NLR001
as "Business Unit" 100000 as "FCST" "09997_Eliminations Co 2"
as "Account" "451200" as "Activity" | eval RFCST= round(FCST) |
eventstats sum(RFCST) as total_RFCST| Table Activity, Account, total_
RFCST
```

이 테이블에서 행 클릭 드릴다운 검색의 대상은 선택된 행의 x축 값이다. 이 경우는 Activity, Account, total_RFCST 필드다.

| | | Events (54,779) | Statistics (54,779) | Visualization | | | | | | | | | | |
|---|---|---|---|---|---|---|---|---|---|---|---|---|---|---|

| 20 Per Page ▾ | Format ▾ | Preview ▾ | | | ‹Prev | 1 | 2 | 3 | 4 | 5 | 6 | 7 | 8 | 9 | … | Next › |
|---|---|---|---|---|---|---|---|---|---|---|---|---|---|---|---|---|
| **Activity ⇕** | **Account ⇕** | | | | | | | | | | | | | | | **total_RFCST ⇕** |
| 516550 | 09996-ELIM CO 20 REV/COS | | | | | | | | | | | | | | | 1335725390 |
| 516550 | 09996-ELIM CO 20 REV/COS | | | | | | | | | | | | | | | 1335725390 |
| 516550 | 09996-ELIM CO 20 REV/COS | | | | | | | | | | | | | | | 1335725390 |
| 516550 | 09996-ELIM CO 20 REV/COS | | | | | | | | | | | | | | | 1335725390 |
| 516550 | 09996-ELIM CO 20 REV/COS | | | | | | | | | | | | | | | 1335725390 |
| 516550 | 09996-ELIM CO 20 REV/COS | | | | | | | | | | | | | | | 1335725390 |
| 516550 | 09996-ELIM CO 20 REV/COS | | | | | | | | | | | | | | | 1335725390 |

이 행을 클릭하면 다음 검색이 시작되고 11개의 결과가 반환된다.

```
sourcetype=csv 2014 "Current Forecast" "Direct" | rename May
as "Month" Actual as "Version" "FY 2012" as Year 650693NLR001 as
"Business Unit" 100000 as "FCST" "09997_Eliminations Co 2" as
"Account" "451200" as "Activity" | eval RFCST= round(FCST) |
eventstats sum(RFCST) as total_RFCST| search Activity=516550
Account="09996-ELIM CO 20 REV/COS" total_RFCST=1335725390
```

11개의 결과는 다음과 같다.

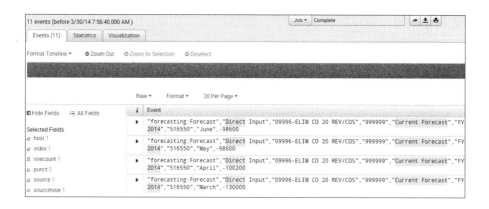

 스플렁크가 검색 끝 부분에 Activity=516550 Account="09996ELIM CO 20 REV/COS" total_RFCST=1335725390을 추가하고 변형 명령어 Table Activity, Account, total_RFCST를 제거했음에 주목하라.

## 셀 드릴다운

테이블이 셀의 드릴다운 값을 가질 때, 특정 셀을 클릭해 그 셀에 대한 드릴다운 검색을 시작할 수 있다. 예로, 이전 검색 명령어와 유사한 검색 명령어를 살펴보자.

```
sourcetype=csv 2014 "Current Forecast" "Direct" | rename May
as "Month" Actual as "Version" "FY 2012" as Year 650693NLR001
as "Business Unit" 100000 as "FCST" "09997_Eliminations Co 2"
as "Account" "451200" as "Activity" | eval RFCST= round(FCST) |
eventstats sum(RFCST) as total_RFCST | Table Activity, Account,
Version, total_RFCST
```

이 테이블에서 셀 클릭 드릴다운 검색의 대상은 x축 값(셀의 행(이 경우는 516550)에서의 첫 번째 컬럼 값)과 y축 값(클릭한 셀의 컬럼 값(이 경우는 Current Forecast))의 조합이다.

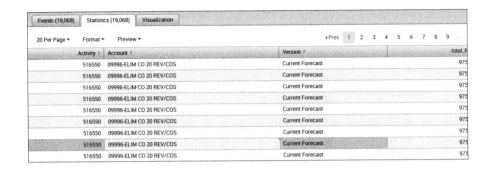

스플렁크 드릴다운은 이번에도 역시 변형 명령어를 삭제하고(Table Activity, Account, Version, total_RFCST) 새로운 검색 매개변수를 추가한다(search Activity=516550 Version="Current Forecast").

sourcetype=csv 2014 "Current Forecast" "Direct" | rename May as "Month" Actual as "Version" "FY 2012" as Year 650693NLR001 as "Business Unit" 100000 as "FCST" "09997_Eliminations Co 2" as "Account" "451200" as "Activity" | eval RFCST= round(FCST) | eventstats sum(RFCST) as total_RFCST| search Activity=516550 Version="Current Forecast"

이 명령어는 22개의 결과를 생성한다.

Events 탭에서 22개의 검색 결과

## 차트 드릴다운

차트(바, 컬럼, 라인, 영역, 파이)에 대한 드릴다운 검색은 차트의 내용(파이 차트의 경우, 파이의 한 조각을 표시하는 라벨 역시 클릭할 수 있다)을 클릭했는지 혹은 차트 범례를 클릭했는지에 따라 다르게 동작한다.

테이블과 마찬가지로 차트에서의 드릴다운은 변형 명령어를 동반하지 않고, 차트에서 선택한 x축 값에 기초한 추가 검색 항을 동반한다. 이 점을 제외하면 원래 검색과 동일한 (드릴다운) 검색을 생성한다.

코그노스 TM1 로그 검색에 대한 이전 바 차트 예제를 다시 사용할 것이다.

```
tm1* rule | chart count(date_hour) by date_wday
```

이 차트에서 y축은 요일(date_wday)이고, x축은 단위 시간의 총합(count(date_hour))이다.

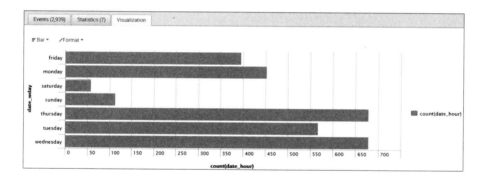

차트의 내용을 클릭하면 바$^{bar}$로 표현된 x축 값에 대한 드릴다운 검색이 시작된다.

```
tm1* rule date_wday=Monday
```

이 검색은 이전 테이블 드릴다운 예제처럼 최종 변형 명령어들이 제거되고 date_wday의 집합자 값$^{aggregator\ value}$이 중점적으로 다뤄진다는 점을 제외하면 원래 검색과 동일하다.

## 범례

차트 범례에 대한 드릴다운 검색은 필드에 의한 분할(혹은 y축)이 차트에 존재할 때만 동작한다. 예를 들어 드릴다운될 수 없는 범례 항목을 클릭하면 에러 메시지가 반환된다.

## 피벗

스플렁크 엔터프라이즈 **검색 처리 언어**<sup>SPL, Search Processing Language</sup>를 사용하지 않고 스플렁크 피벗 툴을 활용해 스플렁크 보고서를 생성할 수 있다.

스플렁크 피벗은 데이터 모델과 데이터 모델 객체를 사용하는 간단한 드래그앤드롭 인터페이스다. 사용자가 얻고자 하는 이벤트 데이터의 속성을 정의하고 세분화하며 설정하기 위해 피벗 툴에서 데이터 모델이 사용된다(이 책 후반부에서 논의하겠지만, 데이터 모델은 조직의 지식 관리자에 의해 설계된다).

다음 단계를 따라 스플렁크 피벗 테이블을 생성할 수 있다.

1. 스플렁크 홈페이지로 이동한 후, 사용하고자 하는 앱 워크스페이스에서 Pivot<sup>피벗</sup>을 클릭하라.

2. Select a Data Model<sup>데이터 모델 선택</sup> 페이지에서 (작업을 위한 데이터 세트를 확인한 후) 특정 데이터 모델을 선택한다.

3. 데이터 모델을 선택한 후, 작업을 위해 필요한 데이터 모델 내에서 객체 리스트를 선택할 수 있다(객체는 스플렁크 검색 결과의 특정 뷰 혹은 일부를 나타내며, 객체 타입은 이벤트, 트랜잭션, 검색, 자식 객체 중 하나가 될 것이다. 데이터 모델 내에서 객체를 추가하거나 수정하려면 edit objects객체 편집을 클릭하라).

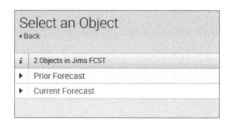

4. 특정 객체를 선택하면 피벗 편집기로 이동된다. 여기서 피벗을 생성할 수 있다.

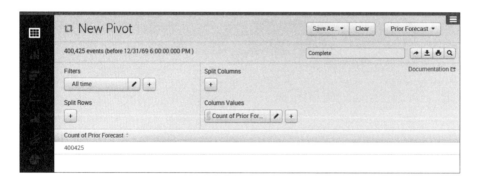

## 피벗 편집기

스플렁크는 피벗 테이블 모드에서 피벗 편집기를 동작시킨다.

피벗 테이블 모드에는 선택한 객체 타입을 기준으로 모든 시간 간격에 존재하는 객체의 총 결과 수를 보여주는 하나의 행이 존재한다.

- event type: (객체에 의해 선택된) 총 이벤트 개수다.
- transaction type: (객체에 의해 식별된) 총 트랜잭션 개수다.
- search type: (객체 기본 검색이 반환하는) 총 테이블 행 개수다

피벗 테이블은 스플렁크 피벗 엘리먼트를 사용해 정의된다. 기본적인 피벗 엘리먼트 범주는 필터, 행 분할, 컬럼 분할, 컬럼 값 네 가지다.

다음 화면처럼 특정 객체를 피벗 편집기로 처음 열면 Filters<sup>필터</sup> 엘리먼트와 Column Values<sup>컬럼 값</sup> 엘리먼트 2개의 피벗 엘리먼트만 정의되어 있을 것이다(Filters<sup>필터</sup> 엘리먼트는 항상 All time<sup>전체 시간</sup>으로, Column Values<sup>컬럼 값</sup> 엘리먼트는 항상 Count of Prior For<sup>객체의 개수</sup>로 설정되어 있다).

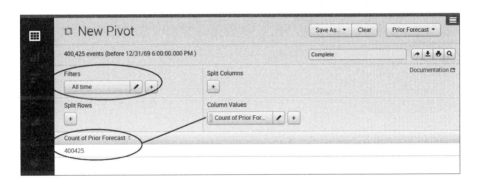

편집기를 사용해 각 피벗 엘리먼트 범주로부터 다수의 피벗 엘리먼트들을 추가, 정의, 제거해 피벗 테이블을 정의할 수 있다.

- Filters<sup>필터</sup>: 객체의 결과 개수를 줄이기 위해 사용되는 범주다.
- Split Rows<sup>행 분할</sup>: 피벗 결과를 행으로 분할하기 위해 사용되는 범주다.
- Split Columns<sup>컬럼 분할</sup>: 필드 값을 컬럼으로 분할하기 위해 사용되는 범주다.
- Column Values<sup>컬럼 값</sup>: 개수, 합, 평균과 같은 집합<sup>aggregate</sup> 결과를 보여주기 위해 사용되는 범주다.

## 피벗 엘리먼트로 작업하기

피벗 편집기에서 모든 피벗 엘리먼트 범주는 같은 방식으로 관리된다.

1. 엘리먼트 대화창을 열기 위해 + 아이콘을 클릭하라. 사용자는 대화창에서 attribute<sup>속성</sup>를 선택하고 이후 엘리먼트가 이 속성을 어떻게 사용할지 정의한다.

2. 피벗 엘리먼트가 정의되는 방식을 편집하기 위해 엘리먼트의 연필 아이콘을 클릭해서 엘리먼트 대화창을 열어라.

3. 피벗 엘리먼트 범주 내에서 엘리먼트의 순서를 재정의하기 위해 엘리먼트를 드래그앤드롭하라.

4. 엘리먼트를 원하는 피벗 범주로 옮기려면 피벗 엘리먼트 범주 사이로 엘리먼트를 드래그앤드롭하라(드래그앤드롭으로 옮길 수 있는 엘리먼트와 옮길 수 없는 엘리먼트가 존재한다).

5. 엘리먼트의 연필 아이콘을 클릭해 엘리먼트 대화창을 열고, Remove<sup>제거</sup>를 클릭해 엘리먼트를 제거하라(혹은 엘리먼트를 클릭한 상태로 빨간색으로 변할 때까지 위아래로 흔들고 난 후 마우스를 떼면 된다. 내가 가장 선호하는 방법이다).

피벗 엘리먼트 대화창을 통해 피벗 엘리먼트를 관리한다. 엘리먼트 관리는 엘리먼트를 선택(혹은 변경)하는 단계와 설정하는 단계로 구분된다. 다음 절에서 각각에 대해 알아볼 것이다.

## 피벗 필터링

스플렁크 피벗은 필터 엘리먼트에 의해 필터링된다.

스플렁크는 피벗과 함께 사용 가능한 세 가지 필터 엘리먼트를 지원한다. 각 엘리먼트를 이해하는 것이 중요하다.

- Time<sup>시간</sup>: 항상 존재하는 엘리먼트로서 제거가 불가능하다. 피벗이 결과를 반환하는 시간 범위를 정의한다.

- Match<sup>일치</sup>: 숫자, 타임스탬프, 불린, IPv4 주소 같은 문자열을 매칭하는 기능을 활성화한다(현재 AND 매칭만 가능하고 OR 매칭은 허용되지 않는다).

- Limit<sup>제한</sup>: 피벗에 의해 반환되는 결과의 개수를 제한할 수 있다.

Match<sup>일치</sup>와 Limit<sup>제한</sup> 필터 엘리먼트의 설정 옵션은 선택한 엘리먼트 속성 타입에 따라 달라짐을 명심하라.

# 분할

(행과 컬럼) 분할<sup>split</sup>에 대한 스플렁크 설정 옵션은 선택한 속성 타입에 따라 달라진다.

 행 혹은 컬럼 엘리먼트에 대한 설정 옵션이 있는가 하면, 엘리먼트 타입에 대한 설정 옵션도 있다.

속성 타입과 상관없는 설정 옵션은 다음과 같다.

- 행 분할과 컬럼 분할 모두와 관련된 설정 옵션
  - Max rows<sup>최대 행 수</sup>와 Max columns<sup>최대 세로막대 수</sup>: 결과 테이블에 보이는 행 혹은 세로 막대의 최대 개수를 명시한다.
  - Totals<sup>합계</sup>: ALL이라는 속성으로 전체를 표현하는 행 혹은 컬럼을 포함시킬지 여부를 명시한다.
- 행 분할에만 해당되는 설정 옵션
  - Label<sup>레이블</sup>: 속성 이름을 다른 문자 혹은 문자열로 덮어쓰기 위해 사용된다.
  - Sort<sup>정렬</sup>: 행 분할의 순서를 재정의하기 위해 사용된다.
- 컬럼 분할에만 해당되는 설정 옵션
  - Group others<sup>다른 항목 그룹화</sup>: 최대 컬럼 제한에 의해 배제된 결과를 하나의 다른 컬럼으로 그룹화할 것인지 여부를 명시한다.

속성 타입에 따라 달라지는 설정 옵션은 다음과 같다.

- 문자열 속성
  - 행 분할과 컬럼 분할 엘리먼트 모두에 공통된 문자열 속성에 대한 설정 옵션은 없다.

- 수치 속성
  - **Create ranges**<sup>범위 만들기</sup>: 수치를 범위로 표시할지(Yes) 아니면 각각 분리해 리스트로 보여줄지(No) 명시한다.
- 불린 속성
  - 참<sup>true</sup> 혹은 거짓<sup>false</sup> 값 대신 다른 값으로 표현할 값을 지정한다.
- 타임스탬프 속성
  - **Period**<sup>기간</sup>: 타임스탬프 결과를 연, 월, 일, 시, 분, 초 단위로 버킷화하기 위해 사용한다.

## 컬럼 값

컬럼 값 엘리먼트는 특정 시간 간격에서 선택된 객체들로 도출해낼 수 있는 전체 결과 값을 제시한다. 관련 옵션으로 이 엘리먼트를 유지하고, 엘리먼트의 라벨을 변경하거나 혹은 엘리먼트를 제거할 수 있다. 또한 다음과 같은 새로운 컬럼 값 엘리먼트를 추가할 수도 있다.

- 첫 번째/마지막 값<sup>First/last value</sup>
- 개수/개별 수<sup>Count/distinct count</sup>
- 합계<sup>Sum</sup>
- 평균<sup>Average</sup>
- 최대/최소<sup>Max/min</sup>
- 표준편차<sup>Standard deviation</sup>
- 개별 값 나열<sup>List distinct values</sup>
- 기간<sup>Duration</sup>
- 최초/최종<sup>Earliest/latest</sup>

## 피벗 테이블 포맷화

다양한 방법으로 피벗 결과를 포맷화할 수 있다. 페이지 매기기 드롭다운<sup>pagination</sup> 은 사용해 페이지 단위로 보일 결과 개수(10, 20 혹은 50)를 설정할 수 있다.

포맷 드롭다운을 사용하면 테이블을 꾸미는 방식과 보여지는 행 개수를 제어할 수 있을 뿐만 아니라 드릴다운 및 데이터 중첩 방식을 결정할 수 있다. 피벗 테이블 드릴다운의 기본설정은 셀 모드이고, (3장 초반에 다뤘던) 스플렁크 테이블 드릴다운과 유사한 방식으로 동작한다.

## 간단한 예제

먼저 'Jims FCST'라는 간단한 데이터 모델을 선택한다. 데이터 Select an Object<sup>개체 선택</sup> 페이지에서 Prior Forecast를 선택하면 New Pivot<sup>새 피벗</sup>(피벗 편집기)으로 이동할 수 있다.

간단한 피벗을 생성하기 위해 다음 단계를 따른다.

1. 필터를 추가/확인하라.

   All time<sup>전체 시간</sup>이 기본 값임을 기억하라. 시간 내 검색된 모든 결과가 포함된다. 연필 아이콘을 클릭해서 필터가 Date Range<sup>날짜 범위</sup> 기준으로 동작하도록 수정할 것이다.

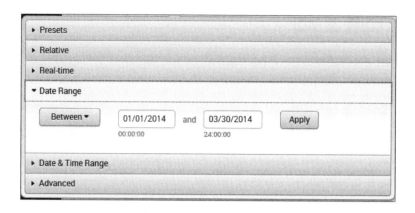

**2.** 행 분할을 설정하라.

Split Rows<sup>행 분할</sup>에 대해 Business Unit을 선택했다.

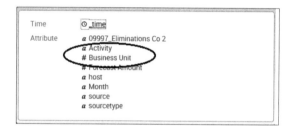

**3.** 컬럼 분할을 설정하라.

Split Columns<sup>컬럼 분할</sup>에 대해서는 Month를 선택했다.

**4.** 컬럼 값을 설정하라.

마지막으로 Column Values<sup>컬럼 값</sup>에 대해서는 기본 컬럼(개수)을 제거하고 FCST 값의 합을 추가했으며 여기에 FCST Amount라는 라벨을 붙였다.

5. 결과를 확인하라(결과는 Jims Fcst Amount Sample로 저장됐다).

| BU | April | August | December | February | January | July | June |
|---|---|---|---|---|---|---|---|
| 68250510135 | | | | -176690.160000000000 | | | |
| 68822010106 | | | | | -173814 | | |
| 63057610158 | | -3869.6399999999999 | -128750.009999999990 | | | | |
| TX0651ACR001 | | | | -120000 | | -3243 | |
| 68283510106 | | | | | | | |
| 682575ACE001 | | | | | | -101625 | |
| 66427910135 | | | | -99453.75 | | | |
| SC0053ACR001 | | | | -91764.600000000006 | | | |
| NJ227110110 | | | | | | | |
| MA2031JCH001 | | | | 100462.320000000010 | | | |
| NC000410110 | 35890.02 | | | | | 35890.02 | |
| MA2016JCH001 | | | | | | | |
| PA0025ACR001 | 9999.9899999999998 | | | -54000 | -54000 | 9999.9899999999998 | |

## 스파크라인

데이터 시각화 자료 옵션으로서 점점 인기를 얻고 있는 스파크라인sparkline은 (보통 시간에 따른) 변화량의 일반적인 형태를 몇 가지 측정 단위(갤런당 마일 수miles per gallon 혹은 국가 표준 단위)를 기반으로 하여 매우 간결한 방식으로 표현하는 인라인 차트다. 스플렁크는 통계 및 차트 검색에 스파크라인을 추가하는 기능을 제공하는데, 이로 인해 스플렁크의 유용성이 향상되며 정보를 간소화된 형태로 볼 수가 있다.

다음은 이전에 살펴봤던 스플렁크 검색 예다.

```
sourcetype=csv "Current Forecast" "Direct" "513500" | rename 100000
as "FCST", "FY 2012" as "Year"| eval RFCST= round(FCST) | chart
avg(RFCST) by Year
```

이 검색은 다음과 같은 결과 테이블을 생성한다.

| Events (6,056) | Statistics (8) | Visualization | | |
|---|---|---|---|---|
| 20 Per Page ▼ | Format ▼ | Preview ▼ | | |
| | Year ⇕ | | | avg(RFCST) ⇕ |
| 1 | FY 2008 | | | 28291.947891 |
| 2 | FY 2009 | | | 19064.995775 |
| 3 | FY 2010 | | | 14514.582763 |
| 4 | FY 2011 | | | 14017.654286 |
| 5 | FY 2012 | | | 12894.081541 |
| 6 | FY 2013 | | | 17644.403556 |
| 7 | FY 2014 | | | 46413.303071 |
| 8 | FY 2015 | | | 108945.781609 |

이처럼, 이 검색은 회계 연도별 평균 예측량을 두 컬럼으로 보여주는 테이블을 생성한다.

다음과 같이 검색 파이프라인에 sparkline 키워드를 추가하면 스플렁크는 결과에 스파크라인을 추가한다.

```
sourcetype=csv "Current Forecast" "Direct" "513500" | rename 100000
as "FCST", "FY 2012" as "Year"| eval RFCST= round(FCST) | chart
sparkline avg(RFCST) by Year
```

 스파크라인 기능은 항상 charts 및 stats와 함께 사용될 것임을 명심하라. 스파크라인 기능은 두 검색 명령어를 조합해서 얻은 기능이지, 개별 명령어의 기능이 아니기 때문이다.

위 검색을 실행하면 이전 명령어와 유사한 테이블이 생성된다. 한 가지 차이점이 있다면 아래에서 볼 수 있듯이 각 행에 스파크라인 차트가 포함되어 있다는 것이다.

| Year ≑ | sparkline ≑ | avg(RFCST) ≑ |
|---|---|---|
| 1 FY 2008 | | 28291.947891 |
| 2 FY 2009 | | 19064.995775 |
| 3 FY 2010 | | 14514.582763 |
| 4 FY 2011 | | 14017.654286 |
| 5 FY 2012 | | 12894.081541 |
| 6 FY 2013 | | 17644.403556 |
| 7 FY 2014 | | 46413.303071 |
| 8 FY 2015 | | 108945.781609 |

1년 동안의 총 예측 변화량을 월 단위로 보기 위해 스파크라인을 사용한 예를 하나 더 살펴보자.

```
sourcetype=csv 2014 "Current Forecast" "Direct" | rename 100000 as
"FCST", "May" as "Month" | eval RFCST= round(FCST) | chart sparkline
sum(RFCST) by Month
```

결과는 다음과 같다.

| Month ≑ | sparkline ≑ | sum(RFCST) ≑ |
|---|---|---|
| 1 April | | 111247168 |
| 2 August | | 118660766 |
| 3 December | | 97932199 |
| 4 February | | 116236507 |
| 5 January | | 123165499 |
| 6 July | | 102186565 |
| 7 June | | 112638116 |
| 8 March | | 112393478 |
| 9 May | | 132132300 |

이제, 이전에는 볼 수 없었을 데이터의 패턴을 쉽게 볼 수 있게 됐다.

 스파크라인은 자신을 제외한 다른 스파크라인들이 아닌, 자신의 스파크라인에 나타난
이벤트와 관련 있는 정보를 보여줌을 명심하라.

## 정리

3장에서는 스플렁크 테이블, 차트, 필드를 살펴봤고, 테이블과 차트에서의 드릴다운
에 대해 알아봤다. 피벗과 피벗 편집기를 다뤘으며, 스파크라인에 대한 설명으로 3장
을 마무리했다.

4장에서는 스플렁크 룩업lookup을 소개하고 스플렁크 솔루션 내에서 이 기능의 적용
사례, 목적, 용도를 설명할 것이다.

# 4
# 룩업

4장에서는 스플렁크 룩업<sup>lookup</sup>과 워크플로우<sup>workflow</sup>에 대해 알아볼 것이다.

4장에서 다루는 내용은 다음과 같다.

* 룩업 값
* 룩업 설계
* 파일 룩업
* 스크립트 룩업

## 소개

머신은 행 형태로 끊임없이 데이터를 생성하는데, 보통 그것은 머신이 가장 효율적으로 처리할 수 있는 형태임이 분명하나, 정작 그 데이터를 사용하는 '사람'이 이해하기 쉬운 형태는 아니다. 스플렁크에는 데이터 내에 존재하는 식별자와 결과, 상태 코드를 확인할 수 있는 기능이 있다. 이 기능을 활용하면 새로운 검색 결과 필드를 설명이나 이름으로 데이터에 추가할 수 있기 때문에 데이터의 가독성을 높일 수 있다. 이런 필드에는 정적 테이블(CSV 파일) 혹은 파이썬 명령어나 파이썬 기반 스크립트로 실행된 동적 결과 같은 외부 소스의 정보가 포함된다.

스플렁크의 룩업은 반환된 이벤트 내의 정보 혹은 시간 정보를 활용해 사전에 정의된 외부 데이터 소스로부터 필드를 추가하는 방법을 결정한다.

다음과 같은 스플렁크 정적$^{static}$ 룩업을 예로 들겠다.

- 이 룩업은 이벤트의 Business Unit 값을 사용한다.
- 이 값을 CSV 파일에 명시된 조직의 사업부문$^{business\ unit}$과 매칭한다.
- 이와 같은 정의를 이벤트에 (Business Unit Name 필드로) 추가한다.

Business Unit 값이 999999인 이벤트가 존재하면 룩업은 Business Unit Name 값을 Corporate Office로 설정해서 해당 이벤트에 추가할 것이다.

좀 더 정교한 룩업으로 가능한 기능은 다음과 같다.

- 결과 보고서로부터 정적 룩업 테이블을 가져올 수 있다.
- 필드를 정의하기 위해 (룩업 테이블이 아니라) 파이썬 스크립트를 사용할 수 있다. 예를 들면, IP 주소가 주어졌을 때 서버 이름을 반환하는 스크립트를 사용해 룩업을 구성할 수 있다.
- 룩업 테이블에 시간을 표시하는 필드 값이 포함되면 시간 기반 룩업을 수행할 수 있다.

IBM 코그노스 TM1 파일 추출에 관한 테이블을 생성하는 검색 파이프라인의 예를 살펴보자.

```
sourcetype=csv 2014 "Current Forecast" "Direct" "513500" |
rename May as "Month" Actual as "Version" "FY 2012" as Year
650693NLR001 as "Business Unit" 100000 as "FCST" "09997_Eliminations
Co 2" as "Account" "451200" as "Activity" | eval RFCST= round(FCST) |
Table Month, "Business Unit", RFCST
```

실행 결과로 다음 테이블이 생성됐다.

| | Month ⌄ | | Business Unit ⌄ | | RFCST ⌄ |
|---|---|---|---|---|---|
| 1 | June | | 999999 | | 3049034 |
| 2 | May | | 999999 | | 3049034 |
| 3 | April | | 999999 | | 3049034 |
| 4 | March | | 999999 | | 3048728 |
| 5 | February | | 999999 | | 3225361 |
| 6 | January | | 999999 | | 6567749 |
| 7 | December | | 999999 | | 3726281 |

이제, Business Unit을 Business Unit Name으로 변경하기 위해 검색 파이프라인에 lookup 명령어를 추가하라.

```
sourcetype=csv 2014 "Current Forecast" "Direct" "513500" |
rename May as "Month" Actual as "Version" "FY 2012" as Year
650693NLR001 as "Business Unit" 100000 as "FCST" "09997_Eliminations
Co 2" as "Account" "451200" as "Activity" | eval RFCST= round(FCST) |
lookup BUtoBUName BU as "Business Unit" OUTPUT BUName as "Business
Unit Name" | Table Month, "Business Unit", RFCST
```

스플렁크 검색 파이프라인에 사용된 lookup 명령어로 인해 결과 테이블에 Business Unit Name이 추가됐다.

# 간단한 필드 룩업 설정

이번 절에서는 간단한 스플렁크 룩업을 설정해볼 것이다.

## 스플렁크 웹에서 룩업 정의하기

(스플렁크 웹의) Lookups룩업 페이지를 사용하거나 props.conf 파일과 transforms.conf 파일에 위치하는 항목stanza을 설정함으로써 룩업을 구성할 수 있다. 먼저 쉬운 방법을 살펴보고 스플렁크 웹 인터페이스를 사용해보자.

시작하기에 앞서, 산업 표준인 쉼표로 구분된 파일CSV, comma separated file 형식으로 룩업 테이블을 설정해야 한다. 사용할 예제는 사업부문 코드를 사용자에게 좀 더 친숙한 사업부문 이름으로 변경하는 것이다. 다음과 같은 정보가 있다고 가정하자.

| 사업부문 코드 | 사업부문 이름 |
|---|---|
| 999999 | Corporate office |
| VA0133SPS001 | South–western |
| VA0133NLR001 | North–east |
| 685470NLR001 | Mid–west |

이벤트 데이터에는 사업부문 코드만 존재한다. 사업부문 이름을 결과 테이블에 추가하면 검색 결과의 가독성이 높아질 것이다. 이를 위해 앞서 설명한 테이블 정보를 (BUtoBUName.csv라는 이름의) CSV 파일로 변환한다.

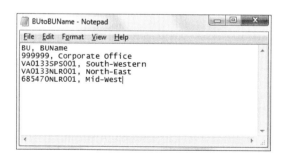

이 예제에서는 간단한 룩업 테이블(파일)을 만들었으나, 필요하다면 얼마든지 정교하게 구성할 수 있다. 룩업 테이블에 수많은 필드들이 존재할 수 있다는 뜻이다.

스플렁크 룩업 테이블은 다음과 같은 조건을 따라야 한다.

- 테이블에는 최소 2개 이상의 컬럼이 포함돼야 한다.
- 테이블의 각 컬럼은 중복된 값을 가질 수 있다.
- (일반적인) 아스키[ASCII]와 UTF-8 문자를 사용해야 한다.

이제 스플렁크 웹에서 Settings[설정]을 클릭하고 Lookups[룩업]을 선택한다.

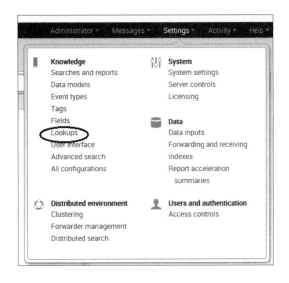

Lookups[룩업] 페이지에서 Lookup table files[룩업 테이블 파일]을 선택한다.

Lookup table files<sup>룩업 테이블 파일</sup> 페이지에서 새로운 룩업 파일(BUtoBUName.csv)을 추가할
수 있다.

New<sup>새로 만들기</sup> 버튼을 클릭하면 Add new<sup>새로 추가</sup> 페이지를 볼 수 있는데, 여기서 다음 순
서에 따라 파일을 설정할 수 있다.

1. **Destination app**<sup>대상 앱</sup>을 선택하라(이는 드롭다운 리스트로서, Search를 선택해야 한다).

2. **Upload a lookup file**<sup>룩업 파일 업로드</sup> 아래 파일을 가져와라(혹은 검색하라).

3. **Destination filename**<sup>대상 파일 이름</sup>에 파일 이름을 입력하라.

이제 Save<sup>저장</sup>를 클릭한다.

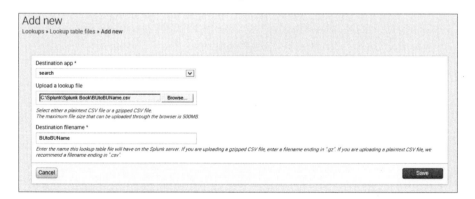

Save를 클릭하면 "Successfully saved "BUtoBUName" in search<sup>search에서 'BUtoBUName'을 성공</sup>
<sup>적으로 저장했습니다</sup>"라는 메시지를 볼 수 있어야 한다.

 위 화면에서 룩업 파일은 기본설정인 **private** 모드로 저장됐다. 다른 스플렁크 사용자가 사용할 수 있게 하려면 권한을 조정할 필요가 있다.

Lookup definitions<sup>룩업 정의</sup> 페이지를 보려면 Lookups<sup>룩업</sup> 페이지로 돌아가서 Lookup definitions<sup>룩업 정의</sup>을 선택한다.

Lookup definitions<sup>룩업 정의</sup> 페이지에서 New<sup>새로 만들기</sup>를 클릭하고 (다음 화면처럼) Add new<sup>새로 추가</sup>로 이동해 룩업에 대한 정의를 다음과 같이 설정한다.

- Destination app<sup>대상 앱</sup>: 룩업은 스플렁크 검색 앱의 한 부분이 된다.
- Name<sup>이름</sup>: 파일은 'BUtoBUName'이다.
- Type<sup>유형</sup>: File-based<sup>파일 기반</sup>를 선택한다.
- Lookup file<sup>룩업 파일</sup>: 파일 이름에서 확장자 .csv를 제외한 'ButoBUName'을 입력한다.

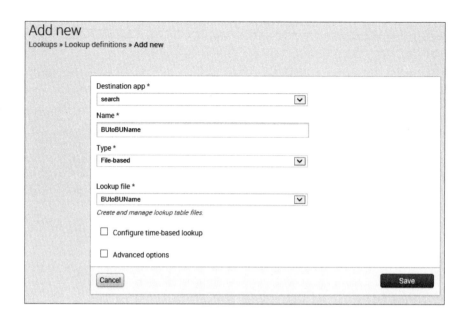

다시 한 번 "Successfully saved "BUtoBUName" in search<sup></sup>search에서 'BUtoBUName'을 성공적으로 저장했습니다"라는 메시지를 볼 수 있어야 한다.

이제 룩업을 사용할 준비가 완료됐다.

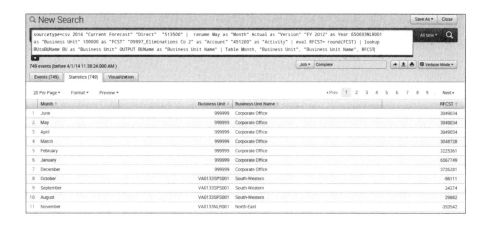

## 자동 룩업

각 스플렁크 검색에서 룩업을 위한 코드를 작성하지 않고, 특정 소스 타입에 대한 자동 룩업을 설정하는 기능이 있다. 스플렁크 웹에서 이 기능을 사용하기 위해서는 Settings<sup>설정</sup>을 클릭하고 Lookups<sup>룩업</sup>을 선택한다.

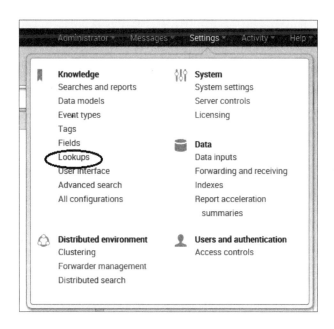

Lookups<sup>룩업</sup> 페이지에서 Automatic lookups<sup>자동 룩업</sup>을 클릭한다.

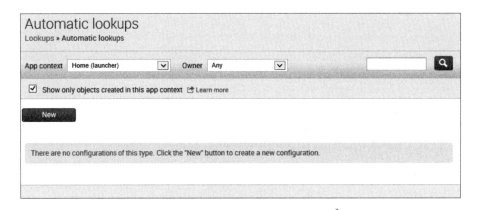

Automatic lookups<sup>자동 룩업</sup> 페이지에서 New<sup>새로 만들기</sup>를 클릭하라.

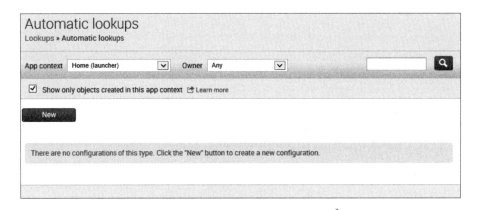

Add new<sup>새로 추가</sup> 페이지에서 룩업 설정을 위해 필요한 정보를 입력한다.

- Destination app<sup>대상 앱</sup>: 이 필드에 대한 옵션은 framework, launcher, learned, search, splunk_datapreview인데, 이 예제에서는 search를 선택한다.
- Name<sup>이름</sup>: 사용자가 이해하기 쉽도록 자동 룩업을 설명하는 이름을 정한다.
- Lookup table<sup>룩업 테이블</sup>: (4장 전반부에서 설명한) CSV 파일로 정의된 룩업 테이블의 이름이다.
- Apply to<sup>적용 대상</sup>: 자동 룩업 적용 대상의 타입이다. 옵션은 sourcetype, source, host 이다(예제에서는 sourcetype을 선택한다).
- Named<sup>값</sup>: Apply to에서 선택한 타입의 이름이다. 예제에서는 sourcetype이 csv인

모든 검색에 자동 검색을 적용한다.

- Lookup input fields<sup>룩업 입력 필드</sup>: 예제로 설명하면 간단하다. 룩업 테이블에서 검색 대상 필드는 BU가 될 것이며, = 필드 값은 변환 중인 이벤트 결과에 존재하는 필드가 된다. 이 경우는 650693NLR001이다.
- Lookup output fields<sup>룩업 출력 필드</sup>: 변환을 위해 사용하는 룩업 테이블에 존재하는 필드가 될 것이다. 이 예제에서는 BUName이고, 이를 Business Unit Name이라고 호출할 것이므로 = 필드 값은 Business Unit Name이다.
- Overwrite field values<sup>필드 값 덮어쓰기</sup>: 출력 필드에 존재하는 값을 스플렁크가 덮어쓸지 여부를 결정하기 위한 체크박스다. 예제에서는 체크박스에 표시했다.

## 새로 추가 페이지

스플렁크 Add new<sup>새로 추가</sup> 페이지에서 (앞 절에 자세히 설명한) 룩업 정보를 입력할 수 있다.

자동 룩업 정보를 입력하면 Save<sup>저장</sup>를 클릭할 수 있고 "Successfully saved "BUtoBUName" in search<sup>search에서 'BUtoBUName'을 성공적으로 저장했습니다</sup>"라는 메시지를 보게 될 것이다.

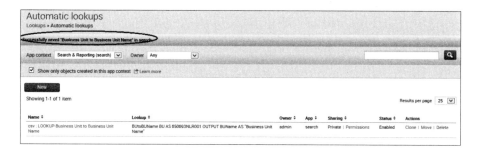

이제 검색에서 룩업을 사용할 수 있다. 그 예로, 다음과 같이 sourcetype=csv를 사용해 검색을 실행하는 것이 가능하다.

```
sourcetype=csv 2014 "Current Forecast" "Direct" "513500" |
rename May as "Month" Actual as "Version" "FY 2012" as Year
650693NLR001 as "Business Unit" 100000 as "FCST" "09997_Eliminations
Co 2" as "Account" "451200" as "Activity" | eval RFCST= round(FCST) |
Table "Business Unit", "Business Unit Name", Month, RFCST
```

룩업 테이블에서 Business Unit Name이 알아보기 쉬운 값으로 변경되어 검색 파이프 라인에 룩업 명령어를 추가할 필요가 없어졌다. 다음 화면에서 이를 확인할 수 있다.

| | Business Unit ⇕ | Business Unit Name ⇕ | Month ⇕ | RFCST ⇕ |
|---|---|---|---|---|
| 1 | 999999 | Corporate Office | June | 3049034 |
| 2 | 999999 | Corporate Office | May | 3049034 |
| 3 | 999999 | Corporate Office | April | 3049034 |
| 4 | 999999 | Corporate Office | March | 3048728 |
| 5 | 999999 | Corporate Office | February | 3225361 |
| 6 | 999999 | Corporate Office | January | 6567749 |
| 7 | 999999 | Corporate Office | December | 3726281 |
| 8 | VA0133SPS001 | South-Western | October | -56111 |

## 설정 파일

스플렁크 웹 인터페이스를 사용하는 것 외에, 다음 파일을 사용해 룩업을 정의하고 설정할 수가 있다.

- props.conf
- transforms.conf

(스플렁크 웹을 사용하지 않고) 이 파일들로 룩업을 설정하려면 다음 단계를 실행한다.

1. 룩업 테이블을 정의하려면 transforms.conf 파일을 수정하라. 첫 번째 단계는 새로운 룩업 참조를 추가하기 위해 transforms.conf 설정 파일을 수정하는 것이다. 이 파일은 스플렁크 기본 설치 폴더($SPLUNK_HOME/etc/system/default)에 위치하지만, $SPLUNK_HOME/etc/system/local/ 혹은 $SPLUNK_HOME/etc/apps/⟨app_name⟩/local/에 위치하는 파일을 수정해야 한다(만약 이 경로에 없다면 새로 만들어라).

 스플렁크 .conf 파일을 수정해야 하는 경우, 항상 원본(시스템 디렉토리 버전)이 아닌 로컬 버전을 수정하라.

스플렁크 현재 버전에서는 정적static 룩업과 외부external 룩업 두 종류의 룩업 테이블을 지원한다. 정적 룩업은 CSV 파일을, (동적인) 외부 룩업은 파이썬 스크립트를 사용한다.

(파일에서) 정적 룩업을 사용할지, 동적 룩업을 사용할지 결정해야 한다(스크립트 명령어를 사용하라). 파일 작업을 원하면 filename을 사용하고, 스크립트 작업을 원하면 external_cmd를 사용해야 한다(두 가지 모두 transforms.conf 파일에서 설정 가능하다). 또한 max_matches 옵션(스플렁크는 첫 번째 ⟨integer⟩를 항목 개수로 사용한다)을 설정함으로써 이벤트와 매칭되는 항목의 개수를 제한할 수 있다.

max_matches를 기본 값으로 둔다면 transforms.conf 파일은 다음과 비슷할 것이다.

```
[butobugroup]
filename = butobugroup.csv
```

2. 두 번째는 필수적인 단계가 아닌 옵션이다. 룩업 테이블을 자동으로 적용하려면 props.conf 파일을 수정하라. 정적 룩업 및 외부 룩업 모두 transforms.conf 파일에 정의한 룩업 테이블의 출력에서 매칭하고자 하는 필드를 props.conf 파일에 명시하라.

   여러 개의 필드 룩업을 하나의 소스 룩업으로 정의할 수도 있다. 그러나 각 룩업은 자신만의 유일한 룩업 이름으로 구분돼야 한다. 예로 여러 개의 테이블이 있을 때 LOOKUP-table01, LOOKUP-table02…와 같이 쉽게 이해할 수 있는 이름을 붙여야 한다.

 props.conf 파일에 추가된 룩업은 소스 타입이 일치하는 검색에서의 모든 이벤트에 자동으로 적용된다(반복해서 말하지만 자동 룩업 속도가 매우 느리면 검색 속도에 영향을 미친다).

3. 변경 내용을 확인하기 위해 스플렁크를 재시작하라.

## 설정 파일을 사용해 룩업 구현하기: 예제

설정 파일을 사용해 자동 룩업을 구현하는 방법을 설명하기 위해 간단한 예를 들겠다.

조직의 사업부문을 나타내는 필드가 식별자 코드로 표시된 경우, 이 코드를 사용자가 좀 더 이해하기 쉬운 서술형descriptive 이름으로 변경하고자 한다. 해야 할 일은 룩업 테이블 butobugroup.csv에서 필드 bu와 이벤트의 필드를 매칭하는 것이다. 이후, 반환되는 이벤트에 bugroup(설명)을 추가한다.

다음은 butobugroup.csv 파일의 내용이다.

```
bu, bugroup
999999, leadership-group
VA0133SPS001, executive-group
650914FAC002, technology-group
```

이 파일을 $SPLUNK_HOME/etc/apps/〈app_name〉/lookups/로 이동하고 다음 단계를 실행하라.

1. 검색 앱을 사용하고 있으므로, butobugroup.csv 파일을 $SPLUNK_HOME/etc/apps/search/lookups/로 이동하라.

2. 앞서 언급했듯이, $SPLUNK_HOME/etc/system/local/ 혹은 $SPLUNK_HOME/etc/apps/〈app_name〉/local/에 위치하는 transforms.conf 파일을 수정해야 한다. 다음 두 라인을 추가하라.

```
[butobugroup]
filename = butobugroup.csv
```

3. 다음으로 3장 전반부에서 언급했듯이 $SPLUNK_HOME/etc/system/local/ 혹은 $SPLUNK_HOME/etc/apps/〈app_name〉/local/에 위치하는 props.conf 파일을 수정한다. 아래 두 라인을 추가하라.

```
[csv]
LOOKUP-check = butobugroup bu AS 650693NLR001 OUTPUT bugroup
```

4. 스플렁크 서버를 재시작하라.

 웹 인터페이스를 통해 (관리자로 로그인했거나 관리자 권한을 갖고 있다면) 스플렁크 서버를 재시작할 수 있다. Settings설정으로 가서 System시스템 아래 Server controls서버 컨트롤을 선택하라.

이제 sourcetype=csv에 대한 검색을 실행할 수 있다.

```
sourcetype=csv 2014 "Current Forecast" "Direct" "513500" |
rename May as "Month" ,650693NLR001 as "Business Unit" 100000 as
"FCST"| eval RFCST= round(FCST) |
Table "Business Unit", "Business Unit Name", bugroup, Month, RFCST
```

이벤트 결과 일부에 필드 bugroup이 포함된 모습을 볼 수 있다.

## 룩업 테이블 생성

당연히 외부 시스템으로부터 CSV 파일을 (아마도 수동으로) 생성할 수 있다. 그러나 스
플렁크를 사용해 이벤트 데이터로부터 룩업 CSV 파일(테이블)을 생성할 수도 있다. 이
를 가능하게 하는 간편한 명령어가 outputcsv이다(4장 후반부에서 자세히 다룰 것이다).

다음은 룩업 테이블을 위해 사용될 수 있는 스플렁크 이벤트 데이터로부터 CSV 파일
을 생성하는 간단한 예다.

```
sourcetype=csv "Current Forecast" "Direct" | rename 650693NLR001
as "Business Unit" | Table "Business Unit", "Business Unit Name",
bugroup | outputcsv splunk_master
```

결과는 다음과 같다.

126

그러나 중복된 결과가 존재하기 때문에 유용한 출력 테이블이라고 하기는 어렵다. 따라서 dedup 명령어를 사용해 스플렁크 검색 파이프라인을 재작성할 수 있다.

```
sourcetype=csv "Current Forecast" "Direct" | rename 650693NLR001
as "Business Unit" | Table "Business Unit", "Business Unit Name",
bugroup | outputcsv splunk_master
```

자, 이제 결과를 검토해보자(좀 더 적절한 결과다).

| | Business Unit ⇕ | Business Unit Name ⇕ | bugroup ⇕ |
|---|---|---|---|
| 1 | 999999 | Corporate Office | leadership-group |
| 2 | ADMIN | North-East | ADMIN |
| 3 | 60538610110 | Mid-West | sales-group |
| 4 | MTG-COMMITTEE | Marketing | marketing-group |
| 5 | WA20387003 | Techinical | teachnical-1-gorup |
| 6 | WA00147002 | Techinical | techinical-2-group |
| 7 | TX04267004 | Accounting | Accounting-1-gorup |
| 8 | TX03287002 | Accounting | Accounting-2-group |
| 9 | OR20267002 | Maintenance | Maintenance-group |

Events (6,812)　Statistics (6,812)　Visualization

20 Per Page ▾　Format ▾　Preview ▾　　◀ Prev  1  2  3  4  5  6  7  8  9

## dedup로 중복 관리하기

dedup 명령어를 사용하면 필드 값의 중복이 허용되는 이벤트 개수를 설정할 수 있다(다시 말해, 검색된 필드의 이벤트 결과에서 중복을 제거하기 위해 dedup 명령어를 사용할 수 있다). dedup 필드에 반환된 이벤트는 첫 번째로 검색된 이벤트가 될 것이다(dedup 명령어 다음에 명시된 숫자는 중복이 허용되는 이벤트 개수로 해석된다. 숫자를 명시하지 않으면 dedup는 첫 번째로 발생한 이벤트만을 허용하며 연이은 모든 중복 이벤트를 제거한다).

또한 dedup 명령어를 이용하면 필드 혹은 필드 리스트를 기준으로 정렬도 가능하다. 모든 중복 데이터를 제거하고 나서 지정된 필드를 기준으로 결과를 정렬한다. 스플렁크는 dedup 연산을 수행한 후 마지막 단계에서 결과를 정렬한다. 그러나 dedup 명령어에 정렬을 추가하면 성능에 영향을 미칠 수 있다. dedup를 사용한 검색 명령어를 살펴보자.

```
sourcetype=csv "Current Forecast" "Direct" | rename 650693NLR001
as "Business Unit" | dedup "Business Unit" sortby bugroup | Table
"Business Unit", "Business Unit Name", bugroup | outputcsv splunk_
master
```

이 명령어의 실행 결과는 다음과 같다.

이제 CSV 룩업 파일(outputcsv splunk_master)이 생성되어 사용 준비가 완료됐다.

```
"Business Unit","Business Unit Name",bugroup
ADMIN,"North-East",ADMIN
TX04267004,Accounting,"Accounting-1-gorup"
TX03287002,Accounting,"Accounting-2-group"
WA2069FF01,FPM,"FPM-1-group"
WA20697103,FPM,"FPM-2-group"
WA20697002,FPM,"FPM-3-group"
WA20527002,FPM,"FPM-4-group"
WA20097002,FPM,"FPM-5-group"
WA0014FF01,FPM,"FPM-6-group"
OR20267002,Maintenance,"Maintenance-group"
105631,,"Unassigned-group"
VA0133SPS001,"South-Western","executive-group"
999999,"Corporate Office","leadership-group"
"MTG-COMMITTEE",Marketing,"marketing-group"
60538610110,"Mid-West","sales-group"
WA20387003,Techincal,"teachnical-1-gorup"
WA00147002,Techincal,"techinical-2-group"
TX0426FF01,Accounting,
TX04267002,Accounting,
TX02947103,Accounting,
PR9999MEMDEP,"Public Relations",
PR9999IPMM019,"Public Relations",
PR9990DMS017,"Public Relations",
PR9990DMS016,"Public Relations",
PR9990DMS010,"Public Relations",
NM2012FF01,Legal,
"MTG-VALUES CONF",Marketing,
```

 출력 파일은 $SPLUNK_HOME/var/run/splunk에 위치한다.

## 동적 룩업

스플렁크 정적 룩업은 검색 실행 이전에 생성되거나 갱신된 파일(테이블) 전체를 읽어 낸다. 동적 룩업은 검색이 실행되는 시점에 파일이 생성된다. 이는 스프렁크가 검색 의 일부로서 외부 명령어 혹은 스크립트를 실행하는 기능을 갖고 있기 때문에 가능한 일이다.

이 책을 쓰는 시점에 스플렁크는 외부 룩업으로 파이썬 스크립트를 지원하고 있다. 파이썬에 대해 잘 모르는 독자를 위해 설명하자면, 파이썬은 1989년 이래 일반적인 목적으로 폭넓게 사용되는 고수준 프로그래밍 언어로서, 종종 스크립팅 언어로 사용 되기도 한다(그렇지만 비 스크립팅 분야에서도 폭넓게 사용된다).

룩업과 함께 사용하고자 하는 외부 자원(파일 같은) 혹은 스크립트는 스플렁크가 접근 할 수 있는 위치로 복사돼야 함을 명심하라. 위치는 다음과 같다.

* $SPLUNK_HOME/etc/apps/〈app_name〉/bin
* $SPLUNK_HOME/etc/searchscripts

다음 절에서는 스플렁크에서 제공하는 동적 룩업 예제 스크립트(external_lookup.py)의 사용 절차를 설명할 것이다.

## 스플렁크 웹 사용하기

스플렁크 웹 인터페이스를 통해 정적 룩업처럼 쉽게 동적 룩업 혹은 외부 룩업을 정 의할 수 있다. 먼저 Settings<sup>설정</sup>을 클릭하고 Lookups<sup>룩업</sup>을 선택하라.

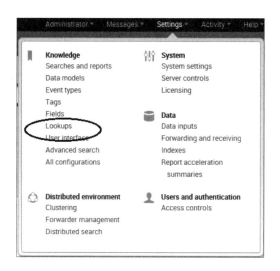

Lookups<sup>룩업</sup> 페이지에서 Lookup table files<sup>룩업 테이블 파일</sup>을 선택하고 파이썬 스크립트를 위한 입력 파일이 포함된 CSV 파일을 정의한다. Add new<sup>새로 추가</sup> 페이지에서 다음 정보를 입력하라.

- Destination app<sup>대상 앱</sup>: search를 선택한다.

- Upload a lookup file<sup>룩업 파일 업로드</sup>: 파일 이름을 찾아볼 수 있다(예제에서는 dnsLookup. csv이다).

- Destination filename<sup>대상 파일 이름</sup>: 'dnslookup'을 입력한다.

Add new<sup>새로 추가</sup> 페이지는 다음과 같다.

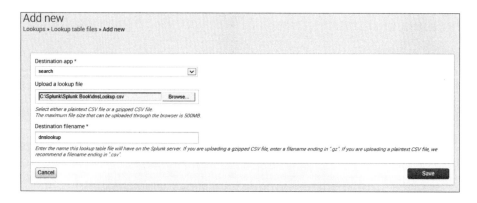

이제 Save<sup>저장</sup>를 클릭하라. 룩업 파일은 다음과 같은 텍스트 CSV 파일로서, 파이썬(py) 스크립트가 인자로 받는 (최소한) 2개의 필드 이름이 포함돼야 한다. 이 경우는 host 와 ip이다. 앞서 언급했듯이, 이 파일은 $SPLUNK_HOME/etc/apps/〈app_name〉/ bin에 복사돼야 한다.

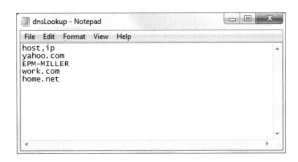

그 다음은 Lookups<sup>룩업</sup> 페이지에서 Lookup definitions<sup>룩업 정의</sup>을 선택하고 New<sup>새로 만들기</sup>를 클릭하라. 외부 룩업을 정의하는 방법이다. 다음 정보를 입력하라.

- Type<sup>유형</sup>: External<sup>외부</sup>을 선택하라(외부 스크립트를 실행할 것이다).
- Command<sup>명령어</sup>: 'external_lookup.py host ip' 이렇게 입력하라(파이썬 스크립트의 이름과 그 스크립트에 대한 2개의 인자다).
- Supported fields<sup>지원되는 필드</sup>: 'host, ip'를 입력하라(2개의 스크립트 입력 필드 이름을 나타낸다).

다음은 새로운 룩업 정의를 설명하는 화면이다.

이제 Save<sup>저장</sup>를 클릭하라.

## 스플렁크 웹 대신 설정 파일 사용하기

다시 설명하자면 정적 룩업처럼 동적 룩업 또한 transforms.conf 파일에서 설정할 수 있다.

```
[myLookup]
external_cmd = external_lookup.py host ip
external_type = python
fields_list = host, ip
max_matches = 200
```

여기 등장하는 항에 대해 좀 더 알아보자.

- [myLookup]: 보고서 항목<sup>stanza</sup>이다.

- external_cmd: 실제 런타임 명령어를 정의한다. 여기서는 파이썬(py) 스크립트인 external_lookup을 실행하는데, 두 인자(혹은 매개변수) host와 ip가 있어야 한다.

- external_type(옵션): 파이썬 스크립트라는 것을 명시한다. transforms.conf 파일에서는 부가적인 항목이지만, 가독성과 지원을 위해 이를 명시하는 것이 좋은 습관이다.

- fields_list: 외부 명령어 혹은 스크립트가 지원하는 모든 필드의 리스트다. 쉼표와 스페이스로 필드를 구분한다.

다음은 props.conf 파일을 변경하는 단계다.

```
[mylookup]
LOOKUP-rdns = dnslookup host ip OUTPUT ip
```

 스플렁크 설정 파일을 갱신한 후에는 스플렁크를 재시작해야 한다.

## 외부 룩업

외부 룩업 예제로 external_lookup.py라는 파이썬(py) 스크립트를 사용하는데, 이는 주어진 호스트 이름에 대한 IP 주소 혹은 제공된 IP 주소에 대한 호스트 이름을 반환하는 DNS 룩업 스크립트다.

## 설명

이 예제에서 룩업 테이블의 필드 이름은 ip이다. 따라서 스플렁크는 인덱싱된 로그 이벤트에서 검색된 모든 IP 주소를 찾아내고, 룩업 테이블에서의 ip 값을 검색 이벤트에서의 ip 필드에 추가할 것이다. 이를 통해 다음을 알 수 있다.

- py 스크립트를 보면 예제에서 MS 윈도우에서 지원되는 socket.gethostbyname_ ex(host) 함수가 사용됐음을 알 수 있다.
- host 필드는 룩업 테이블과 이벤트에서 같은 이름을 가지므로 더 이상의 추가 작업이 필요하지 않다.

다음 검색 명령어를 살펴보자.

```
sourcetype=tm1* | lookup dnslookup host | table host, ip
```

이 명령어를 실행하면 스플렁크는 룩업 테이블을 사용해 host 필드에 대한 값을 CSV 파일(앞서 살펴봤던 텍스트 CSV 파일)로 외부 명령어 스크립트에게 넘겨준다. 그 다음 py 스크립트는 (host 및 ip 필드 모두가 포함된) 결과를 출력하고 그 결과를 스플렁크에게 반환하는데, 그 결과 테이블에 ip 필드를 추가한다.

host와 ip 필드가 포함된 py 스크립트의 출력

## 시간 기반 룩업

룩업 테이블에 시간을 표현하는 필드 값이 있다면, `time` 필드를 사용해 스플렁크 필드 룩업을 설정할 수 있다. 앞서 언급한 것처럼, 룩업에 대한 항목을 추가하기 위해서는 스플렁크 transforms.conf 파일을 수정하면 된다.

예를 들어, 다음은 MasteringDCHP.csv라는 파일이다.

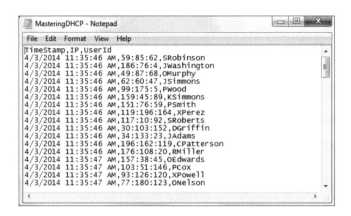

다음 코드를 transforms.conf 파일에 추가할 수 있다.

```
[MasteringDCHP]
filename = MasteringDCHP.csv
time_field = TimeStamp
time_format = %d/%m/%y %H:%M:%S $p
max_offset_secs = <integer>
min_offset_secs = <integer>
```

파일 매개변수는 다음과 같이 정의된다.

- [MasteringDCHP]: 보고서 항목이다.
- filename: 룩업 테이블로 사용될 CSV 파일 이름이다.
- time_field: 파일에서 시간 정보를 포함하는 필드다. 타임스탬프로 사용된다.
- time_format: 시간 필드가 어떤 포맷으로 표현되는지 명시한다.
- max_offset_secs, min_offset_secs: 룩업이 시작된 이후에 발생하는 이벤트에 대한 오프셋 타임(상쇄 시간)의 최대/최소치를 나타낸다.

오프셋 값에 주의하라. 오프셋(상쇄)은 사용자 룩업(CSV) 파일의 타임스탬프와 관련이 있다. 오프셋 범위를 좁게(작게) 설정하면 룩업 결과의 실효성(effectiveness)이 떨어질지도 모른다!

마지막은 스플렁크를 재시작하는 단계다.

### 시간 기반 룩업을 생성하는 더 쉬운 방법

다시 말하지만 스플렁크 웹 인터페이스를 사용하면 더 쉽게 룩업을 설정할 수 있다. 단계적인 방법은 다음과 같다.

1. Settings<sup>설정</sup>에서 Lookups<sup>룩업</sup>을 선택하고, Lookup table files<sup>룩업 테이블 파일</sup>을 선택하라.

2. Lookup table files<sup>룩업 테이블 파일</sup> 페이지에서 New<sup>새로 만들기</sup>를 클릭하고 룩업 파일을 설정한 후 Save<sup>저장</sup>를 클릭하라.

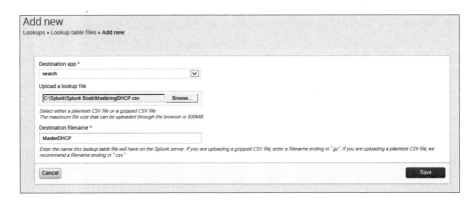

3. "Successfully saved "BUtoBUName" in search^search에서 'BUtoBUName'을 성공적으로 저장했습니다" 라는 메시지를 볼 수 있어야 한다.

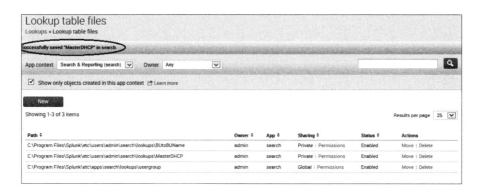

4. 다음으로 Lookup definitions^룩업 정의 페이지를 선택하고 이 페이지에서 New^새로 만들기 를 클릭하라.

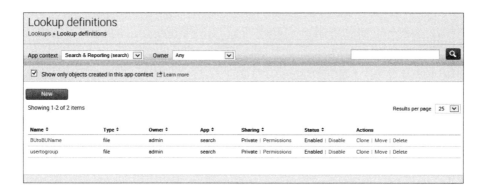

5. Add new^새로 추가 페이지에서 다음 정보로 룩업 테이블을 정의한다.

  ○ Destination app^대상 앱: 드롭다운 리스트에서 search를 선택한다.

  ○ Name^이름: 'MasterDHCP'라고 입력한다(룩업에서 사용할 이름이다).

  ○ Type^유형: File-based^파일 기반를 선택하라(룩업 테이블 정의가 CSV 파일이기 때문 이다).

  ○ Lookup file^룩업 파일: 드롭다운 리스트에서 사용될 파일 이름을 선택하라(예제에서 는 MasteringDCHP이다).

○ **Configure time-based lookup**<sup>시간 기반 룩업 구성</sup>: 이 체크박스에 표시하라.

○ **Name of time field**<sup>시간 필드 이름</sup>: 'TimeStamp'라고 입력하라(파일에서 시간 정보를 포함하는 필드 이름이다).

○ **Time format**<sup>시간 형식</sup>: 시간 필드의 포맷을 명시하는 문자열을 입력하라(예제에서 필드는 `%d%m%y %H%M%S` 포맷을 사용한다).

**6.** 빈칸은 남겨두고 **Save**<sup>저장</sup>를 클릭하라.

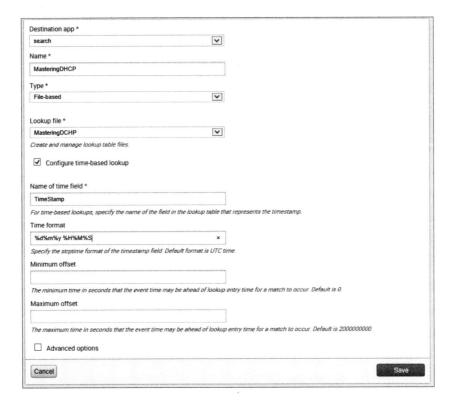

"**Successfully saved "BUtoBUName" in search**<sup>search에서 'BUtoBUName'을 성공적으로 저장했습니다</sup>"라는 메시지를 볼 수 있어야 한다.

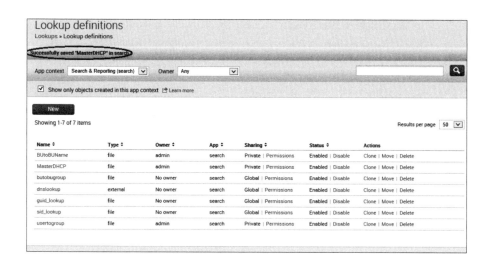

이제 검색을 실행할 준비가 완료됐다.

sourcetype=dh* | Lookup MasterDHCP IP as "IP" | table DHCPTimeStamp,
IP, UserId | sort UserId

다음은 검색에 대한 출력 화면이다.

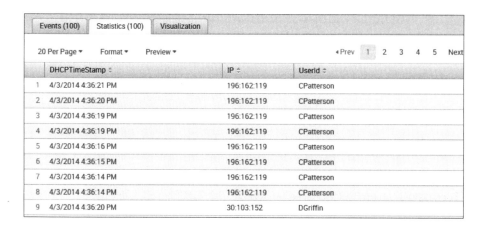

## 중복 금지

룩업 테이블 정의는 스플렁크 설정 파일인 props.conf에서 LOOKUP-<class> 속성과 함께 명시하거나, 웹 인터페이스의 Settings<sup>설정</sup> ＞ Lookups<sup>룩업</sup> ＞ Lookup definitions<sup>룩업 정의</sup> 에서 정의한다.

스플렁크 웹 인터페이스로 룩업 테이블을 설정하거나 정의하면(4장에 걸쳐 계속 설명했다), 스플렁크는 중복된 이름의 테이블 생성을 허용하지 않을 것이다. 다음 화면에서 이를 볼 수 있다.

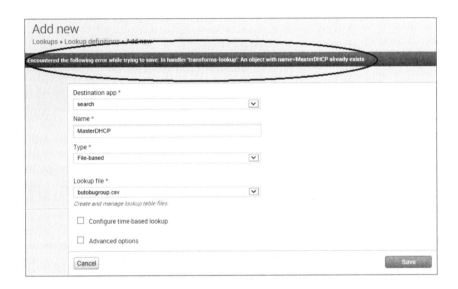

그렇지만 설정 파일을 사용해 룩업을 정의할 때는 테이블 이름을 유일하게 유지하는 것이 중요하다. 여러 개의 룩업에 동일한 이름을 부여하면 다음 규칙이 적용된다.

같은 항목을 가진(즉, 같은 호스트, 소스 혹은 소스 타입) 룩업을 정의하면, 설정 파일에서 첫 번째로 정의된 룩업은 그 외 모든 룩업보다 우선하여 다른 룩업을 덮어쓴다. 룩업 이 각기 다른 항목을 갖고 있으나 이벤트가 중복되면, 스플렁크에 의해 다음 규칙이 적용된다.

- 호스트가 일치하는 이벤트들은 호스트 룩업을 가져온다.
- 소스 타입이 일치하는 이벤트들은 소스 타입 룩업을 가져온다.
- 둘 다 일치하는 이벤트들은 호스트 룩업을 가져온다.

룩업 항목의 이름이 반드시 유일해야 한다는 것은 이미 널리 받아들여지는 권고사항이다.

# 일반적인 명령어 정리

이 절에서는 룩업을 적용하면서 사용하게 될 중요한 스플렁크 명령어를 나열할 것이다.

## lookup 명령어

스플렁크 lookup 명령어는 사전 정의된 스플렁크 룩업 테이블을 사용해 필드 룩업을 수동으로 호출하기 위해 사용된다. 룩업을 정의하기 위해서는 스플렁크 웹(혹은 transforms.conf 파일)을 사용한다.

OUTPUT 혹은 OUTPUTNEW를 명시하지 않으면 스플렁크는 룩업 테이블의 (룩업에 매칭되는 필드를 제외한) 모든 필드를 출력 필드로 사용할 것이다. 반대로, OUTPUT이 명시되어 있으면 출력 룩업 필드는 존재하는 필드를 덮어쓰고, OUTPUTNEW가 명시되어 있으면 출력 필드가 이미 존재하는 이벤트에 룩업이 적용되지 않을 것이다.

예를 들어 (적어도) 2개의 필드 IP와 UserId가 존재하는 iptousername이라는 룩업 테이블이 있다면, 스플렁크는 각 이벤트에 대한 IP 필드 값을 룩업 테이블에서 찾아내고, 일치하는 항목에 대해서는 룩업 테이블의 UserID 필드 값이 이벤트의 user_name 필드에 쓰이게 한다. 질의는 다음과 같다.

```
... Lookup iptousernameIP as "IP" output UserId as user_name
```

항상 검색 파이프라인에서 보고형 명령어 다음에 룩업을 실행하라. 룩업을 모든 개별적인 이벤트가 아닌 보고형 명령어 결과에 매칭하기 위해서다.

## inputlookup과 outputlookup 명령어

inputlookup 명령어를 사용하면 명시된 정적 룩업 테이블에서 검색 결과를 가져올 수 있다. 이 명령어는 명시된 CSV 파일 이름(혹은 transforms.conf 파일의 항목 이름으로 명시된 테이블 이름)을 읽는다. 만약 append=t(즉, 참) 명령어가 추가되면 룩업 파일 데이터는 현재 결과에 더해진다(현재 결과를 대체하는 것이 아니다). outputlookup 명령어를 사용하면 이후 결과 이벤트를 명시된 정적 룩업 테이블로 쓸 수 있다(출력 룩업 테이블이 정의된 경우에만 가능하다).

이번에는 (transforms.conf 파일에 명시된) MasterDHCP 룩업 테이블을 읽고, 이에 대한 이벤트 결과를 룩업 테이블 NewMasterDHCP로 작성하는 예제를 보자.

```
| inputlookup MasterDHCP | outputlookup NewMasterDHCP
```

위 명령어를 실행하면 다음과 같은 출력을 볼 수 있다.

| | IP ≑ | TimeStamp ≑ | UserId ≑ |
|---|---|---|---|
| 1 | 59.85.62 | 4/3/2014 11:35:46 AM | SRobinson |
| 2 | 186.76.4 | 4/3/2014 11:35:46 AM | JWashington |
| 3 | 49.87.68 | 4/3/2014 11:35:46 AM | OMurphy |
| 4 | 62.60.47 | 4/3/2014 11:35:46 AM | JSimmons |
| 5 | 99.175.5 | 4/3/2014 11:35:46 AM | PWood |
| 6 | 159.45.89 | 4/3/2014 11:35:46 AM | KSimmons |

다음 방법으로 검색에 append=t 명령어를 추가할 수 있음을 기억하라.

```
| inputlookup MasterDHCP.csv | outputlookup NewMasterDHCP.csv append=t
```

## inputcsv와 outputcsv 명령어

inputcsv 명령어는 inputlookup 명령어와 유사하다. 즉, 검색 결과를 명시된 CSV 파일에서 가져온다. 파일 이름은 $SPLUNK_HOME/var/run/splunk를 기준으로 상대 경로로 참조돼야 하며, 명시된 파일이 존재하지 않고 파일 이름에 확장자가 없을 때는 파일 이름에 .csv 확장자가 있는 것으로 간주한다. outputcsv 명령어를 사용하면 결과 이벤트를 CSV 파일로 쓸 수 있다.

splunk_master.csv라는 CSV 파일을 읽고, 텍스트 구$^{phrase}$ FPM을 검색하며, 이후 일치하는 이벤트들을 FPMBU.csv라는 CSV 파일로 쓰는 예를 보자.

```
| inputcsv splunk_master.csv | search "Business Unit Name"="FPM" |
outputcsv FPMBU.csv
```

다음은 이 검색 명령어 결과를 보여준다.

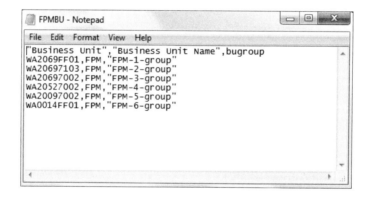

다음은 위 명령어의 실행 결과로 생성된 파일이다.

```
FPMBU - Notepad
File  Edit  Format  View  Help
"Business Unit","Business Unit Name",bugroup
WA2069FF01,FPM,"FPM-1-group"
WA20697103,FPM,"FPM-2-group"
WA20697002,FPM,"FPM-3-group"
WA20527002,FPM,"FPM-4-group"
WA20097002,FPM,"FPM-5-group"
WA0014FF01,FPM,"FPM-6-group"
```

같은 CSV 파일(splunk_master.csv)을 읽은 후, 51번부터 500번까지의 이벤트를 쓰는
또 다른 예가 있다.

```
| inputcsv splunk_master start=50 max=500
```

이벤트에는 (1이 아닌) 0부터 시작하는 번호가 붙는다. 0이 붙은 이벤트는 첫 번째 항목으로 간주된다.

## 정리

4장에서는 스플렁크 룩업을 정의하고 그 기능에 대해 논의했다. 또한 정적 룩업과 동적 룩업, 두 가지 종류의 룩업과 그 세부사항, 각각의 적용 예제를 살펴봤다. 룩업 기능과 함께 사용되는 여러 가지 일반적인 스플렁크 명령어 또한 설명했다.

5장에서는 스플렁크에서 대시보드를 활용하는 방법을 자세히 살펴볼 것이다.

# 5 혁신적인 대시보드

5장에서는 스플렁크 대시보드의 기본 기능을 설명하고, 비즈니스 측면에서 효과적인 대시보드를 만들기 위해 스플렁크가 제공하는 고급 기능을 활용하는 방안에 대한 논의를 확장해나갈 것이다.

5장에서 다루는 내용은 다음과 같다.

- 효과적인 대시보드 생성
- 패널 사용
- XML
- 검색
- 동적 드릴다운
- 실시간 솔루션

## 효과적인 대시보드 생성

스플렁크는 단 한 줄의 코드도 작성하지 않고 쉽게 대시보드를 생성하며 편집할 수 있는 기능을 제공한다. 그런데 여기서 말하는 대시보드란 과연 무엇일까?

대시보드는 사용자에게 뷰 하나로 핵심적인 지표를 보여주는 시각화 인터페이스를 제공한다. (대시보드라고 불리는) 이 뷰는 중요한 정보의 가시성을 높이기 위해 많은 관심 영역이 통합되도록 설계됐다.

스플렁크 웹에서의 모든 단일 (웹) 페이지를 뷰<sup>view</sup>라고 한다. 이런 뷰들 중 몇몇은 스플렁크에서 제공되며 (검색 및 보고 앱<sup>Search & Reporting app</sup>처럼) 기본으로 설치된다. 스플렁크는 새로운 뷰를 앱에 추가할 수 있는 기능을 제공하며, 사용자는 앱을 생성할 때 그 앱을 구성하는 뷰를 설계하고 만들 수 있다.

스플렁크에서 대시보드는 항상 특정 앱과 관련이 있으며, 패널들로 구성된 뷰의 형태가 된다. 이런 패널은 다음과 같은 모듈을 포함한다.

- 검색 박스
- 필드
- 차트
- 테이블
- 리스트

자, 이 객체들을 좀 더 자세히 살펴보자.


## 뷰

스플렁크 뷰는 스플렁크의 앱 프레임워크를 통해 제작되는 사용자 인터페이스다. 뷰의 일반적인 예가 대시보드와 폼<sup>form</sup>이다. 기본 검색 뷰를 중심으로 구성된 스플렁크 검색 앱이 좋은 예다. 다시 말하지만, 뷰는 모듈로 구성된다(5장 후반부에서 설명할 것이다).

스플렁크는 미리 만들어진 뷰를 선택할 수 있는 **웹 프레임워크**<sup>Web Framework</sup> 라이브러리를 제공하는데, (차트와 테이블 같은) 시각화 자료, (검색바와 타임라인 같은) 검색 제어, (체크박스, 체크 그룹, 드롭다운 같은) 폼<sup>form</sup> 입력, 스플렁크 머리말<sup>header</sup>과 꼬리말<sup>footer</sup>이 포함되어 있다.

## 패널

스플렁크 패널은 스플렁크 뷰의 일종이다. 먼저 모든 대시보드가 많은 패널로 구성되어 있음을 이해해야 한다. 공통적으로 이런 패널은 저장된 검색(나중에 사용하기 위해 저장해놓은 스플렁크 검색)으로 설정되는데, 이 검색은 대시보드가 처음 로드되면서 최신 정보를 제공할 때 실행된다.

대시보드 패널 타입은 대시보드에 보이는 정보의 유형을 결정한다. 예를 들어, 테이블 패널 타입과 차트 패널 타입은 각기 다르다. 가시적인 대시보드 편집기에서 사용 가능한 네 가지 패널 타입은 다음과 같다.

- 테이블
- 차트
- 이벤트 리스트
- 단일 값

 대시보드는 다수의 패널로 구성된다(보통 그렇다).

## 모듈

검색바부터 그 결과에 이르기까지 스플렁크 웹의 뷰에서 보이는 거의 모든 것을 모듈이라고 한다. 스플렁크 내에서 모듈은 대시보드, 폼 검색, 그 외 사용자 정의 인터페이스에 사용된다. 스플렁크 **모듈 시스템**<sup>Module System</sup>은 사용자의 애플리케이션 영역에 커스터마이징된 앱을 제작하기 위한 목적으로 핵심적인 스플렁크 지식 베이스 knowledge base를 활용하고 있다.

이런 스플렁크의 표준 모듈 모두는 HTML, CSS, 자바스크립트<sup>JavaScript</sup>, 때로는 파이썬 스크립트로 제작된다. 모든 모듈은 $SPLUNK_HOME/share/splunk/search_mrsparkle/modules/에 저장된다.

한 가지 팁은 웹 브라우저를 통해 모듈 리스트를 볼 수 있다는 것이다. 스플렁크 서버에서 http://localhost:8000/modules로 접속하라(호스트와 포트 정보는 사용자 환경에 맞추어 변경하라). 다음과 같은 화면을 볼 수 있을 것이다.

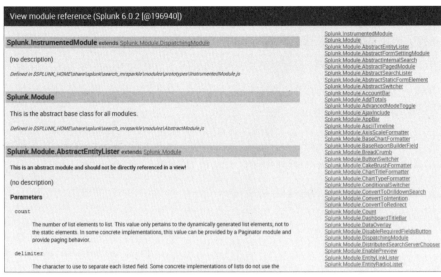

웹 브라우저에서 보이는 모듈 리스트

# 검색 폼

스플렁크 대시보드 중에는 검색 폼이 포함된 것도 있다. 검색 폼은 스플렁크 뷰의 일
종으로, 사용자로부터 하나 혹은 그 이상의 검색 항$^{term}$을 통해 값을 입력받을 수 있
는 인터페이스를 제공한다.

검색 폼은 텍스트박스, 드롭다운$^{drop-down}$ 메뉴, 라디오 버튼을 사용해 사용자가 오직
찾고자 하는 내용(그리고 테이블, 이벤트 리스트, 혹은 시각화 자료로 표현될 수 있는 결과)에만
집중할 수 있게 한다.

- **텍스트박스**: 특정 필드 값을 입력받거나 기본 값을 보여준다.
- **드롭다운 메뉴와 리스트**: 동적으로 정의되는 검색 항들의 모음이다.
- **라디오 버튼**: 특정 필드 값의 선택을 요구한다.
- **여러 가지 결과 패널들**: 각기 다른 종류의 시각화 자료를 생성한다.

## 검색 폼 예제

간단한 예로 다음과 같은 스플렁크 검색 파이프라인을 살펴보자.

```
sourcetype=TM1* Error
```

다음과 같이 스플렁크 검색 페이지에서 이런 스플렁크 검색 파이프라인을 기반으로
한 검색을 실행하고 그 결과를 얻을 수 있다.

스플렁크 검색 페이지와 검색 결과

일반적으로 사용자는 코그노스 TM1 로그에서 텍스트 문자열(이 경우는 Error)을 찾는
다. 검색 폼을 생성하는 예제를 설명하겠다. 검색 파이프라인을 감추고 사용자로부터
텍스트박스를 통해 간단하게 값을 입력받아 검색을 실행하는 검색 폼을 생성한다고
가정하자.

이를 구현하는 가장 간단한 방법은 새로운 대시보드를 생성한 후, 원하는 기능이 구
현되도록 대시보드를 수정하는 것이다. 다음과 같이 스플렁크 Dashboard<sup>대시보드</sup> 페
이지에서 Create New Dashboard<sup>새 대시보드 만들기</sup>를 클릭하고 빈칸을 채운 후 Create
Dashboard<sup>대시보드 만들기</sup>를 클릭하라.

대시보드를 생성했다면 Edit Source<sup>원본 편집</sup>를 클릭하라. XML을 다룰 줄 알아야 하는 단계다(XML에 대해서는 5장 후반부에서 자세히 언급할 것이다). 이제부터는 코그노스 TM1 검색 폼을 생성하기 위해 변경된 내용을 집중적으로 살펴볼 것이다. 다음 화면을 참고하라.

XML에서 변경된 부분은 다음과 같다.

1. 최상위 태그는 <dashboard></dashboard>에서 <form></form>으로 변경됐다.

2. 검색이 search sourcetype=TM1* $series$로 변경됐다.

 소스는 '인덱싱된 모든 TM1 로그'로 유지되면서, 검색에 대한 인자(혹은 매개변수)가 series라는 이름으로 생성된다. 인자에 대한 값은 검색이 실행되는 시점에 주어질 것 이다.

3. <fieldset></fieldset>과 <input type></input> 태그로 사용자 입력 필드(텍스 트박스)가 정의됐다.

다음은 XML 소스다.

```
<form>
  <label>Cognos TM1 Log Search</label>
  <description>Allows search of all indexed TM1 log files</description>
  <searchTemplate>search sourcetype=TM1* $series$</searchTemplate>
  <earliestTime>$earliest$</earliestTime>
  <latestTime>$latest$</latestTime>
  <fieldset>
    <label>k</label>
    <input type="text" token="series">
      <label>Enter Search String</label>
      <default />
      <seed>splunkd</seed>
      <suffix>*</suffix>
    </input>
  </fieldset>
  <row>
    <table>
      <title>Matching TM1 Events</title>
      <option name="showPager">true</option>
      <option name="wrap">true</option>
      <option name="rowNumbers">true</option>
      <option name="charting.chart">column</option>
```

```
            <option name="charting.drilldown">all</option>
            <option name="charting.axisY.scale">linear</option>
            <option name="charting.axisX.scale">linear</option>
            <option name="charting.legend.placement">right</option>
            <option name="charting.legend.labelStyle.overflowMode">
ellipsisMiddle</option>
            <option name="charting.chart.stackMode">default</option>
            <option name="charting.chart.nullValueMode">zero</option>
            <option name="charting.chart.rangeValues">["0","30","70","100"]
            </option>
            <option name="charting.chart.style">shiny</option>
            <option name="charting.axisTitleX.visibility">visible</option>
            <option name="charting.axisTitleY.visibility">visible</option>
            <option name="charting.chart.sliceCollapsingThreshold">0.01
            </option>
            <option name="charting.gaugeColors">8710400,16771072,12529712
            </option>
            <option name="drilldown">row</option>
            <option name="count">10</option>
        </table>
    </row>
</form>
```

 〈table〉〈/table〉 부분은 큰 역할을 하지 않는다는 사실에 주목하라. 이는 보여줄 결과의 포맷을 위한 태그일 뿐이며, 웹 인터페이스를 통해 생성할 수도 있다.

이것이 바로 코그노스 TM1 로그 검색 폼의 예다.

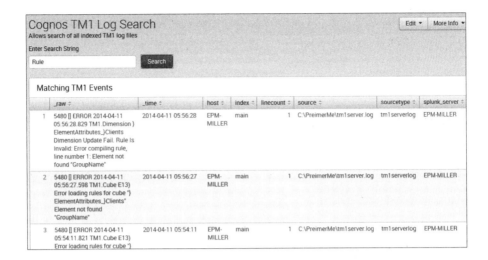

## 대시보드와 폼

스플렁크 대시보드와 간단한 XML 폼은 다음과 같은 점에서 구분이 가능하다.

- 최상위 엘리먼트가 서로 다르다(스플렁크 대시보드는 `<dashboard></dashboard>`이고, XML 폼은 `<form></form>`이다. 하위<sup>bottom</sup> 엘리먼트 혹은 종료<sup>closing</sup> 엘리먼트도 마찬가지다).
- 폼은 보통 사용자의 입력을 요구한다(시간 범위 선택기, 드롭다운 리스트, 라디오 그룹, 텍스트박스).
- 모든 폼은 후처리 검색을 활용하는 반면, 대시보드는 보통 그렇지 않다.
- XML 엘리먼트의 시퀀스가 조금 다르다.

행 및 패널 배치와 패널에서의 시각화 자료 같은 그 밖의 모든 것은 기본적으로 같다고 말할 수 있다.


# 대시보드로 돌아가기

스플렁크 대시보드 편집기를 사용하면 새로운 대시보드를 생성하고, 대시보드에서 패널을 추가/삭제하며, 존재하는 대시보드를 수정하거나 대시보드를 PDF로 저장할 수 있다. 대시보드 편집기는 사용자의 입력을 위한 일련의 대화창이다. 사용자는 원하는 기능을 구현하기 위해 대시보드 편집기에 정보를 입력하게 된다. 대시보드를 생성했다면, 대시보드의 패널과 시각화 자료에 대한 작업을 (적절한 편집기를 사용해) 진행한다.

## 패널 편집기

스플렁크 대시보드의 편집 기능이 활성화되면, 일련의 패널 대화창에 접근이 가능하다. 패널 편집기로 패널 속성과 내부 검색을 수정할 수 있으며, 다른 시각화 자료를 선택하고 요구사항에 맞게 변경할 수도 있다.

## 시각화 자료 편집기

시각화 자료 편집기는 선택된 시각화 자료에 대한 설정 기능을 제공하는 일련의 대화창이다. 사용자 선택에 근거해(이는 시각화 자료의 본질이다) 편집 대화창이 변경되며 각각의 시각화 자료 속성을 설정할 수 있다. 스플렁크는 스플렁크 검색 페이지와 보고서 페이지에 대해서도 유사한 편집 기능을 제공한다. 사용자는 대시보드로 내보낼 시각화 자료를 이 페이지에서 정의할 수 있다.

### XML

> 확장성 작성 언어(XML, Extensible Markup Language)는 마크업 언어의 일종으로, 사람과 기계 모두 읽을 수 있는 포맷으로 문서를 인코딩하는 일련의 규칙을 정의한다.
>
> – 위키피디아, 2014

스플렁크의 특징 중 하나는 소스 코드를 직접 수정할 수 있다는 점이다. XML(혹은 HTML)을 잘 다루는 사용자라면 자신이 선호하는 편집기를 사용할 수 있으나(이를 위해서는 호스트 서버의 스플렁크 인스턴스로 접속해야 한다), 스플렁크가 제공하는 편집기는 간단한 XML 혹은 HTML 소스 수정에 매우 적합하므로 목적에 맞는 편집기를 사용하는 것이 좋다. 소스 코드를 수정함으로써

- 대시보드 패널의 포맷화 속성을 좀 더 꼼꼼하게 제어할 수 있다.
- 위치 표시자[location marker]를 보여주는 지도를 생성할 수 있다.

- 고급 드릴다운과 동적 드릴다운 동작을 제어할 수 있다.
- 정적 텍스트, 이미지, HTML 포맷화 도구가 포함된 HTML 패널을 생성할 수 있다.
- 차트를 덧붙일 패널을 구성할 수 있다.
- 다음과 같은 폼을 구성할 수 있다.
  - 텍스트박스, 드롭다운 리스트, 동적 라디오 버튼이 포함된 폼
  - 폼 컨트롤(텍스트박스, 리스트, 라디오 버튼)에서의 입력을 활용한 각 패널에 대해 각기 다른 검색을 실행하는 폼
  - 후처리 검색(timechart, chart, stats 같은 보고형 명령어를 통해 검색 결과가 자식 패널에 의해 후처리된다)을 활용하는 폼
  - 페이지 로드 시 기본 값으로 자동 실행되는 폼. 원한다면 페이지를 다른 값으로 로드한 후, 그 페이지를 재실행해도 된다.

## 대시보드 편집기 살펴보기

스플렁크 대시보드 편집기의 좋은 점은 대시보드를 위한 기초 프레임워크를 제공한다는 것이다. XML에서 라인 하나하나를 코딩하는 게 아니라(혹은 존재하는 대시보드를 복사하는 게 아니라), 대시보드 편집기에서 기본적인 대시보드를 생성한 후 몇 번의 간단한 클릭을 통해 커스터마이징을 수행할 수 있다. 대시보드 편집기를 사용하면

- 나중에 패널이 위치할 간단한 대시보드를 생성할 수 있다.
- 시간 범위 선택기를 추가할 수 있다.
- 드래그앤드롭으로 패널을 재배치할 수 있다.
- 대시보드에서 사용된 검색을 수정할 수 있다.
- 각 패널의 세부사항을 변경할 수 있다.
- 대시보드를 HTML로 변환할 수 있다.
- 패널에 이전과 다른 종류의 시각화 자료를 적용할 수 있다.
- 패널 시각화 자료에 포맷화 옵션을 설정할 수 있다.
- 대시보드 소스 코드를 수정할 수 있다.

## 대시보드 구성

스플렁크 대시보드를 구성하는 네 가지 주요 단계는 다음과 같다.

- 프레임워크 구성
- 패널과 패널 내용 추가
- 시각화 자료 명시
- 권한 설정

## 프레임워크 구성

스플렁크 대시보드 편집기를 사용하면, 다음 단계에 따라 새로운 대시보드 프레임워크를 쉽게 생성할 수 있다.

1. 앱의 Dashboards<sup>대시보드</sup> 페이지에서 Create New Dashboard<sup>새 대시보드 만들기</sup>를 클릭하라.

2. Title<sup>제목</sup>, ID(기본 값을 사용해도 된다), Description<sup>설명</sup>을 입력하라. Permissions<sup>권한</sup>을 명시하라. 완료됐으면 Create Dashboard<sup>대시보드 만들기</sup>를 클릭하라.

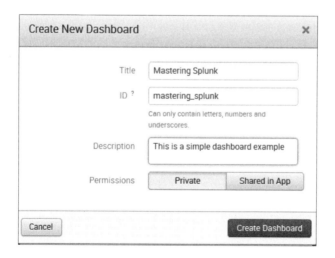

## 패널과 패널 내용 추가

스플렁크 대시보드 프레임워크가 생성됐으면, 대시보드 편집기를 사용해 원하는 내용을 대시보드에 추가할 수 있다. 하나 혹은 그 이상의 패널(5장 초반부에서 패널에 대한 정의를 내렸다)과 시간 범위 편집기를 추가하거나 좀 더 정밀한 커스터마이징을 위해 대시보드 소스 코드를 직접 수정할 수 있다(나중에 좀 더 자세히 다룰 것이다).

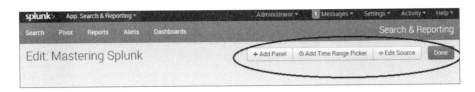

## 패널 추가

패널을 추가하려면 Add Panel<sup>패널 추가</sup>을 클릭하라. 이후 (다음 화면과 같은) Add Panel<sup>패널 추가</sup> 대화창에서 패널 제목을 추가하고, 패널의 Content Type<sup>콘텐츠 유형</sup>(검색, 피벗, 보고서)을 선택한 후, 패널에서 사용될 스플렁크 Search String<sup>검색 문자열</sup>(인라인 검색 패널을 생성하는 경우 필요하다. 이에 대한 내용은 곧 이어질 콘텐츠 유형을 설명하면서 자세히 다룬다)을 입력하라. 다음 화면을 참조하라.

완료했으면 Add Panel<sup>패널 추가</sup>을 클릭하라. 다음처럼 예제 대시보드의 첫 번째 패널을 생성했다.

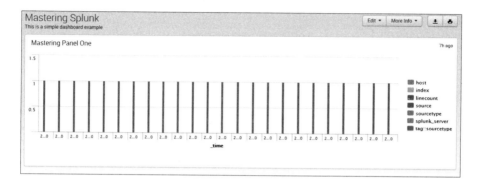

## 대시보드 패널에 대한 시각화 자료 명시

(비록 아직까지 재미는 없겠지만) 좋은 출발이다. 간단한 예로 어떤 작업 후 생성되는 결과 차트가 맘에 안 든다고 가정하자. 이런 경우 대시보드 패널에 검색을 추가할 때, 패널이 그 결과를 어떻게 보여줄지 선택할 수 있다(또한 대시보드 패널 편집기를 사용해 현재 선택을 나중에 변경할 수도 있다).

이제 대시보드를 편집 모드로 되돌려 Edit<sup>편집</sup>를 클릭하고, 이어서 Edit Panels<sup>패널 편집</sup>을 클릭하면, 다음 화면에서 보는 바와 같이 시각화 자료 편집 아이콘의 우측 상단 모서리로 이동하게 된다.

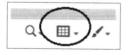

여기서 스플렁크는 **통계 테이블**<sup>Statistics Table</sup>은 물론, 이벤트 결과에 대한 다양한 시각화 자료를 선택할 수 있게 한다. 예제를 통해 좀 더 쉽게 이해할 수 있을 것이다.

5장에서 지금까지는 대시보드의 소스 코드를 편집하는 방법을 설명했으므로, 이제부터는 시간 범위 선택기를 추가하는 방법을 살펴보겠다.

### 시간 범위 선택기

스플렁크 시간 범위 선택기[time range picker]는 사용자에게 검색의 경계[boundary]를 설정하는 권한을 부여한다. 이를 통해 검색을 현재 시간 범위, 사용자 정의 방식의 상대적 시간 범위[custom relative time range], 사용자 정의 방식의 실시간 범위[custom real-time range]로 한정해 실행할 수 있다. 또한 사용자가 설정한 날짜 범위 혹은 날짜 및 시간 범위를 명시하기 위해 사용할 수도 있다.

Dashboards[대시보드] 페이지에서 원하는 대시보드를 수정한 후, 다음 화면처럼 Edit Panels[패널 편집]을 클릭하라.

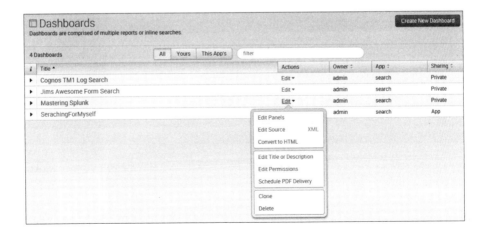

(선택한 대시보드가) 편집 모드로 변경됐다면 **Add time Range Picker**<sup>시간 범위 선택기 추가</sup>를 클릭할 수 있다. 스플렁크는 패널에 드롭다운 선택기를 자동으로 추가한다. 다음 화면처럼 기본설정은 **All time**<sup>전체 시간</sup>이다.

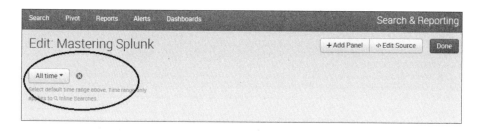

이제 대시보드 패널은 각기 다른 시간 경계로 반복 검색을 할 수 있는 기능을 제공한다.

## 대시보드에 패널 추가

대시보드에 더 많은 패널을 추가하려면 대시보드의 편집 모드로 다시 돌아가서 **Edit**<sup>편집</sup>를 클릭한 후 **Edit Panels**<sup>패널 편집</sup>을 선택한다. 대시보드에 패널이 포함된 시점부터 지금 단계까지는 **Add Panel**<sup>패널 추가</sup>을 클릭하는 방법을 사용할 수 있다. 즉, (이전 화면에서 본 바와 같이) **Add Panel**<sup>패널 추가</sup> 대화창을 이용해 패널을 추가할 수 있다. 이를 구현하는 또 다른(아마도 가장 쉬운) 방법은 존재하는(저장된) 검색(혹은 보고서 아니면 피벗)을 대시보드에 추가하는 것이다(**Add Panel**<sup>패널 추가</sup>을 사용해 재생성하는 방법이 아니다).

스플렁크의 **Search**<sup>검색</sup>, **Reports**<sup>보고서</sup>, **Pivot**<sup>피벗</sup> 페이지에서 직접 패널을 추가할 수 있다.

1. **Search**<sup>검색</sup> 혹은 **Pivot**<sup>피벗</sup> 페이지에서 **Save As**<sup>다른 이름으로 저장</sup> > **Dashboard Panel**<sup>대시보드 패널</sup>로 이동한다.

2. **Reports**<sup>보고서</sup> 페이지에서 **Add to Dashboard**<sup>대시보드에 추가</sup>를 클릭한다.

소스(검색, 보고서, 피벗)에 따라 대시보드 패널을 저장하는 방법도 달라진다. 또한 새로운 대시보드를 생성하는지 혹은 존재하는 대시보드에 패널을 추가하는지에 따라서도 달라진다.

## 대시보드 접근 제어

대시보드를 구성했으면, 스플렁크는 대시보드를 제어할 수 있는 기능을 제공한다. 즉, 대시보드가 (스플렁크에서) 어디에 보일지 그리고 누구에게 대시보드 수정(읽기 전용read-only 혹은 쓰기 접근write access) 권한을 줄 것인지 등이다. 이런 제어 설정을 위해 다음 화면처럼 Dashboards대시보드 페이지에서 Edit편집를 선택한 후 Edit Permissions편집 권한을 클릭하라.

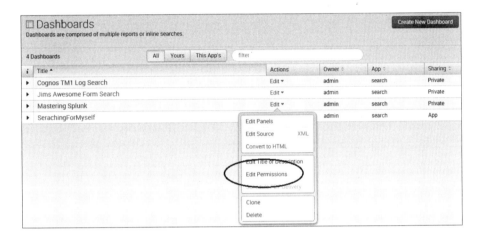

Edit Permissions편집 권한 대화창에서는 다음과 같이 대시보드에 가장 적합한 Display For 표시 대상(Owner소유자, App앱, All Apps모든 앱)를 선택할 수 있다.

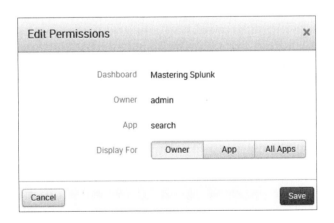

개별(사용자) 역할(그리고 이 역할을 위해 정의된 기능들)을 통해 대시보드 접근 방식을 제한할 수 있다.

## 복제와 삭제

새로운 대시보드 생성을 위해(아무 기초도 없이 처음부터 창조하는 것이 아니라) 존재하는 대시보드를 복제할 수 있고(존재하는 대시보드의 복사본을 생성할 수 있고), 또한 더 이상 필요하지 않은 대시보드를 삭제(제거)할 수도 있다. 대시보드 편집 모드로 들어가서 복제 및 삭제 작업을 수행할 수 있다.

- 대시보드 복제: Edit<sup>편집</sup> ➤ Clone<sup>복제</sup>으로 이동하고(새로운 대시보드의 제목, ID, 설명을 달아라) Clone Dashboard<sup>대시보드 복제</sup>를 클릭하라. 대시보드 복제가 완료되면, 대시보드에 설정된 권한을 볼 수 있다(필요하면 재설정도 가능하다)
- 대시보드 삭제: Edit<sup>편집</sup> ➤ Delete<sup>삭제</sup>로 이동하라(대시보드를 삭제할 것인지 확인하는 창이 열린다).

## 앱과의 관련성

스플렁크 대시보드는 특정 스플렁크 앱과 관련이 있다(혹은 특정 스플렁크 앱에 종속적이다). 이런 대시보드의 종류는 다음과 같다.

- 프레임워크
- 홈페이지
- 학습
- 데이터 미리보기
- 어드민

대시보드의 권한을 (모든 스플렁크 앱에서 사용 가능하도록) 전역<sup>global</sup>으로 설정하거나, 다음과 같이 대시보드 적용 대상 앱을 변경(이동)할 수 있다.

1. 스플렁크 웹에서, Settings<sup>설정</sup> ➤ User interface<sup>사용자 인터페이스</sup> ➤ Views<sup>뷰</sup>로 이동하라.

2. 이동시킬 대시보드로 위치한 후, Actions<sup>작업</sup>에서 Move<sup>이동</sup>를 선택하라.

**3.** 이동 대상 앱을 선택하고 **Move**<sup>이동</sup>를 클릭하라.

## 추가적인 커스터마이징

(대시보드 생성 같은) 기본적인 기능은 스플렁크 대시보드 편집기로 가능하다. 그러나 대시보드 편집기로 불가능한 기능을 추가함으로써 대시보드를 커스터마이징하려면 다음을 참고하라.

- 고급 기능의 구현을 위해 XML을 직접 수정하라(5장 전반부에 대시보드로부터 스플렁크 검색 폼을 생성하는 예제를 설명하면서 이 방법을 다뤘다).

- 대시보드 스타일 시트<sup>style sheets</sup>를 수정하거나 사용자 정의 CSS 스타일 시트를 추가하라. 대시보드는 CSS와 자바스크립트 파일은 물론 이미지 파일과 정적 HTML 파일도 읽어올 수 있다. 이로 인해 추후 대시보드 커스터마이징이 가능해진다(나중에 좀 더 자세히 다룰 것이다).

- 대시보드를 HTML로 변환하거나 내보낼 수 있다. 대시보드를 HTML로 변환한 후, 사용자 정의 동작을 구현하려면 HTML 코드, 자바스크립트, 스타일 시트를 수정하라(나중에 좀 더 자세히 다룰 것이다).

## 패널 사용

5장 전반부에서는 패널을 정의했으며 대시보드와의 연관성을 알아봤다. 다음 사실을 다시 확인해보자.

- 대시보드는 적어도 하나의(대개 하나 이상의) 패널을 갖는다.
- 보통 다수의 패널은 한 줄로 배치된다.
- (테이블 혹은 시각화 자료를 통해 보이는) 각 패널 내용은 검색을 통해 얻어진다.
- 패널의 검색 타입은 다음 중 하나다.
  - 인라인 검색
  - 인라인 피벗
  - 검색 보고서에 대한 참조
  - 검색 피벗에 대한 참조

모든 대시보드 패널에 전역(global) 검색을 적용할 수 있고, 이후 검색 결과를 대시보드의 각 패널에서 다른 방법으로 보여주기 위해 (전역) 검색을 변경(후처리)할 수도 있다.

## 대시보드 패널의 추가와 수정

대시보드에 패널을 추가하는 과정(Edit<sup>편집</sup> ➤ Edit Panels<sup>패널 편집</sup> ➤ Add Panel<sup>패널 추가</sup>로 이동하라)은 아주 간단하다(5장 전반부에서 이를 다뤘다). 대시보드에 패널을 추가하는 작업이 완료되면

- 대시보드 안에서 패널을 재배치할 수 있다. 편집 모드라면(편집 모드가 아닐 때는 Edit<sup>편집</sup> ➤ Edit Panels<sup>패널 편집</sup>로 이동하라) 패널을 클릭한 상태에서 새로운 위치로 패널을 이동시켜라.

- 패널 검색을 수정하라.

  패널 검색을 수정하는 방법은 검색이 포함된 패널 내용에 따라 달라진다. 패널 편집기에는 각 검색 타입(인라인 검색, 인라인 피벗, 보고서 검색, 보고서 피벗)에 대한 아이콘이 존재한다. 대시보드가 편집 모드라면(Edit<sup>편집</sup> ➤ Edit Panels<sup>패널 편집</sup>로 이동하라) 다음 화면처럼 패널 속성 아이콘(가능한 옵션은 기본 검색 타입에 따라 달라진다)을 선택하라.

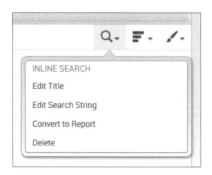

모든 패널 내용 타입에 대해 패널 제목을 변경(편집)하거나 패널을 삭제할 수 있다. 보고서 패널(보고서에 대한 참조를 포함하는 패널)이라면, 다음 단계를 실행하라.

1. 보고서를 확인하라.

2. 검색 혹은 피벗에서 패널 검색을 열어라.

3. 라인 검색 혹은 피벗을 복제하라.

4. 패널에 대한 보고서를 변경하라.

5. 보고서에 명시된 시각화 자료를 선택하라.

패널 내용 타입이 인라인 검색 혹은 인라인 피벗이면(검색 피벗에 대한 참조를 포함하는 패널)

- 인라인 검색 혹은 인라인 피벗을 명시하고 검색을 수정하라.
- 인라인 검색 혹은 피벗을 보고서로 변환하라.

### 시각화 자료

전형적인 이벤트 리스트와 함께, 다음 화면처럼 스플렁크는 검색 결과를 시각화할 수 있는 몇 가지 옵션을 제공한다. 사용자는 (대시보드에 대한 쓰기 권한이 있다고 가정했을 때) 결과가 테이블과 차트 형태로 보이게 설정할 수 있고, 어떤 검색 결과는 다양한 게이지$^{gauge}$와 단일 값으로 시각화되기도 한다. 또한 시각화 자료 속성을 설정할 수도 있다.

*(Panel Properties, Visualization Type, Visualization Format)*

### 시각화 자료 타입

시각화 자료 타입은 이벤트 결과의 시각화를 위해 사용하는 테이블 혹은 차트다. 이번에도 역시 대시보드의 편집 모드에서(Edit편집 ➤ Edit Panels패널 편집로 이동하라) 시각화 자료 아이콘(패널 속성 아이콘의 우측)을 클릭하고 원하는 시각화 자료 타입을 선택할 수 있다. 시각화 자료 아이콘 이미지는 현재 선택된 시각화 자료 타입을 반영하고, 스플렁크는 사용 가능한 시각화 자료 옵션을 리스트로 보여주는데, 이는 기본 검색에 적합한 시각화 자료를 추천해주는 아주 괜찮은 기능이다.

**시각화 자료 포맷**

또한 (시각화 자료 아이콘의) 우측 맨 끝에는 선택된 시각화 자료에 대한 속성을 설정할 수 있는 시각화 자료 포맷 아이콘이 존재한다. 모든 스플렁크 시각화 자료에는 변경 가능한 몇 가지 설정 속성이 있다. 많은 차트가 같은 속성을 공유하지만, 특정 차트 타입에만 적용되는 속성도 있다. 일반적인 속성으로는 스택 모드(차트에서 데이터를 표현하는 방법), 다중연속 모드(활성화/비활성화), 드릴다운 모드(활성화/비활성화), 널 값$^{null}$ $^{value}$(결측 값$^{missing\ value}$을 표현하는 방법을 명시한다), (시각화 자료의) 스타일, x/y축 속성, 제목, 크기$^{scale}$, 범례가 있다.

## 대시보드와 XML

XML로 스플렁크 대시보드(그리고 실제로 폼)를 생성(그리고 유지보수)할 수 있다. 앱의 views 디렉토리에는 XML로 코딩된 대시보드의 XML 소스 파일이 위치한다. 파일 위치는 대시보드에 대한 권한에 따라 달라진다. 다음을 참고하라.

- 공유된 권한에 대한 XML 소스 파일은 $SPLUNK_HOME/etc/apps/⟨app⟩/local/data/ui/views/⟨dashboard_file_name⟩에 위치한다.

- 프라이빗$^{private}$ 권한에 대한 XML 소스 파일은 $SPLUNK_HOME/etc/users/⟨user⟩/⟨app⟩/local/data/ui/views/⟨dashboard_file_name⟩에 위치한다.

다음은 스플렁크 대시보드를 위한 간략한 XML 엘리먼트다(추가 엘리먼트에 대해서는 제품 문서를 참고하라).

- 최상위 엘리먼트

  ```
  <dashboard></dashboard>
  ```

- 행(각 행은 하나 혹은 하나 이상의 패널을 포함한다.)

  ```
  <row> </row>
  ```

- 패널(각 패널은 검색 결과에 대한 시각화 자료를 포함한다.)

  ```
  <chart></chart>
  <event></event>
  <list></list>
  <map></map>
  ```

```
<single></single>
<table></table>
```

- 패널을 대상으로 정의된 검색

```
<searchName></searchname>
<searchString></string>
<searchPostProcess></searchPostProcess>
```

## 대시보드 XML 코드 수정

스플렁크 대시보드는 XML 코드를 기반으로 한다. 5장 전반부에서 살펴본 것처럼, XML을 수정하지 않고서도 스플렁크의 대화형interactive 편집기를 통해 대시보드를 생성하고 수정할 수 있다. 그러나 대시보드 편집기로 가능하지 않은 기능을 추가하기 위해, XML 소스 코드를 직접(대시보드에서 Edit편집 ➤ Edit Source원본 편집로 이동하라) 수정할 수도 있다. 5장 후반부에 대시보드의 XML 코드를 수정하는 실제 사례를 살펴볼 것이다. 우선 지금은 XML을 사용해 대시보드의 유용성을 확장하는 예제를 살펴보자.

## 대시보드와 탐색바

스플렁크 Settings설정 메뉴에서 탐색 메뉴에 대한 XML 코드를 직접 수정함으로써 (모든) 스플렁크 앱의 탐색바navigation bar에 대시보드를 추가할 수 있다. 다음에 서술된 단계를 참고하라.

1. 다음 화면에서 보는 바와 같이 대시보드에서 Settings설정을 선택한 후 User interface사용자 인터페이스를 클릭하라.

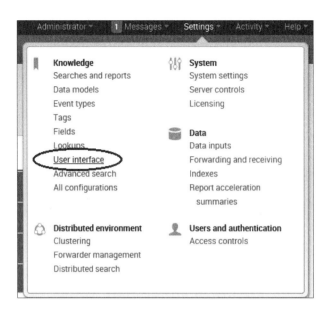

**2.** 다음 화면처럼 Navigation menus<sup>탐색 메뉴</sup>를 선택하라.

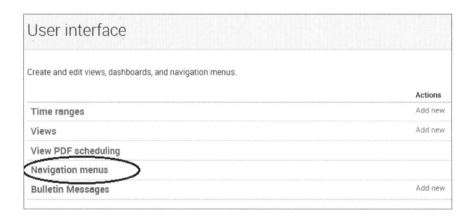

**3.** 다음 화면과 같이 App context<sup>앱 컨텍스트</sup>에서 적절한 앱을 선택하라.

**4.** 스플렁크 소스 편집기에서 탐색 메뉴에 대한 XML 코드를 열기 위해 Nav name
탐색 이름 아래 **default**를 선택하라.

이제 XML 코드를 직접 수정할 수 있게 됐다! XML 코드에서 `<view>` 엘리먼트와
`<collection>` 엘리먼트를 사용해 대시보드를 스플렁크 탐색바에 추가할 수 있

다(`<view>` 엘리먼트는 `<nav>` 엘리먼트의 자식으로서 추가 대상 대시보드의 ID를 명시한다. `<collection>` 엘리먼트의 역할은 탐색바에 위치하는 대시보드의 드롭다운 리스트를 생성하는 것이다).

또한 `<view>` 엘리먼트의 기본 속성을 이용하면 스플렁크 앱의 기본 뷰를 설정할 수 있다(기본설정일 때 검색 뷰는 앱의 홈 뷰^home view가 된다. 예제에서는 대시보드를 기본 뷰로 지정했다). XML 코드는 다음과 같다.

```xml
<nav search_view="search" color="#993300">
  <view name="search" default='true' />
  <view name="data_models" />
  <view name="reports" />
  <view name="alerts" />
  <view name="dashboards" default="true"/>
  <collection label="Mastering Dashboards">
    <view name="Mastering_Splunk"/>
    <view name="jims_awesome_dashboard"/>
  </collection>
</nav>
```

다음 화면은 결과를 보여준다.

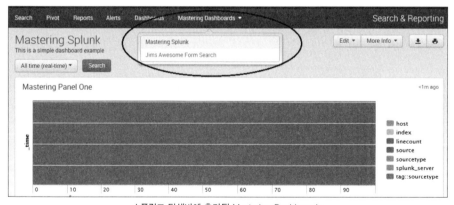

스플렁크 탐색바에 추가된 Mastering Dashboards

## 색상 입히기

눈치채지 못했겠지만 탐색바의 색상을 변경하기 위해 <nav> 엘리먼트의 color 속성을 사용했다.

```
<nav search_view="search" color="#993300">
```

# 검색에 대해 더 자세히 알아보기

5장 전반부에서 검색을 통해 각 대시보드 패널 내용이 구성된다고 설명했다. 대시보드 패널의 내용 타입에 대한 예를 살펴볼 것이다.

(새로운) 패널을 존재하는 대시보드에 추가할 때는 다음 화면처럼 적절한 아이콘을 클릭해서 간단하게 패널 내용의 타입을 선택할 수 있다.

## 인라인 검색

대시보드 패널은 패널에 보이는 내용을 위한 소스로서 실시간 인라인 검색을 활용할 수 있다. 패널을 대시보드에 추가했다면, 패널 편집 아이콘을 클릭해 Edit Search String<sup>검색 문자열 편집</sup>을 선택하라. 다음 화면처럼 Edit Search<sup>검색 편집</sup> 대화창에서 스플렁크 검색 파이프라인을 수정하고, Time Range<sup>시간 범위</sup>를 선택한 후 Save<sup>저장</sup>를 클릭하라.

Edit Search 대화창

## 저장된 검색 보고서

내용을 대상으로 인라인 검색을 실행하는 패널과 더불어, 저장된 스플렁크 보고서를 사용하는 패널을 추가할 수 있다. 패널을 (대시보드에) 추가하고 패널 편집 아이콘을 클릭해서 New Report<sup>새 보고서</sup>를 선택하라.

저장된 보고서를 사용하는 쉬운 방법은 다음 화면처럼 인라인 검색 패널 편집 아이콘을 클릭한 후 Convert to Report<sup>보고서로 변환</sup>를 선택해서 존재하는 인라인 검색 패널을 변환하는 것이다.

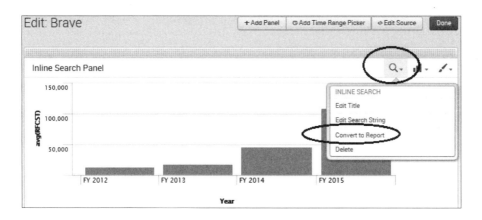

다음 화면에서 볼 수 있듯이 Convert to Report<sup>보고서로 변환</sup> 프롬프트<sup>prompt</sup>에서 저장된 보고서 패널에 이름을 부여하라. Save<sup>저장</sup>를 클릭하면 결과를 볼 수 있다.

또 다른 방법은 인라인 검색을 구성(혹은 수정)한 후 Save As<sup>다른 이름으로 저장</sup>를 클릭하는 것이다. 다음과 같이 Dashboard Panel<sup>대시보드 패널</sup>을 클릭하라.

다음 화면에서 볼 수 있듯이, Save As Dashboard Panel<sup>대시보드 패널로 저장</sup> 대화창에서 Existing<sup>기존</sup>'을 선택하고 보고서 추가 대상 대시보드 이름을 선택한 후, Panel Powered By<sup>패널 제공</sup>를 'Report<sup>보고서</sup>'로 선택하라(새로운 대시보드 패널은 인라인 검색으로 생성되거나 저장된 보고서로 생성될 수 있다. Panel Powered By<sup>패널 제공</sup>는 이에 대한 옵션이다).

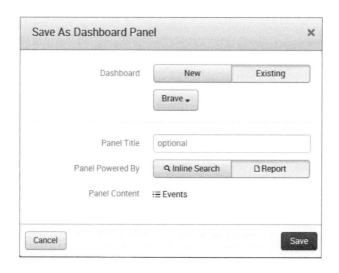

## 인라인 피벗

존재하는 대시보드에 인라인 피벗을 추가하려면, 새로운 피벗을 구성하는(혹은 존재하는 피벗을 수정하는) 스플렁크 피벗 툴을 사용하라. 이후 다음 화면처럼 Save As<sup>다른 이름으로</sup> 저장를 클릭하고 Dashboard Panel<sup>대시보드 패널</sup>을 선택하라.

Save As Dashboard Panel<sup>대시보드 패널로 저장</sup> 대화창에서 (이 피벗을 존재하는 대시보드에 추가하기 위해) Existing<sup>기존</sup>을 선택한 후, 피벗 패널 추가 대상 대시보드 이름을 선택한다(이 예제의 대시보드 이름은 Brave이다). 다음 화면처럼 Panel Title<sup>패널 제목</sup>을 입력한 후 Save<sup>저장</sup>를 클릭하면 된다.

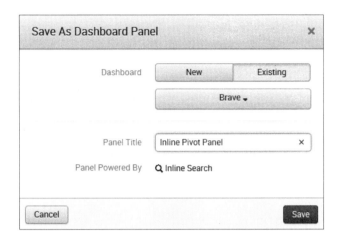

피벗 패널이 추가되면 "Has Been Created생성되었습니다"라는 메시지와 함께 프롬프트가 열릴 것이다. 여기서 결과를 보기 원한다면 다음 화면처럼 View Dashboard대시보드 보기를 클릭하라.

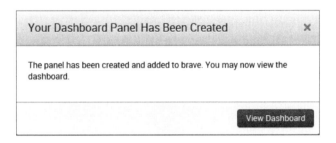

## 저장된 피벗 보고서

피벗 패널을 피벗 보고서 패널로 변환하고자 하는 경우가 있을 것이다. 이를 위해 다음 화면처럼 피벗 보고서 패널의 편집기 아이콘을 클릭하고 Convert to Report보고서로 변환를 선택하라.

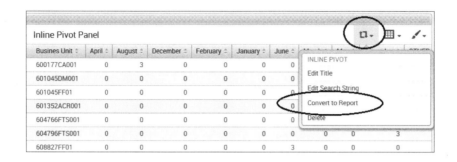

다음 화면에서 볼 수 있듯이, 여기서는 간단하게 새로운 피벗 보고서의 이름을 붙이고 결과를 보기 위해 Save<sup>저장</sup>를 클릭한다..

다음 대시보드는 네 가지 패널(각기 다른 내용 타입을 갖는)이 포함된 이번 예제의 최종 결과를 보여준다. 다음 화면에서 상단 좌측에서 우측 방향으로 인라인 검색, 저장된 검색 보고서, 인라인 피벗, 저장된 피벗 보고서를 볼 수 있다.

# 동적 드릴다운

사용자가 대시보드에서 필드를 클릭했을 때 링크로 연결되는 목적지를 정의함으로써, 대시보드에 동적 드릴다운 기능을 포함시킬 수 있다. 마우스 클릭으로 얻은 값은 지정된 목적지로 보내진다. 목적지는 또 다른 대시보드, 폼, (스플렁크 설치 내에서) 뷰, 혹은 외부 웹 페이지가 될 수 있다.

### 동적 드릴다운 기초

스플렁크 대시보드 내에서 드릴다운 구현의 핵심은 XML 태그를 사용하는 것이다.

```
<drilldown></drilldown>
<link></link>
```

드릴다운 목적지로 직행하기 원할 때는 `<drilldown>` 태그 안에 `target=` 속성을 추가로 명시하면 된다(기본은 `target="_self"`이며, 링크는 현재 창에서 열릴 것이다).

`<drilldown>` 태그 사이에 하나 혹은 하나 이상의 `<link>` 태그를 추가할 수 있는데,

`<link>` 태그는 드릴다운의 목적지를 명시하기 위해 사용된다.

다음과 같이 `<link>` 태그를 사용하는 많은 방법이 있다.

1. 대시보드로 연결하려면 상대경로를 사용하라.

   ```
   <link> path/viewname </link>
   ```

2. 폼으로 연결하기 위해 상대경로를 이용하고 폼을 생성할 토큰을 넘겨라.

   ```
   <link> path/viewname?form.token=$dest_value$ </link>
   ```

3. 원래 검색에서 가장 이른 시각과 가장 늦은 시각을 넘겨라(다음 절에 설명할 텐데, CDATA를 사용해야 한다).

   ```
   <link> path/viewname?form.token=$dest_value$&earliest=$earliest$&latest
   =$latest$ </link>
   ```

 & 같은 문자가 정확하게 해석되도록 CDATA가 사용됨을 명심하라.

4. 목적지 페이지로 값을 넘기기 위해 URL과 질의 인자를 사용하라.

   ```
   <link> URL?q=$dest_value$ </link>
   ```

## 예제

행 혹은 컬럼을 선택하고 드릴다운 값을 얻는 경우, 토큰 $row.<fieldname>$는 선택된 행 혹은 컬럼의 필드를 명시한다.

이번 예제는 다음 화면처럼 스플렁크 검색 폼을 드릴다운하고, 검색 폼의 소스 타입으로서 연속된 필드 값을 넘겨주는 스플렁크 대시보드를 다룰 것이다.

스플렁크 검색 폼을 드릴다운하는 스플렁크 대시보드

다음은 대시보드의 XML 소스 코드다(드릴다운 코드는 굵은 글씨체로 나타냈다).

```xml
<dashboard>
  <label>Mastering Splunk Dashboard with drilldown to a Splunk form
  </label>
  <row>
    <table>
      <searchString>
        index="_internal" group="per_sourcetype_thruput" |
        chart sum(kbps) over series
      </searchString>
      <title>Top sourcetypes (drilldown example)</title>
      <earliestTime>-60m</earliestTime>
      <latestTime>now</latestTime>
      <option name="count">15</option>
      <option name="displayRowNumbers">false</option>
      <option name="showPager">true</option>
      <drilldown target="My New Window">
        <link>
        /app/search/search_form_from_dashboard?
          form.sourcetype=$row.series$
        </link>
      </drilldown>
    </table>
  </row>
</dashboard>
```

다음 화면은 스플렁크 검색 폼을 보여준다(이전 대시보드 드릴다운을 통해 이동됐다). 검색 어가 입력된 검색 필드가 포함되어 있다.

다음은 (이전 화면의) 스플렁크 검색 폼에 대한 XML 소스 코드다.

```
<form>
  <label>Basic form search</label>
  <fieldset>
    <html>
      <p>
        Enter a sourcetype in the field below.
      </p>
    </html>
      <!-- 기본 입력 타입인 텍스트 박스 -->
      <input token="sourcetype" />
  </fieldset>
  <!-- $로 구분된 대체 토큰을 사용한 검색 -->
  <searchTemplate>
    index=_internal source=*metrics.log
      group=per_sourcetype_thruput sourcetype="$sourcetype$"
      | head 1000
  </searchTemplate>
  <row>
    <!-- 50개의 이벤트 행을 테이블로 출력 -->
    <table>
     <title>Matching events</title>
     <option name="count">50</option>
    </table>
  </row>
</form>
```

다음 화면에서 보이는 또 다른 예는 웹 페이지를 드릴다운하는 대시보드인데, 표시된 값은 웹 페이지 검색 폼으로 넘겨진다.

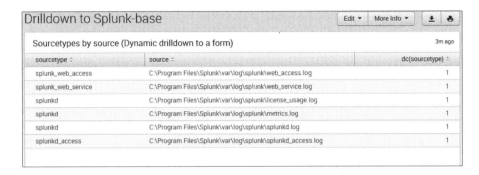

다음은 대시보드의 XML 소스 코드다.

```
<dashboard>
  <label>Drilldown to Splunk-base</label>
  <row>
   <table>
     <title>Sourcetypes by source (Dynamic drilldown to a form)</title>
     <searchString>
       index="_internal" | stats dc(sourcetype) by sourcetype, source
     </searchString>
     <earliestTime>-60m</earliestTime>
     <latestTime>now</latestTime>
     <option name="count">15</option>
     <option name="displayRowNumbers">false</option>
     <option name="showPager">true</option>
     <drilldown target="My New Window">
       <link>
         http://splunk-base.splunk.com/integrated_search/?q=$click.value$
       </link>
     </drilldown>
   </table>
  </row>
</dashboard>
```

다음 화면은 ('splunkd_access'를 검색한 후) 스플렁크 답변에 대한 드릴다운 기능을 보여준다.

## 드릴다운 사용하지 않기

또한 패널에 대한 드릴다운 기능을 비활성화하는 옵션을 사용할 수도 있다.

```
<option name="drilldown">none</option>
```

# 실용적인 실시간 솔루션

오늘날 스플렁크와 스플렁크 대시보드가 두각을 나타내는 이유는 실용적인 실시간 솔루션을 새롭고 흥미로운 방식으로 제공하기 때문이다. 다음은 스플렁크의 이런 장점을 혁신적으로 활용한 사례다.

글로벌 조직은 예산 편성, 예측, 계획을 위해 IBM 코그노스 TM1을 활용한다. 조직이 원하는 것은 잠재적인 상세 데이터를 원하는 대로 드릴다운해서 분석할 수 있는 기능을 갖춘 대시보드와, 자신들의 (TM1) 데이터를 다양한 시각화 자료를 통해 볼 수 있는 기능이다. 그러나 누구나 내부 TM1에 접근할 수 있는 건 아니었으며(TM1은 오로지 조직의 입안자planner만 사용할 수 있었다), 기본 TM1의 기능은 사실상 사용자가 원하는 풍부한 정보를 제공하지도 못했다. 이런 상황에서 다양한 소프트웨어 솔루션이 대안으로 떠올랐으나 조직이 선택한 솔루션은 바로 스플렁크였다. 스플렁크의 대시보드와 시각화 자료 덕분에, 원하는 기능을 쉽게 구현할 수 있었던 것이다!

IBM 코그노스 TM1 모델을 통해 예산 편성, 계획, 예측이 이뤄진다. 소스 시스템은 실제 데이터와 메타데이터를 모델로 넘기고, 조직의 비즈니스 로직을 기반으로 TM1 규칙이 구현되어 자동화된 예측이 가능해진다. 입안자는 규칙을 검토하고 수정하며, TM1 엔진은 데이터를 실시간으로 통합한다. 예약된 TM1 작업에 의해 데이터의 최신 뷰가 부분별로 나뉘고 지정된 네트워크 위치^location^에 (텍스트 파일로) 쓰이는데, 여기서 데이터가 스플렁크 서버에 의해 자동으로 인덱싱된다. 스플렁크에 접근할 수 있는 개별 사용자는 TM1 데이터에 대한 (거의) 실시간 시각화 자료가 포함된 대시보드를 볼 수 있으며, 또한 가공되지 않은 잠재적인 세부 데이터의 어떤 부분이든 드릴다운할 수 있는 권한을 갖는다. 스플렁크는 접근 권한이 없는 사람들에게 대시보드 데이터를 PDF 포맷으로 변환해 이메일로 전송한다(스플렁크 경험이 많은 사용자는 자신만의 방식으로 스플렁크 검색을 생성한다).

조직 내부 분석가는 스플렁크 대시보드에서 볼 수 있는 정보로 현재 수치 대비 이전 예측치, 예측치 대비 실제 수치, 다양한 통화로 기재된 예산 이력 같은 데이터의 설명 혹은 뷰를 시각화할 수 있다. 이와 더불어, (누구에 의해) 언제, 어디서 수정이 가해졌는지 같은 통계 역시 시각화가 가능하다. 이런 모든 정보는 프로그래밍 혹은 보고서 생성 작업 없이, 대시보드에서 (드릴다운 및 프린트 기능과 함께) 도표로 시각화될 수 있다. 예산 대비 예측치 데이터를 보여주는 다음 화면을 참고하라.

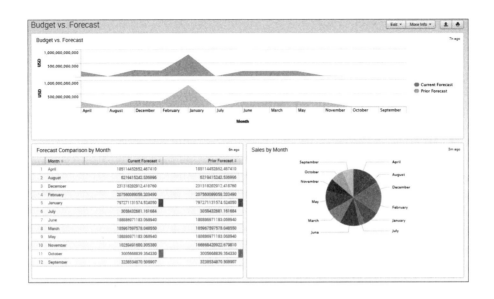

# 정리

5장에서는 스플렁크 대시보드의 구성, 수정, 드릴다운, 권한 설정에 대한 내용을 다뤘다. 또한 대시보드 편집기에서 지원하지 않는 대시보드의 좀 더 복잡한 기능을 활용하기 위해 대시보드의 XML 소스 코드를 수정하는 방법도 살펴봤다.

6장에서는 인덱스와 인덱싱이라는 주제로 설명을 이어나갈 것이다.

# 6
# 인덱스와 인덱싱

6장에서는 인덱싱의 목적과 동작원리, 중요성에 대해 설명한다. 6장을 통해 인덱싱의 기초 개념과 고급 개념을 단계적으로 익힐 수 있을 것이다.

6장에서 다루는 내용은 다음과 같다.

- 인덱싱의 중요성
- 인덱스, 인덱서, 클러스터
- 인덱스 관리


## 인덱싱의 중요성

인덱싱의 중요성을 이해하려면 인덱스의 정의와 목적에 대한 이해가 선행돼야 한다.

일반적인 데이터베이스에서 인덱스란 데이터 검색 속도를 높이기 위해 사용되는 내부 구조다. 인덱스는 매우 효율적으로 검색될 수 있는, 선택된 데이터의 복사본으로서, 파일 단위 디스크 블록 번호를 포함하거나 원본 데이터 전체로의 직접적인 연결 객체를 포함하기도 한다.

물론 스플렁크 인덱스는 일반적인 데이터베이스 인덱스와 비교했을 때 구조적으로 다소 차이가 있긴 하지만, 기본적인 사용 목적은 같다. 스플렁크는 검색의 유연성을 구현하고 데이터 검색 속도를 높이기 위해 인덱스를 사용한다.

# 스플렁크 인덱스란?

http://www.splunk.com에서도 언급했듯이 스플렁크 인덱스는 다음과 같이 정의할 수 있다.

> "스플렁크 인덱스는 스플렁크 데이터의 저장소(repository)다."

이전에 스플렁크에 추가된 적이 없는 데이터를 원시 데이터라고 한다. 데이터가 스플렁크에 추가되면, 스플렁크는 이벤트 데이터를 생성하면서 데이터를 인덱싱한다(인덱스를 갱신하기 위해 데이터를 사용한다). 이 데이터의 개별 단위를 이벤트라고 한다. 스플렁크는 데이터를 **검색 가능한 이벤트**로 변형하는데, 이런 이벤트와 함께 스플렁크의 구조 및 처리와 관련된 정보(이는 이벤트 데이터가 아니다) 역시 저장한다.

스플렁크는 인덱싱 대상 데이터와 그 데이터의 인덱스를 플랫 파일<sup>flat file</sup>에 저장하는데(실제로는 구조화된 디렉토리에 위치한 파일들), 이는 백그라운드에서 실행되는 어떤 데이터베이스 소프트웨어도 필요하지 않음을 뜻한다. 이런 파일을 **인덱서**<sup>indexer</sup>라고 한다. 스플렁크는 어떤 종류의 시간 연속 데이터(타임스탬프를 갖는 데이터)도 인덱싱할 수 있다. 데이터가 인덱싱되는 동안, 스플렁크는 데이터가 명시하는 타임스탬프를 기준으로 하여 데이터를 이벤트로 분할한다.

## 이벤트 처리

스플렁크 이벤트 처리는 '원시 데이터(일련의 이벤트) 처리' 및 '처리된 데이터를 인덱스 파일로 쓰기'(6장 후반부에 인덱스 파일에 대해 설명할 것이다)와 관련이 있다.

이벤트 처리는 **스플렁크 데이터 파이프라인**의 일부다. 데이터 파이프라인은 네 가지 부분으로 구성된다.

- 입력(데이터)
- 파싱<sup>parsing</sup>
- 인덱싱

- 검색

**이벤트 처리**는 파싱 및 인덱싱을 의미하는데, 파싱 및 인덱싱은 스플렁크 데이터 파이 프라인의 일부로서 실행된다.

## 파싱

스플렁크가 데이터를 검사하고, 분석하며, 변형하는 작업이다. 파싱을 통해 데이터는 이벤트와 처리된 이벤트로 구분된다. 다음과 같은 작업이 포함된다.

- 기본 필드 확인(각 이벤트에 대해)
- 문자 세트 인코딩 설정
- 라인 변경 규칙$^{line\ break\ rule}$을 적용한 라인 절단. 이벤트는 짧거나(단일 라인) 길 수 있다(복수 라인).
- 타임스탬프(식별 혹은 생성)
- 경우에 따라 사용자 정의 로직을 적용(예: 특정 이벤트 데이터 걸러내기)

## 인덱싱

인덱싱 중에는 다음과 같은 추가 처리 작업이 수행된다.

- 이벤트의 분리$^{segmentation}$
- 인덱스 데이터 구조(들) 생성
- 원시 데이터와 인덱스 파일을 디스크에 쓰기

인덱싱은 사용자가 스플렁크에 입력할 데이터를 지정하는 순간 시작된다. 더 많은 입력(데이터)이 추가되면 스플렁크는 자동으로 데이터에 대한 인덱싱을 시작할 것이다.

## 인덱스 조합

전에 언급한 것처럼, 스플렁크로 입력되는 모든 데이터는 인덱스로(혹은 인덱스 파일로) 쓰이고 저장된다. 기본설정인 경우 인덱스 파일은 $SPLUNK_HOME/var/lib/splunk 의 하위 디렉토리로 위치한다.

다음 두 가지 파일 타입으로 스플렁크 인덱스 조합이 만들어진다.

- 원시 파일
- 인덱스 파일(이런 파일을 tsidx **파일**이라고도 한다.)

원시 파일은 인덱싱된 추가 정보가 포함된 압축 이벤트 데이터로, 스플렁크는 효율성을 위해 이를 사용한다. 인덱스 파일은 흔히 메타데이터로 알려진 정보를 포함하는데, 메타데이터는 원시 파일로의 접근과 검색을 위해 사용된다. 원시 파일과 인덱스 파일은 함께 스플렁크 **버킷**bucket(6장 후반부에 논의할 것이다)을 구성한다. 인덱스 파일 디렉토리는 시간순으로 정렬되어 있다.

## 기본 인덱스

스플렁크를 설치하면 자동으로 설정되는 세 가지 인덱스가 있다.

- main주 **인덱스**: 처리된 모든 데이터가 저장되는 스플렁크의 기본 인덱스다(별도로 명시되지 않은 경우).
- _internal내부 **인덱스**: 스플렁크의 내부 로그와 처리 관련 지표가 위치하는 인덱스다.
- _audit감사 **인덱스**: 파일 시스템 변경 모니터, 감사auditing, 사용 이력 모두와 관련된 이벤트를 포함하는 인덱스다.

 스플렁크 관리자는 인덱스 구성, 속성의 수정과 제거, 인덱스의 삭제와 이동 권한을 갖는다.

# 인덱스, 인덱서, 클러스터

스플렁크 인덱스는 모든 스플렁크 데이터의 저장소임을 기억하라. (스플렁크 데이터 파이프라인의 일부인) 인덱싱은 **인덱서**indexer에 의해 수행된다.

인덱서는 인덱스를 생성하고 사용한다. 인덱서는 오로지 데이터 인덱싱이 목적인 스플렁크 인스턴스라고 말할 수 있다. 스플렁크 인스턴스는 인덱싱뿐만 아니라 그 밖의 모든 작업을 수행할 수 있으나, 보통 대형 분산 환경에서 데이터 입력과 검색 관리 기능은 각기 다른 스플렁크 인스턴스들에 할당된다. 대규모 환경에서는 전달자<sup>forwarder</sup>와 검색 헤드<sup>search head</sup>가 필요하다.

전달자는 데이터를 읽어와서 내보내며, 인덱서는 데이터에 대한 검색과 인덱싱을 담당하고, 검색 헤드는 인덱서 전체를 대상으로 검색을 조율한다.

클러스터<sup>cluster</sup>란 서로의 데이터를 복사하는 인덱서(노드라고 부르기도 한다)들의 그룹이다(6장 후반부에서 좀 더 자세히 다룰 것이다).

클러스터에는 세 가지 타입의 노드가 존재한다.

- **마스터 노드**<sup>Master node</sup>: 클러스터 관리에 특화된 인덱서다.
- **피어 노드**<sup>Peer node</sup>(다수): 클러스터의 인덱싱 작업을 관리하는데, 다양한 데이터 복사본을 인덱싱하고 유지보수하며, 데이터에 대한 검색을 실행한다.
- **검색 헤드**<sup>Search head</sup>(다수): 모든 피어 노드를 대상으로 검색을 조율한다.

클러스터를 위해서는 단일 인스턴스 인덱서를 위해 요구되는 것 이상의 추가 설정이 필요하다.


## 스플렁크 인덱스 관리

스플렁크에 데이터가 추가되면 인덱서는 그 데이터를 처리하고 지정된 인덱스(기본설정인 경우는 주 인덱스 혹은 사용자가 명시한 인덱스)에 저장한다. 사용자는(관리자인 경우) 환경상 필요에 의해 혹은 특정 비즈니스 요구사항에 맞게 스플렁크 인덱스를 관리할 수 있다.


## 시작하기

스플렁크 인덱스 관리는 현재 어떤 인덱스가 존재하는지 파악하는 것으로부터 시작된다. (스플렁크 웹에서) 인덱스 리스트를 보기 위해서는 **Settings**<sup>설정</sup>으로 이동한 후 **Indexes**<sup>인덱스</sup>를 클릭하라.

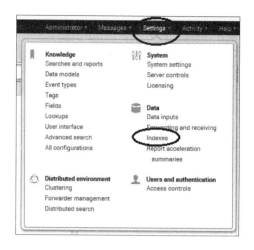

Indexes<sup>인덱스</sup> 페이지에서는 스플렁크가 미리 설정한 인덱스인 _audit, main, _internal을 포함해 현재 정의된 모든 인덱스 리스트를 볼 수 있다.

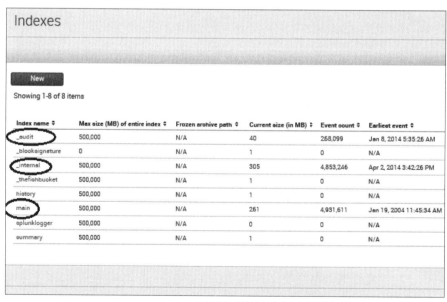

audit, main, _internal 인덱스를 보여주는 Indexes 페이지

분산 환경에서는 인덱서(들)와 검색 헤드가 같은 스플렁크 인스턴스에 존재하지 않을 수도 있으므로 인덱스 리스트를 보기 위해서는 각 인스턴스마다 이 작업을 반복해야 한다.

스플렁크 인덱스 관리는 간단할 수도 혹은 매우 복잡해질 수도 있다. 인덱스 관리에는 다음과 같은 작업이 포함된다.

- 다중 인덱스 관리
- 인덱스 삭제 혹은 비활성화
- 인덱스 저장소 속성 설정
- 인덱스 데이터베이스 재배치
- 인덱스 파티셔닝partitioning
- 인덱스 크기 제한
- 인덱스 디스크 사용량 제한
- 인덱스 데이터 백업
- 인덱스 아카이브archive 전략 개발

## 다중 인덱스 관리

사용자가 검색을 위해 특정 인덱스를 설정하지 않으면 스플렁크는 주 인덱스 혹은 기본 인덱스를 사용할 것이다(이는 사용자 역할(들)과 현재 설정된 기본 인덱스에 따라 달라진다). 스플렁크 관리자는 스플렁크 웹, CLI를 사용하거나 indexes.conf 파일을 수정해서 개수 제한 없이 추가 인덱스를 생성할 수 있다.

### 다중 인덱스의 사용 목적

사용자가 스플렁크 환경에 좀 더 많은 인덱스를 설정하고자 하는 가장 중요한 세 가지 이유는 다음과 같다.

- **보안**: 특정 인덱스에 있는 데이터로 접근하는 사용자에 대한 제한이 가능해짐으로써 인덱스를 통한 정보의 보안을 실현할 수 있다. 사용자에게 역할을 부여하고 이

역할을 기반으로 특정 인덱스를 대상으로 하는 사용자 검색을 제한할 수 있다.

- **유지**: 스플렁크가 인덱싱하는 데이터는 일정 시간 동안 유지된 이후 특정 비즈니스 요구 조건에 따라 폐기돼야 하는 경우가 있을 수 있다. 모든 데이터가 같은 인덱스를 사용하면 데이터 파싱과 관리가 어려워진다. 따라서 하나 이상의 인덱스를 사용하고 각 인덱스에 대해 각기 다른 보관 정책 혹은 유지 정책을 설정한 후 각기 다른 인덱스에 데이터를 쓰는 것이다.

- **성능**: 데이터 크기가 커지면서 성능이 문제가 되고 있지만, 보통은 효율적인 인덱싱 전략으로 검색 성능을 높일 수 있다. 간단한 예를 들자면 대용량 검색 데이터는 특별히 지정된 인덱스에 쓰고, 저용량 검색 데이터는 그 외 인덱스에 쓰는 경우다. 특히 각 스플렁크 데이터 소스를 위한 특정 인덱스를 구성하고, 이 소스에서 지정된 인덱스로 데이터를 보내는 것이 좋은 예다. 이는 사용자가 검색 대상 인덱스를 명시할 수 있는 방법이다(6장 후반부에서 이를 다룰 것이다).

## 스플렁크 인덱스의 생성과 수정

스플렁크 웹, 커맨드라인 인터페이스<sup>CLI, command-line interface</sup>를 사용하거나 indexes.conf 파일을 수정함으로써 인덱스를 생성할 수 있다. 물론 가장 쉬운 방법은 스플렁크 웹을 사용하는 것이다.

스플렁크 인덱스를 생성하는 절차는 다음과 같다.

1. Settings<sup>설정</sup>으로 이동한 후 Indexes<sup>인덱스</sup>로 이동하라.

2. (다음 화면처럼) Indexes<sup>인덱스</sup> 페이지에서 New<sup>새로 만들기</sup>를 클릭하라.

**3.** Add new<sup></sup>새로 추가 페이지에 다음 정보를 입력하라.

- ◦ 인덱스 이름
- ◦ 인덱스 저장소의 경로/위치
- ◦ 전체 인덱스의 최대 크기(기본설정은 500,000MB이다.)
- ◦ 현재 사용 중인 hot/warm/cold 버킷의 최대 크기
- ◦ 동결된 아카이브 경로

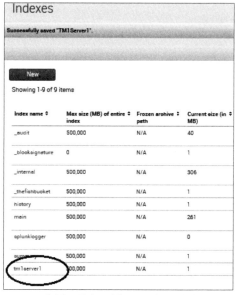

**Add new**
Indexes » Add new

**Index settings**

Index name *

TM1Server1|                                          ✕

Set index name (e.g., INDEX_NAME). Search using index=INDEX_NAME

Home path

Hot/warm db path. Leave blank for default ($SPLUNK_DB/INDEX_NAME/db).

Cold path

Cold db path. Leave blank for default ($SPLUNK_DB/INDEX_NAME/colddb).

Thawed path

Thawed/resurrected db path. Leave blank for default ($SPLUNK_DB/INDEX_NAME/thaweddb).

Max size (MB) of entire index

500000

Maximum target size of entire index.

Max size (MB) of hot/warm/cold bucket

auto

Maximum target size of buckets. Enter auto_high_volume for high-volume indexes.

Frozen archive path

Frozen bucket archive path. Set this if you want Splunk to automatically archive frozen buckets.

Cancel                                                          Save

Add new 페이지

**4.** Save<sup>저장</sup>를 클릭하면 다음과 같은 화면을 볼 수 있다.

**Indexes**

Successfully saved "TM1Server1".

New

Showing 1-9 of 9 items

| Index name ⇕ | Max size (MB) of entire index | Frozen archive ⇕ path | Current size (in ⇕ MB) |
|---|---|---|---|
| _audit | 500,000 | N/A | 40 |
| _blocksignature | 0 | N/A | 1 |
| _internal | 500,000 | N/A | 306 |
| _thefishbucket | 500,000 | N/A | 1 |
| history | 500,000 | N/A | 1 |
| main | 500,000 | N/A | 261 |
| splunklogger | 500,000 | N/A | 0 |
| summary | 500,000 | N/A | 1 |
| tm1server1 | 500,000 | N/A | 1 |

저장된 스플렁크 인덱스를 보여주는 화면

## 인덱스에 관한 중요 사항

Add new<sup>새로 추가</sup> 페이지를 참고로 하여 스플렁크 인덱스의 특징을 살펴보자.

- Index names<sup>인덱스 이름</sup>: 스플렁크 인덱스 이름은 숫자, 소문자, 밑줄, 하이픈으로만 구성돼야 하고 밑줄이나 하이픈으로 시작할 수 없다.
- Path locations<sup>경로 위치</sup>: (스플렁크가 다음 중 하나를 사용하도록 설정한다면) 이 필드는 home, cold, thawed/resurrected가 될 수 있고 빈칸으로 남겨놓을 수도 있다.

  ```
  $SPLUNK_DB/<index_name>/db
  $SPLUNK_DB/<index_name>/colddb
  $SPLUNK_DB/<index_name>/thaweddb
  ```

- Max sizes<sup>전체 인덱스 최대 크기</sup>: 인덱스의 최대 크기는 기본설정일 때 500,000MB이다. 인덱스 크기 산정에 대해서는 다양한 학설이 있다. 인덱스의 최대 크기는 인덱싱 대상 데이터 양에 따라 달라진다.
- Frozen archive path<sup>동결된 아카이브 경로</sup>: 옵션이다. 동결된 버킷을 보관하고자 할 때 이 필드를 설정하면 된다.

 스플렁크는 인덱스 상태를 설명하기 위해 home/hot, cold, thawed/resurrected 라는 용어를 사용한다. home/hot은 새롭게 쓰였거나 현재 쓰는 작업이 진행 중이라는 뜻이고, cold는 hot에서 벗어난 상태로 현재 작업 중이 아니라는 뜻이며, thawed/resurrected는 재사용을 위해 압축이 풀렸거나(unzipped) 압축됐다(archived)는 뜻이다.

## 그 외 인덱싱 방법

스플렁크의 모든 관리 작업과 마찬가지로, 인덱스를 생성하고 수집하는 방법은 두 가지다. 바로 커맨드라인 인터페이스<sup>CLI, command-line interface</sup>를 사용하는 방법과 스플렁크 인덱스 설정(indexes.conf) 파일을 수정하는 방법이다. 이런 방법을 사용해서 정의된 인덱스는 웹 인터페이스를 통해 관리되는 인덱스와 동일한 원칙을 따라야 한다. CLI를 사용하는 경우는 인덱스를 생성하거나 수정하기 위해 스플렁크를 재시작할 필요가 없는 반면, indexes.conf 파일을 수정하는 경우는 (항상) 스플렁크를 재시작해야 한다(분산 환경에서는 스플렁크의 모든 인스턴스가 재시작돼야 한다).

## indexes.conf 파일 수정

스플렁크는 설정 파일과 관련된 예제를 제공한다. indexes.conf 파일 변경 작업 전에
다음 .spce과 .example 파일을 참고하라.

- indexes.conf.example
- indexes.conf.spec

indexes.conf.spec 파일에는(보통 $SPLUNK_HOME/etc/system/default/에 위치한다)
indexes.conf 파일에서 사용되는 모든 옵션이 포함되어 있다. 특정 인덱스 속성을 쉽
게 추가하고 수정하기 위해 실제 indexes.conf 파일을 설정하는 예제로 (스플렁크 온라
인 문서와 더불어) 이 파일을 참고할 수 있다.

새로운 스플렁크 인덱스를 추가하려면 다음 문법을 참고하라.

```
[newindex]
homePath=<path for hot and warm buckets>
coldPath=<path for cold buckets>
thawedPath=<path for thawed buckets>
```

수정된 파일은 $SPLUNK_HOME/etc/system/local/에 저장돼야 한다.

이후 설정을 활성화하려면 스플렁크를 재시작해야 한다. 여기 간단한 예가 있다. 로
컬 파일 indexes.conf에 다음 라인을 추가했다.

```
# 미래 스플렁크 마스터를 위한 새로운 인덱스 예
[masteringsplunk]
homepath = $SPLUNK_DB/masteringsplunk/db
coldpath = $SPLUNK_DB/masteringsplunk/colddb
thawedPath = $SPLUNK_DB/masteringsplunk/thaweddb
```

스플렁크 웹의 Indexes<sup>인덱스</sup> 페이지에서 새 인덱스(masteringsplunk)를 볼 수 있다.

196

## Indexes

New

Showing 1-10 of 10 items

| Index name ⇕ | Max size (MB) of entire index ⇕ | Frozen archive path | Current size (in MB) ⇕ |
|---|---|---|---|
| _audit | 500,000 | N/A | 40 |
| _blocksignature | 0 | N/A | 1 |
| _internal | 500,000 | N/A | 290 |
| _thefishbucket | 500,000 | N/A | 1 |
| history | 500,000 | N/A | 1 |
| main | 500,000 | N/A | 261 |
| masteringsplunk | 500,000 | N/A | 1 |
| splunklogger | 500,000 | N/A | 0 |
| summary | 500,000 | N/A | 1 |
| tm1server1 | 500,000 | N/A | 1 |

## 새 인덱스 사용

사용자가 데이터를 입력하면 스플렁크는 데이터 인덱싱에 관여하게 된다. 사용자가 인덱스를 건드린 적이 없다면 모든 데이터(모든 이벤트)는 스플렁크의 주 인덱스에 쓰일 것이다.

추가 인덱스 생성 시 문제가 발생하면, 데이터(이벤트)를 특정 인덱스로 연결해 인덱스를 사용하고자 할 것이다.

스플렁크는 입력된 모든 데이터를 지정된 인덱스로 연결하는 기능뿐만 아니라 이벤트 데이터를 특정 인덱스로 전달하는 기능을 제공한다.

## 인덱싱된 모든 이벤트를 전달하기

입력된(데이터) 각각의 이벤트, 그리고 모든 이벤트는 지정된 인덱스로 전달된다. 이 작업을 설정하기 위해 스플렁크 웹을 사용하거나 설정 파일을 수정하는 단계로 되돌아갈 수 있다.

스플렁크 웹에서 (Settings<sup>설정</sup> 아래) Data inputs<sup>데이터 입력</sup> 페이지로 이동한 후 Files & directories<sup>파일 및 디렉토리</sup>를 선택한다.

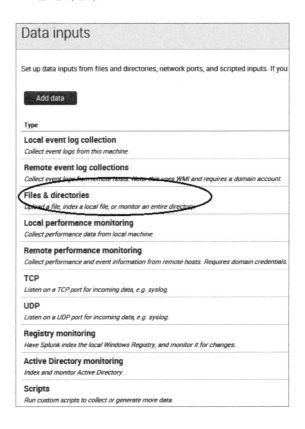

Files & directories<sup>파일 및 디렉토리</sup> 페이지에서 정의된 입력 소스 각각에 대한 대상 인덱스를 설정할 수 있다.

198

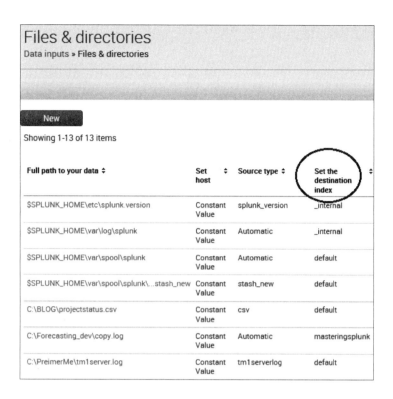

원하는 (입력) 소스를 클릭하면 다음 화면처럼 대상(혹은 목적) 인덱스를 포함한 다양
한 설정들을 검토하고 변경할 수 있다.

설정 파일을 사용해 인덱스를 할당하고자 하면 (indexes.conf 파일과 유사한) inputs.
conf 파일을 검토하고 수정해야 한다. 스플렁크는 설명과 예제가 포함된 inputs.conf.
spec 파일과 input.conf.example 파일을 제공한다.

입력 소스에서의 모든 이벤트에 직접 접근하기 위해서는 inputs.conf 파일의 명령어
인 monitor:와 index=를 사용한다.

6_ 인덱스와 인덱싱 | 199

다음은 스플렁크 내부 인덱스에 대한 기본 문법이다(모든 스플렁크 로그를 스플렁크의 _internal 인덱스로 전달하기 위해 사용된다).

```
[monitor://$SPLUNK_HOME\var\log\splunk]
index = _internal
```

다음은 /tm1data/logs에 위치한 모든 데이터를 tm1servers라는 인덱스로 전달하는 예다.

```
[monitor:///tm1data/logs]
disabled = false
index = tm1servers
```

## 특정 이벤트 전달하기

데이터 내에서 어떤 속성으로 이벤트를 식별할 수 있다면, 그 이벤트를 선택된 인덱스로 전달하기 위해 속성을 사용할 수 있다. 특정 이벤트를 특정 인덱스로 전달하기 위해서는 스플렁크 웹을 사용하거나 설정 파일(props.conf 및 transforms.conf)을 수정하면 된다.

앞서 자세히 설명했듯이, 스플렁크 웹을 사용할 때는 (Settings설정 아래) Data inputs데이터 입력 페이지로 이동해서 Files & directories파일 및 디렉토리를 클릭한 후 원하는 소스를 클릭해 다시 한 번 설정을 검토하고 변경할 수 있다. 인덱스를 설정하는 부분(대상 인덱스를 선택한 곳) 아래 사용자가 설정할 수 있는 2개의 필드인 Whitelist허용 리스트와 Blacklist차단 리스트가 있다. 이들은 사용자가 전체 디렉토리를 명시했을 때 스플렁크가 사용하게 될 정규 표현식이다. 이는 또한 monitor:// 설정에 대한 정규 표현식이 될 수도 있지만, 사용자가 특정 파일을 포함시키거나(허용 리스트) 배제하는 것도(차단 리스트) 가능하다. 이 옵션을 보여주는 다음 화면을 참고하라.

예를 들어 _raw 필드가 특정 컴퓨터 IP 주소를 포함하거나 이벤트가 특정 웹 주소를 포함하는 상황에서 이벤트를 명시하고 그 이벤트를 인덱스로 전달하는 경우가 있을 수 있다.

```
_raw="(?<!\d)11. \d{1,3}\.\d{1,3}\.\d{1,3}(?!d)"
(?m)packtlib.packtpub.com
```

스플렁크 웹을 사용하지 않고 스플렁크의 설정 파일을 수정하는 방법을 선택할 수도 있다. 공통 이벤트 속성을 확인했으면, (소스, 소스 타입, 호스트를 명시하는) props.conf 파일과 (정규 표현식을 설정하는) transforms.conf 파일을 수정한다.

이 파일들을 사용해 다음을 실행한다.

1. $SPLUNK_HOME/etc/system/local/props.conf 파일에서 속성 항목을 정의하라. 항목에서는 관계가 정의된다.

```
[<spec>]
TRANSFORMS-<class_name> = <transforms_name>
```

<spec> 값은 이벤트의 소스 타입, 이벤트의 호스트, 혹은 특정 소스 자체가될 수 있다. <class_name> 값은 유일한 식별자다. <transforms_name> 값은 transforms.conf 파일의 변형 규칙[transformation rule]에 부여하는 유일한 식별자다.

2. $SPLUNK_HOME/etc/system/local/transforms.conf 파일에서 변형 규칙을 설정하라.

```
[<transforms_name>]
REGEX = <your_custom_regex>
DEST_KEY = _MetaData:Index
FORMAT = <alternate_index_name>
```

<transforms_name> 값은 props.conf 파일에서 명시한 <transforms_name> 값과 일치해야 한다. <your_custom_regex> 값은 이벤트 속성을 매칭하기 위한 정규 표현식으로서 사용자가 명시한다. DEST_KEY 값은 _MetaData:Index 인덱스 속성으로 설정돼야 한다. <alternate_index_name> 값은 이벤트가 쓰일 특정 인덱스다.

## 변형 예제

다음 props.conf 파일을 살펴보자.

```
[tm1serverlog]
TRANSFORMS-index = TM1LogsRedirect
```

소스 타입이 tm1serverlog인 이벤트는 transforms.conf 파일의 TM1LogsRedirect 항목으로 연결된다. transforms.conf 파일 일부는 다음과 같을 것이다.

```
[TM1LogsRedirect]
REGEX = \s+Shutdown
DEST_KEY = _MetaData:Index
FORMAT = masteringsplunk
```

이는 props.conf 파일에 의해 이곳으로 연결된 이벤트를 처리한다. 정규 표현식과 매칭되는 이벤트는 명시된 인덱스인 masteringsplunk로 전달된다. 그 외의 이벤트는 기본설정 인덱스로 전달될 것이다.

## 명시된 인덱스 검색하기

스플렁크가 검색을 실행할 때 검색 대상 인덱스를 정확하게 명시하지 않는 한, 스플렁크는 항상 스플렁크 주 인덱스(혹은 사용자 역할에 따른 인덱스)를 검색 대상으로 간주해 주 인덱스를 읽는다. 그 예로, 다음 검색 명령어는 tm1server 인덱스를 검색한다.

```
index=tm1server userid=jim.miller
```

# 인덱스 혹은 인덱싱된 데이터 삭제

스플렁크가 계속해서 데이터(이벤트)를 인덱스에 쓰는 동안 사용자는 인덱싱된 특정 데이터 혹은 전체 인덱스를 스플렁크 환경에서 제거할 수 있다. 자, 어떻게 이런 작업을 할 수 있는지 알아보자.

## 스플렁크 이벤트 삭제

스플렁크는 검색 중 이벤트 삭제를 위한 특수 연산자인 delete를 제공한다. 스플렁크 delete 연산자는 반환된 모든 이벤트에 표시를 남기게 되어 검색 시 이벤트가 반환되지 않게 한다. delete 연산자로 처리된 데이터는 검색 시 어느 누구에게도(관리자 권한을 가진 사용자에게도) 보이지 않는다. 그러나 delete 연산자를 사용해 데이터에 표시를 남기는 작업으로 인해 디스크 공간이 해제되는 것은 아닌데, 이는 데이터가 인덱스에서 제거되는 게 아니라 단지 검색 시 보이지 않게 되는 것이기 때문이다.

2장 '고급 검색'에서 스플렁크 검색 파이프라인과 다양한 연산자에 대해 알아봤다. delete는 **delete_by_keyword** 권한을 소유한 사용자만 실행할 수 있는 특별한 연산자다. 스플렁크 관리자라 해도 이 권한을 소유할 수 없기 때문에 필요하다고 생각되는 사용자에게 이 권한을 분명하게 승인해야 한다.

이 기능을 사용하려면 Settings<sup>설정</sup>에서 Access controls<sup>액세스 제어</sup>로 이동하라.

다음은 Access controls[액세스 제어] 페이지에서 '역할[Roles]'을 선택하는 단계다.

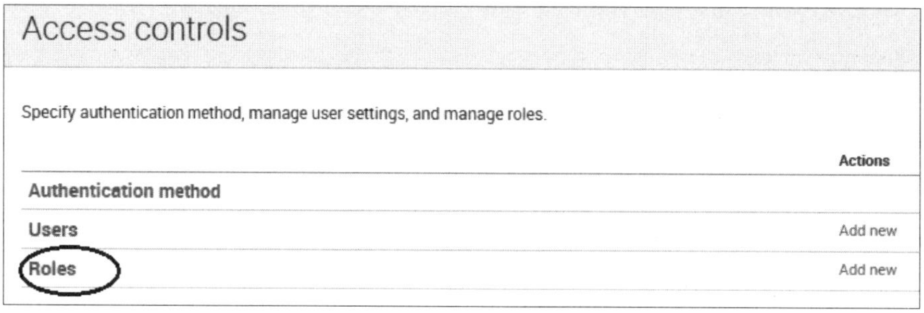


Roles[역할] 페이지에서 수정하고자 하는 특정 사용자 역할을 클릭하라.

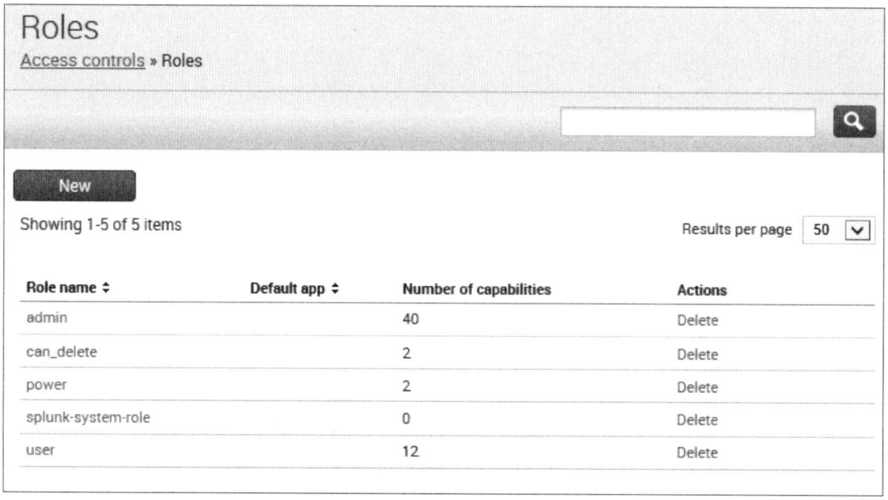


선택한 역할의 현재 속성이 보이면 (Capabilities[기능] 섹션 아래) delete_by_keyword 권한을 클릭해서 Selected capabilities[선택된 기능] 리스트로 추가한 뒤 Save[저장] 버튼을 클릭하라.

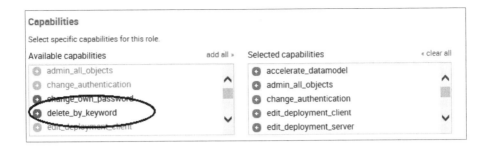

이 권한을 사용자 역할에 승인하면 스플렁크 웹 검색 파이프라인에서 delete 연산자를 사용할 수 있다.

예를 들어 다음 명령어를 통해 masteringsplunk 소스(인덱스)에 존재하는 이벤트를 삭제할 수 있다.

```
source=mastersplunk | delete
```

### 전체 이벤트가 아닌 일부 이벤트 처리

다음 스플렁크 검색은 매우 구체적인 이벤트를 찾기 위해 특정 입력 소스를 검색하고 있다.

```
source="c:\\logging\\sales.cma" May 2015 421500 "current Forecast"
"83100"
```

다음 화면처럼 하나의 이벤트가 검색 결과로 반환된다.

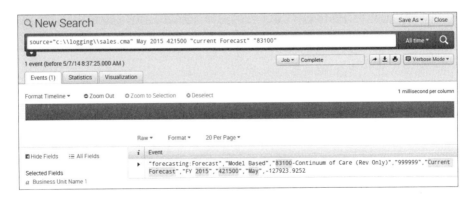

이제 이전 검색에 delete 연산자를 추가할 것이다.

```
source="c:\\logging\\sales.cma" May 2015 421500 "current Forecast"
"83100" | delete
```

이 검색을 실행한 후 이전 검색을 다시 실행하면 이전과는 다른 결과를 얻게 된다. 다음 화면에서 볼 수 있듯이 어떤 이벤트도 반환되지 않는다!

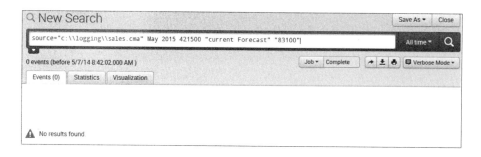

## 데이터 삭제

다시 말하지만 delete 연산자로는 스플렁크에서 데이터를 영구적으로 제거할 수 없다. 사용자 환경에서 인덱싱된 데이터를 영구적으로 완전히 없애기 위해서는 스플렁크 커맨드라인 인터페이스<sup>CLI</sup>를 사용해야 한다.

스플렁크의 clean 명령어는 사용자가 명시한 <index_name> 인자를 참고해 하나 혹은 모든 인덱스에서 데이터를 완전히 제거한다. 대부분의 경우 모든 데이터를 대상으로 인덱싱 작업을 반복하기 전에 clean 명령어를 사용하는 것이 일반적이다.

## 관리형 CLI 명령어

스플렁크 관리형<sup>administrative</sup> CLI 명령어는 스플렁크 서버 및 서버 환경을 관리 혹은 설정하기 위해 사용되는 명령어다. 스플렁크 역할에 의해 사용자가 실행할 수 있는 작업(명령어)이 결정되는데, 대부분의 작업을 실행하기 위해서는 스플렁크 관리자 역할이 필요하다.

일반적인 CLI 명령어의 문법은 다음과 같다.

```
<command> [<object>] [[-<parameter>] <value>]...
```

스플렁크 CLI 명령어를 실행하기 전에 항상 help 명령어를 실행하는 습관을 들이는 편이 좋다. 예를 들어 clean 명령어에 대한 도움말을 보려면 다음 명령어를 실행한다.

**splunk help clean**

다음과 유사한 화면을 볼 수 있을 것이다.

## clean 명령어

clean 명령어를 실행하려면 먼저 스플렁크를 중지해야 한다. 다음은 masterings plunk라는 인덱스에서 이벤트 데이터를 제거하고, -f 문자를 사용해 확인창이 열리지 않도록 강제하는 예제다.

```
splunk stop
splunk clean eventdata -index masteringsplunk -f
```

다음과 유사한 화면을 볼 수 있어야 한다.

```
Administrator: Command Prompt                                    _ □ X

C:\Program Files\Splunk\bin>splunk stop
Splunkweb: Stopping (pid 9740)
Splunkd: Stopped

C:\Program Files\Splunk\bin>splunk clean eventdata -index masteringsplunk -f
Too many arguments.  See "splunk help clean" for syntax.

C:\Program Files\Splunk\bin>
C:\Program Files\Splunk\bin>splunk clean eventdata -index masteringsplunk -f
Cleaning database masteringsplunk.

C:\Program Files\Splunk\bin>_
```

## 인덱스 삭제

(인덱스에 존재하는 데이터만이 아닌) 인덱스 전체를 삭제하고 싶으면 remove index CLI
명령어를 사용하라. 이 명령어는 인덱스의 데이터 디렉토리들을 삭제하고 스플렁크
설정 파일인 indexes.conf에서 인덱스를 영구적으로 제거할 것이다. 문법은 다음과
같다.

```
splunk remove index <index_name>
```

remove 명령어가 indexes.conf 파일을 정리해주긴 하지만, 삭제하려는 인덱스에 대
한 참조가 inputs.conf 파일에 존재하는지 확인하는 작업은 관리자의 몫이다. 인덱스
를 삭제한 후 그 인덱스에 대한 참조가 여전히 inputs.conf 파일에 남아 있다면, (삭제
된) 인덱스로 전달되는 모든 데이터는 스플렁크에 의해 폐기되어 찾을 수 없게 될 것
이다.

## 인덱스 비활성화

(인덱스를 삭제하거나 인덱스로부터 데이터를 삭제하는 것이 아니라) 스플렁크 인덱스를 비
활성화하기 위해서는 disable index CLI 명령어를 사용한다. remove index 명령

어와 달리 `disable index` 명령어는 인덱스 데이터를 삭제하지 않기 때문에 `enable index` CLI 명령어를 사용해 복구할 수 있다는 사실을 명심하라. 문법은 다음과 같다.

```
splunk disable index <index_name>
splunk enable index <index_name>
```

또한 스플렁크 웹을 사용해 특정 인덱스를 비활성화할 수도 있다.

Indexes<sup>인덱스</sup> 페이지에서(Settings으로 이동한 후 Indexes를 선택하라), 비활성화하고자 하는 인덱스 우측에 위치한 Disable<sup>비활성화</sup>을 클릭하라.

| Index name ▾ | Max size (MB) of entire index ⇕ | Frozen archive path ⇕ | Current size (in MB) ⇕ | Event count ⇕ | Earliest event ⇕ | Latest event ⇕ | Home path ⇕ | App ⇕ | Status ⇕ |
|---|---|---|---|---|---|---|---|---|---|
| tm1server1 | 500,000 | N/A | 1 | 0 | N/A | N/A | C:\Program Files\Splunk\var\lib\splunk\tm1server1\db | launcher | Enabled \| Disable |
| summary | 500,000 | N/A | 1 | 0 | N/A | N/A | C:\Program Files\Splunk\var\lib\splunk\summarydb | system | Enabled \| Disable |
| splunklogger | 500,000 | N/A | 1 | 0 | N/A | N/A | C:\Program Files\Splunk\var\lib\splunk\splunklogger\db | system | Enabled \| Disable |

## 폐기

스플렁크는 시간 혹은 크기를 기준으로 데이터를 폐기한다. 이는 폐기 정책의 일부로 서 관리자가 결정할 수 있는 한계 설정이다.

작업 중에 스플렁크는 데이터를 동결(데이터를 frozen 상태로 이동)한 후 폐기하는데, 이 는 인덱스에서 데이터가 삭제됨을 의미한다. 삭제 전에 데이터를 보관할 수 있는 기 능이 있다. 일반적으로 폐기 정책을 통해 hot에서 warm으로, warm에서 hot으로, cold에서 frozen으로 인덱스 버킷을 관리하게 된다(6장 후반부에서 이를 더 자세히 설명 할 것이다).

# 인덱스 설정

사용자는 스플렁크 웹을 사용해 클러스터링되지 않은 인덱스로 위치(경로) 설정이 가능하나 indexes.conf 파일을 통해 대부분의 설정을 수정해야 한다(클러스터링되지 않은 인덱스만 논의할 것이다).

indexes.conf 파일은 $SPLUNK_HOME/etc/system/local/ 혹은 사용자 정의 앱 디렉토리인 $SPLUNK_HOME/etc/apps/에 저장돼야 한다.

다음은 가장 흥미로운 인덱스 설정 속성들이다(전체 리스트를 살펴보려면 제품 문서를 참고하라).

- homePath, coldPath, thawedPath: 반드시 설정해야 하는 속성들이다. 스플렁크가 인덱스 버킷을 위치시킬 장소를 명시한다(hot/warm은 home에, cold는 cold에, thawed는 thawed에 저장된다). ColdToFrozenDir 속성은 옵션으로서 스플렁크가 인덱스에서 데이터를 삭제하기 전에 데이터를 보관하게 될 장소를 명시한다.
- maxHotBuckets: hot 혹은 live 인덱스 버킷의 임계점이다. maxDataSize는 hot 혹은 live 버킷이 얼마나 커질 수 있는지 한계를 설정하는 속성이다.
- maxWarmDBCount: 스플렁크가 warm 버킷을 cold로 이동시키기 전 허용되는 warm 버킷의 최대 개수를 설정하는 속성이다.
- maxTotalDataSizeMB: 스플렁크가 cold 버킷을 frozen으로 이동시키는 작업을 시작하기 전 인덱스의 최대 크기를 설정하는 속성이다.
- frozenTimePeriodInSecs: 스플렁크가 cold 버킷을 frozen으로 이동시키는 작업을 시작하기 전 최대 시간을 설정하는 속성이다.
- coldToFrozenScript: 이름이 의미하는 것처럼 cold 버킷이 frozen으로 이동하기 바로 직전에 스플렁크가 실행하는 스크립트를 명시하는 속성이다.

# 인덱스 데이터베이스 이동

실제로 필요하다면 스플렁크 인덱스 데이터베이스 혹은 개별 인덱스(혹은 인덱스의 일부)를 완전히 새로운 위치로 전송할 수가 있다.

이 절차는 간단하게 다음과 같은 단계를 따른다.

1. 스플렁크를 중지한다.

2. 인덱스를 위해 필요한 파일을 복사한다.

3. Splunk_DB 변수 설정을 해제한다.

4. (%SPLUNK_HOME%\etc\splunklaunch.conf 파일을 수정함으로써) Splunk_DB 변수를 재설정한다.

5. 스플렁크를 재시작한다.

6. 이전 인덱스 폴더/파일을 삭제한다.

스플렁크 웹을 통해 인덱스 경로를 변경할 수 있다. 그러나 이 방법은 오직 경로 변경 이후 인덱스로 쓰인 데이터에만 적용된다. 스플렁크 웹은 오직 새로운 인덱스로 경로를 설정하는 경우에 사용돼야 하는데, 6장 전반부에서 이를 다뤘다.

## 스플렁크 인덱스 배포

사용자는 스플렁크 인덱스 데이터를 여러 개의 디스크와 파티션으로 배포할 수 있다. 이를 실행하는 방법을 선택할 때는 단지 스토리지 가용성이 아닌 세심하게 계획된 전략을 따르기 바란다.

스플렁크에서 경로(위치)는 전에 언급한 indexes.conf 파일의 경로 속성(homePath, coldPath, thawedPath)을 사용해 인덱스 단위 기준index-by-index basis으로 설정된다. 가장 빠른 스토리지는 homePath를 위해 사용돼야 하며, 점차 느려지는(그리고 저렴한) 스토리지는 사용빈도가 낮은 데이터(coldPath, thawedPath)를 위해 사용돼야 한다.

## 크기 관련

인덱스 크기에 관해 말하자면, 정상적인 처리 도중 드물지만 인덱스의 최대 설정 크기를 초과하는 경우가 있다. 따라서 적절한 여분의 공간 혹은 버퍼 공간을 할당하는 일이 중요하다. 다시 말하지만 인덱스 크기는 indexes.conf 파일을 통해 수정돼야 한다.

## 인덱스 단위 속성

데이터에 대한 사전지식을 바탕으로 indexes.conf 파일에서 (maxTotalDataSizeMB 속성을 사용해) 인덱스 크기를 설정할 수 있다.

## 버킷 타입

버킷 타입을 통해서도 인덱스 크기를 조정할 수 있다. 버킷이란 스플렁크 인덱스 모두 혹은 일부를 포함하는 디스크의 위치 혹은 폴더를 지칭한다. 아래 문법을 사용해, 모든 hot과 warm 버킷의 최대 크기를 설정할 수 있다.

```
homePath.maxDataSizeMB = 10000
```

cold 버킷 스토리지의 최대 크기를 설정하려면 다음 문법을 사용하라.

```
coldPath.maxDataSizeMB = 5000
```

## 볼륨

마지막으로 인덱스 크기를 관리 감독하는 가장 흔한 방법은 **볼륨**<sup>volume</sup>을 사용하는 것이다. 볼륨은 기본적으로 특정 목적을 위해 할당해놓은 디스크 공간인데, 스플렁크 인덱스 데이터가 위치할 장소가 되는 경우다. 볼륨은 하나 혹은 다수 인덱스의 데이터를 보유할 수 있다. 볼륨에 데이터 크기 한계를 설정함으로써 인덱스가 차지하는 디스크 사용량을 제어할 수 있다.

### 볼륨 생성과 사용

볼륨을 생성하기 위해(그리고 추가로 볼륨의 최대 크기를 명시하기 위해) 다음 문법을 참고하라.

```
[volume:<volume_name>]
path = <pathname_for_volume>
maxVolumeDataSizeMB = <max size>
```

생성한 볼륨을 사용하려면 다음과 같이 볼륨과 관련된 인덱스의 homePath, coldPath 속성을 설정하면 된다.

```
[masteringsplunk]
homePath = volume:volumenameidefined/masteringsplunk
coldPath = volume:othervolumenameidefined/masteringsplunk
```

## 한계에 도달하는 경우

스플렁크 인덱스가 차지하는 공간 관리에 대해 많은 내용을 다뤘다. 스플렁크가 사용하는 공간 중 대부분은 인덱스가 차지한다. 인덱스 공간 관리를 위한 전략을 세웠다면, 사용 가능한 디스크 공간이 허용된 최소 한계 이하로 떨어지는 경우, 스플렁크 인덱싱과 검색이 멈출 것이므로(걱정할 필요는 없다. 일단 공간이 해제되면 스플렁크는 다시 시작될 것이다) 지속적인 사용자의 모니터링이(아마도 수정이) 필수적이다.

잠재적으로 필요한 공간은 어떻게 설정하는지에 대해 잠시 후 알아볼 것이다. 지금은 다음과 같은 사실에 주목하자.

- 스플렁크는 인덱스가 위치하는 모든 파티션에서 여유 디스크 공간을 주기적으로 찾는다. 여유 디스크 공간이 한계에 도달하면 스플렁크는 멈춘다.
- 스플렁크 검색 실행 전, 가용 여유 공간의 양이 점검된다. 여유 디스크 공간이 한계에 도달하면 스플렁크는 검색을 실행하지 않는다.
- 기본으로 요구되는 최소 여유 디스크 공간은 5,000MB이다.
- 스플렁크는 자신이 사용하는 어떤 디스크 공간도 정리<sup>clean</sup>하지 않는다.
- 스플렁크가 공간의 해제를 기다리는 동안 스플렁크로 입력되는 데이터는 유실될 것이다.
- 사용자는 스플렁크 웹, CLI 혹은 server.conf 파일을 통해 공간을 최소로 설정할 수 있다.

## 최소 여유 디스크 공간 설정

스플렁크 웹을 사용해 최소 여유 디스크 공간을 설정할 수 있다. 간단하게 Settings<sup>설정</sup>을 클릭하고 System settings<sup>시스템 설정</sup>을 선택하라.

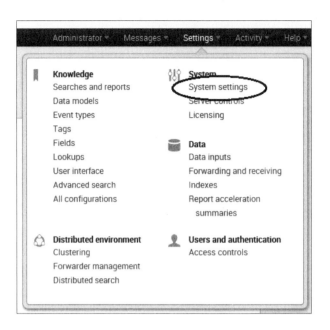

System settings<sup>시스템 설정</sup> 페이지에서 General settings<sup>일반 설정</sup>을 클릭하라.

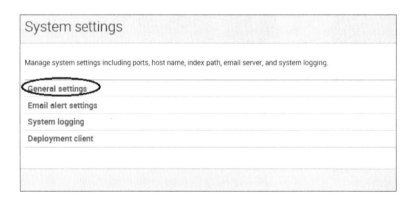

General settings<sup>일반 설정</sup> 페이지에서 Index settings<sup>인덱스 설정</sup> 섹션 아래 Pause indexing if free disk space (in MB) falls below<sup>디스크 여유공간이 다음 크기(MB) 이하가 되면 인덱싱 중지</sup> 필드로 이동하라.

원하는 최소 여유 디스크 공간을 입력하고 Save<sup>저장</sup>를 클릭하라. 변경을 적용하려면 스플렁크를 재시작해야 한다.

다음 명령어를 사용해 CLI로 여유 디스크 한계를 설정할 수도 있다.

```
splunk set minfreemb 20000
splunk restart
```

마지막으로, 다음 문법을 참고해 server.conf 파일을 수정함으로써 최소 여유 디스크 공간을 설정하는 방법도 가능하다.

```
[diskUsage]
minFreeSpace = <num>
```

## 정리

6장에서는 일반적인 개념의 인덱스를 소개하고, 스플렁크 인덱싱의 목적을 설명했으며, 사용자 환경에 존재하는 인덱스에 대해 알아봤다. 또한 인덱스와 인덱서를 정의하고, 인덱스를 관리하는 기본 기능으로서 속성 설정 및 인덱스의 이동 혹은 제거에 대해 살펴봤다.

7장에서는 탐색, 검색, 공유 같은 스플렁크 애플리케이션 및 애드온<sup>add-on</sup>과 관련된 혁신적인 기능을 살펴볼 것이다.

# 7
# 앱 개선

7장에서는 스플렁크 앱에 대한 기초로부터 시작해서 탐색, 검색, 공유 같은 스플렁크 애플리케이션 및 애드온add-on과 관련된 좀 더 심화된 내용까지 다룰 것이다. 추가 애플리케이션 예제를 찾는 소스도 함께 제공된다.

7장에서 다루는 내용은 다음과 같다.

- 기본 애플리케이션
- 탐색과 검색
- 자원
- 그 외 애플리케이션

## 기본 애플리케이션

스플렁크 앱이란 무엇일까? http://www.splunk.com 제품 문서에서는 스플렁크 앱을 다음과 같이 정의하고 있다.

> "스플렁크 UI 우측 상단 모서리에 나타나는 앱 리스트에서 선택할 수 있으며, 자신만의 UI 컨텍스트를 갖는 셀프 서비스의 일체형 확장체(extension)다."
>
> – Splunk.com, 2014

## 앱 리스트

스플렁크의 앱 리스트에 접근하려면 다음 화면에서 보이는 바와 같이 스플렁크 웹에서 Apps<sup>앱</sup>을 선택하라.

검색 및 보고 앱은 스플렁크의 검색 인터페이스로서, Search & Reporting<sup>검색 및 보고</sup> 링크 클릭을 통해 접근 가능하다. Find More Apps<sup>추가 앱 찾기</sup>을 클릭하면 Browse more apps<sup>앱</sup> <sup>더 찾아보기</sup> 페이지로 이동하게 되는데, 페이지마다 다운로드 가능한 앱을 살펴볼 수 있다 (혹은 관심 있거나 필요한 앱을 찾기 위해 검색 필드를 이용할 수도 있다).

Manage Apps<sup>앱 관리</sup>을 클릭하면 현재 사용자 환경에 설정된 모든 앱 리스트를 Apps<sup>앱</sup> 페이지에서 볼 수 있다.

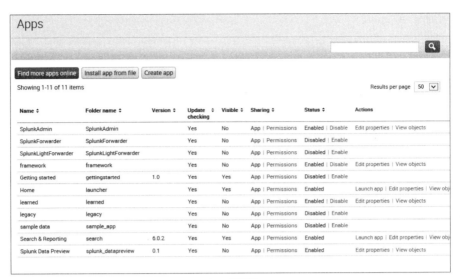

Apps 페이지

이 페이지에서 각 앱의 속성을 확인하고 변경할 수 있다(7장 후반부에서 좀 더 자세히 다룰 것이다).

## 앱에 대해 더 자세히 알아보기

스플렁크 앱을 흔히 지식 객체라고 한다. 지식 객체는 어떤 비즈니스 로직 혹은 고려 사항이나 요구에 의한 협의(이를 사용자 요구사항이라 한다)를 근거로 한, 스플렁크 내에서의 객체 배열로 생각할 수 있다.

지식 객체는 (저장된) 검색, 이벤트 타입, 트랜잭션, 태그, 필드 추출과 변형, 룩업, 대시보드, 애드온, 워크플로우 액션, 혹은 뷰 형태가 될 수 있다. 기본적으로 앱이란 특정 문제를 해결하기 위해 팀이나 사용자의 요구사항에 따라 설계되고 구현된 지식 객체다. 앱 그 자체가 다른 앱 혹은 애드온을 활용하거나 흡수할 수 있다. 스플렁크에서는 동시에 여러 개의 앱을 실행할 수도 있다.

스플렁크 앱과 애드온을 사용하면 하나의 스플렁크 인스턴스를 각기 다른 사용자 커뮤니티를 위한 개별 인터페이스들로 변형할 수 있다. 이런 방법을 통해 같은 스플렁크 인스턴스를 사용하는 사용자라도 오직 자신에게 승인된 데이터와 기능에만 접근할 수 있게 된다.

## 일체형 앱

스플렁크에 로그인하면 앱에 접속된 것이다(보통 이는 스플렁크 검색 앱이지만 사용자 역할에 따라 달라진다). 물론 스플렁크에서 앱을 시작할 수도 있다. 7장 전반부에서 언급했듯이, 사용자는 추가로 앱을 찾아 설치할 수 있고 원하는 앱을 생성할 수도 있다. 로그인 후에는 거의 대부분 앱을 사용하게 될 텐데(단지 기본 스플렁크 검색 앱일지라도 말이다), 스플렁크의 목표는 추가 설정이나 커스터마이징 없이 대부분의 앱을 곧장 그대로 동작시키는 것이다.

## 애드온

또 하나 앱과 관련된 것 중 하나가 애드온이다. 애드온은 (기본 혹은 사용자 정의) 스플렁크 앱에서 사용하기 위해 특정 데이터 타입을 입력받거나 수집하는 기능을 제공한다. 애드온은 데이터 입력, 입력 폼, 스크립트, 혹은 데이터 입력을 목적으로 수집된 로직의 형태가 될 수 있다.

스플렁크 애드온의 예는 Splunk_TA_Windows인데, 이 애드온에는 윈도우 시스템에서 데이터를 수집하고 스프렁크 앱에 부합하는 **공통 정보 모델**CIM, Common Information Model 에서 사용될 데이터를 정규화normalize하기 위해 사전에 정의된 입력 값들이 포함되어 있다. 세 가지 종류의 스플렁크 애드온이 있는데, 도메인(앱 내부 도메인에 대한 뷰를 예로 들 수 있다), 지원(지원 툴 및 그 외 여러 가지를 제공하며 도메인 애드온에서 사용된다), 그 외 애드온(일반적으로 앱 내부 특정 소스에서 데이터를 가져와 매핑하는 작업을 위해 사용된다)으로 구분된다.

7장 전반부(앱 리스트)에 설치된 스플렁크 앱을 보는 방법을 단계별로 살펴봤다. 스플렁크 앱뿐만 아니라 애드온도 일반적으로 하나 이상의 스플렁크 지식 객체로 구성되고, 이런 객체를 보고 관리할 수 있는 방법이 있음을 명심하라.

## 스플렁크 웹

스플렁크 웹을 통해 스플렁크 인스턴스 내 모든 지식 객체를 보기 위해서는 Settings 설정으로 이동한 후 다음 중 원하는 링크를 클릭한다.

- All configurations모든 구성: 이 옵션을 선택하면 모든 지식 객체를 볼 수 있다.

- Searches and reports<sup>검색 및 보고서</sup>: 모든 저장된 검색과 보고서 객체를 볼 수 있다.

- Event types<sup>이벤트 타입</sup>: 모든 이벤트 타입을 볼 수 있다.

- Fields<sup>필드</sup>: 추출된 모든 필드를 볼 수 있다.

다음 화면처럼 옵션을 볼 수 있다.

선택 후에는 원하는 지식 객체를 볼 수 있으며 갱신도 가능하다.

 필드 화살표를 클릭하거나 앱의 컨텍스트 바에 위치하는 검색 필드를 활용해서 각 객체 리스트에 대한 정렬, 필터링, 검색을 실행할 수 있다.

## 앱 설치

7장 전반부에서 설명했듯이 다운로드 가능한 스플렁크 앱을 찾기 위해 스플렁크 웹을 이용할 수 있다(Apps<sup>앱</sup> 아래 Find More Apps<sup>추가 앱 찾기</sup>을 클릭하라) 앱 설치 단계는 다음과 같다.

1. 원하는 앱을 확인했으면 다음 화면에 보이는 바와 같이 Install free<sup>무료 설치</sup>를 클릭하라.

**2.** 스플렁크로 로그인을 시도하면 사용자 이름과 비밀번호를 묻는다(이 책 앞부분에 서 사용자 이름을 설정하는 방법을 설명했다).

**3.** 로그인에 성공했으면 앱이 다운로드될 것이며 설치를 위한 준비가 완료된다. 다 음 화면처럼 스플렁크 재시작을 권하는 화면을 보게 될 것이다.

**4.** Restart Splunk<sup>스플렁크 재시작</sup>를 클릭하라. 스플렁크 재시작 후 앱을 사용할 수 있다.

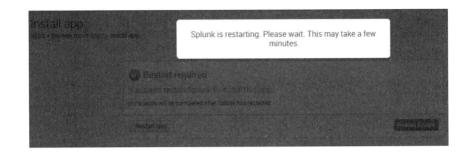

Splunk is restarting. Please wait. This may take a few minutes.

**5.** 스플렁크가 재시작되면, 다음 메시지를 보게 될 것이다.

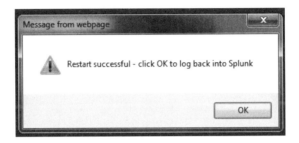

**6.** 스플렁크 재시작 후에는 다음 화면처럼 설치된 앱과 그 외 앱들을 Apps<sup>앱</sup> 페이지에서 리스트로 볼 수 있다.

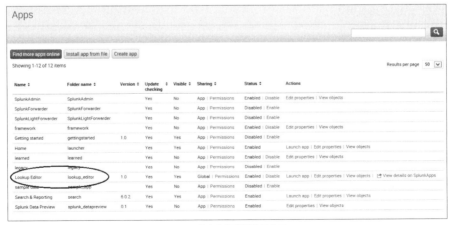

Apps 페이지에서의 앱 리스트

이 시점에서는 앱의 속성을 검토하고 특별히 다음 화면에 보이는 바와 같이 Update checking<sup>업데이트 확인</sup> 옵션 값을 Yes로 설정하는 것이 좋다. 이렇게 하면 스플렁크가 자동으로 앱에 대한 업데이트 사항을 검사하기 때문에 사용자가 일일이 업데이트 작업에 관여할 필요가 없다. 그러나 업데이트가 사용자 환경에 적절한지 세심한 검토가 필요하다. 어떤 경우는 프록시<sup>proxy</sup> 설정으로 인해 자동 검사가 성능 이슈의 원인이 되기도 한다.

추가로 (스플렁크 웹 인터페이스를 사용하지 않고) 직접 앱을 다운로드해서 설치했을 때는 다음 절차를 따르면 된다.

1. 다운로드한 파일을 $SPLUNK_HOME/etc/apps 디렉토리로 복사하라.

2. 압축된 앱을 tar 혹은 zip으로 압축 해제하라.

3. 스플렁크를 재시작하라.

설치된 스플렁크 앱의 자동 업데이트 옵션을 사용하고 싶지 않다면 스플렁크 커맨드 라인 인터페이스를 사용해 (앱의 설치 패키지 정보에 따라) 특정 앱을 개별적으로 업데이트할 수 있다.

```
./splunk install app <app_package_filename> -update 1 -auth
<username>:<password>
```

## 스플렁크 앱의 비활성화와 제거

앱의 업데이트뿐만 아니라, 설치된 앱을 비활성화하고 제거하기 위해 커맨드라인을 사용할 수 있다. 특정 스플렁크 앱을 비활성화하려면 다음 명령어를 사용하라.

```
./splunk disable app [app_name] -auth <username>:<password>
```

CLI를 사용해 설치된 스플렁크 앱을 제거하려면 다음 명령어를 사용하라.

```
./splunk remove app [appname] -auth <username>:<password>
```

 CLI를 사용해 스플렁크 앱을 제거하면 앱에 의해 인덱싱된 어떤 데이터도 삭제되지 않는다. 비활성화된 앱에 의해 인덱싱된 특정 데이터를 제거하려면 clean 명령어(6장 '인덱스와 인덱싱'에서 다뤘다)를 사용해야 한다. 더불어, 삭제하고자 하는 앱을 신중하게 검토하라. 앱에서 사용되는 사용자 정의 디렉토리는 수동으로 제거해야 될 수도 있다. 마지막으로, 앱을 비활성화하거나 제거한 후에는 항상 스플렁크를 재시작하라.

# 사용자 정의 앱 만들기

앞서 언급했던 것처럼, 조직은 스플렁크로 데이터에서 정보를 얻는 과정을 겪으며 특정 요구사항을 처리하는 능력을 키워왔을 것이다. 결국 조직이 성숙해지면, 대부분의 조직은 자신만의 스플렁크 지식 객체를 생성하게 된다(역시 이 책 앞부분에 설명했다).

이런 능력과 지식 객체, 사용자 정의 앱 및 애드온 개발을 통해 스플렁크는 다방면으로 개선되거나 확장될 수 있다. 앱에는 사용자가 직접 변경할 수 있는 **사용자 인터페이스**UI, user interface가 포함되어 있다. 애드온은 좀 더 작은, 재사용 가능한 컴포넌트로서, 탐색 가능한navigable UI가 없다. 사용자가 개발한 앱은 사용자 내부 환경에 설치되어 사용되거나, http://apps.splunk.com/에 업로드함으로써 전역으로 공유될 수 있다.

앱은 기본적인 스플렁크 기능을 확장하기 위해 사용되기도 하고, 기능적 환경에서 개별 스플렁크 인스턴스를 생성하기 위해 사용될 수도 있다. 스플렁크에서는 많은 앱이 함께 설정될 수 있기 때문에, 조직 내 다양한 그룹은 서로 중복이나 충돌 없이 스플렁크를 사용할 수 있게 된다. 스플렁크 개발자는 각 사용자 그룹에 특화된 개별 사용자 인터페이스 및 기능을 제공하는 앱을 제작할 수 있다. 이런 경우 그룹이 접근할 수 있는 앱은 하나 혹은 몇 가지로 제한된다.

## 앱 FAQ

다음은 스플렁크 앱의 기본적인 특징이다.

- 앱은 워크벤치workbench 혹은 워크스페이스workspace라고도 한다.
- 앱은 탐색 가능하다.
- 앱은 스플렁크 홈페이지와 Apps앱 메뉴에서 시작할 수 있다. 혹은 간접적으로 Settings설정에서 시작할 수도 있다.
- 앱은 데이터의 특성을 잘 활용할 수 있는 방향으로 제작되는 경향이 있다.
- 앱은 특정 사용자 기반이다.
- 앱은 그룹 변경을 지원한다.
- 앱은 다른 앱과 동시 실행이 가능하다.
- 앱은 하나 혹은 그 이상의 설정 그리고/혹은 지식 객체를 포함한다.
- 커스터마이징을 통해 앱 전체를 구성할 수 있다.
- 앱에 HTML, CSS, 자바스크립트 코드가 포함될 수 있다.

스플렁크 애드온은 재사용 가능하며 스플렁크 앱과 유사하나, 탐색 가능한 뷰가 존재하지 않는다. 스플렁크 엔터프라이즈 홈페이지 혹은 Apps앱 메뉴에서 애드온을 시작할 수 없다.

## 스플렁크 전체를 커스터마이징하기

스플렁크 앱 개발은 보통 UI로 시작한다. 사용자는 필요에 따라 가장 간단한(메뉴 배치 변경) 스플렁크 사용자 인터페이스를 매우 복잡하게(겉모습look and feel을 완전히 변경하기 위해 사용자 정의 HTML과 자바스크립트 활용) 변형할 수 있다. 이미 이 책에서 몇 가지 흥미로운 UI 커스터마이징 사례를 다뤘다.

- **대시보드**: 눈으로 볼 수 있는 검색 결과다.
- **폼 검색**: 화면 뒤에서 좀 더 복잡한 로직으로 실행되는 검색 박스 혹은 필터를 제공함으로써 검색을 단순화한다.
- **고급 뷰**: 간단한 XML 문법으로 가능한 기능을 넘어선 뷰 커스터마이징을 가능하게 한다.

특정 데이터 타입을 다루는 데 있어 스플렁크 앱은 UI보다 훨씬 더 정교한 커스터마이징이 가능하다. 사용자는 스플렁크 웹에서 다음 작업을 통해 앱 기능을 추가로 개발할 수 있다.

- 앱에 의해서만 사용되는 특정 인덱스 생성
- 특정 검색, 보고서, 필드 추가
- 앱 객체로의 접근 제한
- 앱에 뷰와 탐색 메뉴 추가
- 앱에 대한 특정 사용자 역할 설정

## 앱 개발을 위한 사전준비

앱 개발 시작 전에 고려해볼 수 있는 스플렁크 커뮤니티의 권고사항은 다음과 같다.

- **어떤 편집기를 사용할 것인가?**: 스플렁크 앱은 오직 스플렁크 웹을 통해 제작되나, 앱에 고급 기능을 추가하려면 XML, CSS, HTML 코드 생성과 편집 기능이 필요하다. 스플렁크 웹에 포함된 XML 편집기는 너무 단순하기 때문에 문법 강조와 식별 같은 기능에만 제한적으로 사용하는 것이 적절하다. 편집기 선택은 사용자의 몫이지만 코모도 편집기[Komodo Edit]를 추천한다. http://komodoide.com/komodo-edit/에서 무료로 사용할 수 있다.
- **적절한 샘플 데이터를 갖고 있는가?**: 사실 테스트용 실 데이터 없이 앱을 개발할 수는 없다. 테스트용 실 데이터를 인덱싱하는 작업은 꼭 필요하다.
- **어떤 지식 객체가 존재하는가?**: 개발 시작 전에 앱으로 통합하고자 하는 모든 객체(시각화 자료, 검색, 보고서, 뷰, 대시보드)를 파악하고 있어야 한다.
- **웹 툴이 모여 있는가?**: 자바스크립트, CSS, HTML 코드 문제를 해결하는 데 공통 웹 툴(사용자 브라우저에 따라 다르다)은 큰 도움이 될 것이다.

## 스플렁크 앱 개발 시작하기

사용자가 앱의 용도, 작업 대상 데이터, 데이터 입력 방안을 규정했을 뿐만 아니라 누가 어떻게 앱을 사용할 것인지에 대한 이해가 (아마도 스토리보드 세션을 통해) 선행되어 있는 경우, 앱 개발 주기는 다음 도표에 설명된 것과 같다.

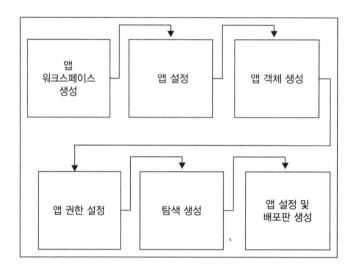

## 앱의 워크스페이스 생성

모든 스플렁크 앱은 특정 디렉토리 구조에 따라 그 기능이 달라지는데, 디렉토리 구조는 수동으로(권장하지 않는다) 혹은 웹 빌더를 통해(강력히 권장한다) 생성 및 수정될 수 있다. 스플렁크의 앱 빌더는 디렉토리와 필수 설정 파일을 생성하고 앱을 스플렁크 서버에 등록하는 역할을 한다. 다음은 워크스페이스를 생성하는 순서다.

1. Apps<sup>앱</sup>으로 이동하고 Manage Apps<sup>앱 관리</sup>을 클릭하라.

2. Apps<sup>앱</sup> 페이지에서 Create app<sup>앱 만들기</sup>을 클릭하라.

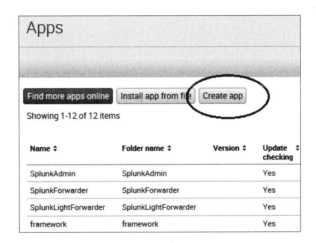

3. Add new<sup>새로 추가</sup> 페이지의 빈 필드를 채움으로써 새로운 스플렁크 앱 생성이 시작
된다.

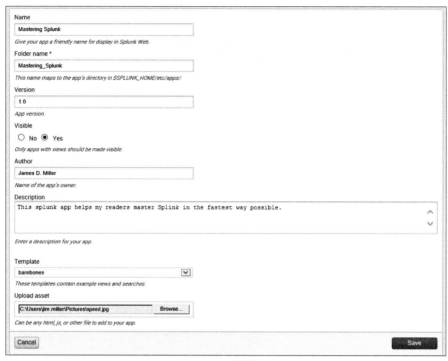

Add new 페이지

필드에 대한 정의는 다음과 같다.

- Name<sup>이름</sup>: 앱에 이름을 붙여야 한다. 이 이름은 app.conf 파일에서 라벨 설정 시 사용되며 Apps<sup>앱</sup> 드롭다운 메뉴에 보인다.

- Folder name<sup>폴더 이름</sup>: $SPLUNK_HOME에서 apps 디렉토리에 위치한 앱의 폴더 이름이다.

- Version<sup>버전</sup>: 앱의 현재 버전을 알려준다(새로 앱을 생성하면 1.0으로 설정된다).

- Visible<sup>표시 여부</sup>: 거의 모든 경우 볼 수 있게 설정해야 한다.

- Author<sup>작성자</sup>: 원 제작자 이름을 입력해야 한다.

- Description<sup>설명</sup>: 스플렁크 홈페이지에 보이는 설명이다.

- Template<sup>템플릿</sup>: 스플렁크는 두 가지 템플릿(sample_app 앱과 barebones 앱)을 제공한다. 이는 스플렁크 사용 초기에 소수의 앱을 개발하기 위한 좋은 출발점이 될 것이다. 스플렁크에 익숙해지면 자신만의 사용자 정의 템플릿을 추가할 수도 있다.

- Upload asset<sup>자산 업로드</sup>: 그래픽 혹은 HTML, 자바스크립트, CSS 코드뿐만 아니라 그

230

외 파일들을 앱에 추가할 수 있다.

정보를 입력했으면 **Save**<sup>저장</sup>를 클릭하라(스플렁크를 재시작할 필요는 없다).

다음 화면처럼 **Apps**<sup>앱</sup> 페이지 리스트에서 새로운 스플렁크 앱을 볼 수 있어야 한다.

## 설정 추가

이 책에는 스플렁크 설정 및 설정 파일을 설명하는 부분이 자주 등장한다. 스플렁크에서는 다양한 스플렁크 동작을 정의하고 제어하기 위해 설정 파일이 사용된다. 설정은 앱과 스플렁크 서버가 통신하는 방법을 명시하는 용도로 사용되는데, 대부분의 스플렁크 앱에는 적어도 몇 가지 설정이 포함되어 있다는 사실을 알게 될 것이다.

설정은 앱의 앞단<sup>frontend</sup>(혹은 사용자 인터페이스)과 대비되는 앱의 뒷단<sup>backend</sup>을 규정하기 위해 사용되는데, 데이터 계층<sup>data layer</sup>이라는 것을 설정하며 다음과 같은 사항을 정의하는 역할을 한다.

- 앱으로 입력될 데이터 타입
- 앱에서 요구하는 접근 제어의 종류

모든 스플렁크 설정 파일은 기본설정일 때 전역적이며 현재 설치된 모든 스플렁크에서 사용할 수 있다는 사실을 알아야 한다. 특정 스플렁크 앱에 대한 설정을 제외하고 싶으면, 해당 설정 파일들을 앱의 디렉토리로 이동시키면 된다.

### app.conf 파일

7장 전반부에서 스플렁크 앱 빌더에 대해 언급했다. 앱 빌더를 통해 가장 중요한 스플렁크 앱 설정 파일인 app.conf 파일을 생성하게 된다. 사용자는 추후 앱을 변경하기 위해 이 파일을 수정하게 될 것이다. 7장에서는 앱 빌더를 사용해 'Mastering Splunk'라는 새로운 앱을 생성하는 예제를 살펴봤다. 앱 빌더는 app.conf 파일을 생성한 후, $SPLUNK_HOME/etc/apps/Mastering_Splunk/default/로 이동시키는 역할을 한다.

이 파일을 열면 다음과 같은 내용이 보일 것이다.

```
#
# Splunk app configuration file
#

[install]
is_configured = 0

[ui]
is_visible = 1
label = Mastering Splunk

[launcher]
author = James D. Miller
description = This splunk app helps my readers master Splunk in the fastest way possible.
version = 1.0
```

app.conf 파일

스플렁크 웹 빌더로 작업 시 **Add new**<sup>새로 추가</sup> 페이지에 입력한 정보를 바탕으로 파일 내용이 작성됐음에 주목하라.

파일의 각 부분을 살펴보자.

- 앱의 활성화 여부를 명시하려면 다음 코드를 사용하라.

  ```
  [install]
  state = enabled | disabled
  ```

- 스플렁크 웹에서 앱이 보이도록 설정하려면 다음 코드를 사용하라.

```
[ui]
is_visible = true
label = <name>
```

- 앱을 앱 런처<sup>launcher</sup>에 추가하려면 다음 코드를 사용하라.

```
[launcher]
author=<author of app>
description=<textual description of app>
version=<version of app>
```

## 앱에 아이콘 넣기

스플렁크 앱을 개발할 때 식별자 역할을 하는 아이콘<sup>icon</sup>을 포함시키는 습관을 들이는
것이 좋다. 아이콘은 스플렁크 홈페이지에서 앱 이름 옆에 보이게 된다.

아이콘 이미지를 앱에 추가하기 위해 설정을 변경할 필요는 없다. app.conf 파일에
는 그런 이미지와 관련된 설정이 없기 때문이다. 아이콘을 포함시키려면 앱의 /static
디렉토리에 적절한 포맷의 이미지가 있어야 한다. 이 디렉토리는 스플렁크에 의해 자
동으로 감지되어 사용자에게 보이게 된다. 예를 들면 이미지의 위치는 다음과 유사할
것이다.

```
<app_directory>/static/appIcon.png
```

 사용자의 아이콘을 스플렁크가 식별하게 하려면 아이콘의 이름이 appIcon이고 'I'는 반
드시 대문자여야 한다.

아이콘 이미지는 PNG 포맷의 파일로 36×36픽셀[pixel]이어야 한다(그렇지 않으면 스플렁크가 인식하지 못한다). 또한 브라우저가 아이콘을 정확하게 위치시키도록 항상 브라우저 캐시를 정리해야 한다. 이를 위해서는 스플렁크 URL에서 8000 다음에 /info를 입력하면 된다. 페이지 하단에는 웹 브라우저의 갱신을 도와주는 캐시 제어 옵션이 있다.

물론 아이콘 이미지를 추가한 후 변경사항이 확실히 반영되도록 항상 스플렁크를 재시작할 수도 있다.

스플렁크 앱 서버는 항상 이미지, CSS, 자바스크립트 코드 같은 앱의 정적 자산[assets]을 캐시하고 있다. 앱의 최신 버전을 배포할 때는 배포 번호를 추가하고 반드시 갱신된 모든 자원이 사용되도록 app.conf 파일을 수정해야 한다.

다음과 같이 install 아래 배포 번호를 명시할 수 있다.

```
[install]
build = 2
```

## 그 외 설정

스플렁크 앱과 관련된 그 외 설정은 다음과 같다.

- 특정 데이터 입력
- 사용자 정의 혹은 특정 인덱싱
- 로직 및 규칙(분리[segmentation], 문자 세트, 그 외 사용자 정의 데이터 처리 규칙)
- 사용자 정의 역할 혹은 사용자

## 앱 객체 생성

지금까지 앱의 워크스페이스를 정의한 후 필요한 설정을 변경했다. 이제 활용 가능한 지식 객체를 추가할 차례다. 이런 지식 객체들은 앱으로 한정되어 사용될 수 있다. 앱을 생성할 때 사용자는 일반적으로 이전에 생성한(생성될) 많은 객체를 활용해 여러 특징과 기능을 앱에 추가할 것이다.

이런 기능들의 예는 다음과 같다.

- 검색, 보고서

- 이벤트 타입
- 대시보드, 폼 검색, 뷰
- 필드와 필드 추출
- 태그
- 룩업

여러 가지 방법을 통해 각 객체의 타입으로 앱을 확장할 수 있다. 대부분 앱은 어떤 데이터의 특정 부분을 가져오기 위해 검색 및 보고서를 최대한 활용하며, 그런 부분을 대시보드에 보여주거나, 스플렁크 메뉴 등을 변경하기 위해 데이터의 특정 부분을 사용하기도 한다. 사용자 의도에 따라 앱 내에서 객체의 사용 범위가 정해진다. 다음은 객체들에 대한 설명이다.

- **이벤트 타입**: 사용자 앱에 특화된 특정 지식을 가져오고 그것들을 공유하기 위해 이벤트 타입을 활용하라.
- **필드**: 앱에서 사용될 사용자 정의 필드를 추가하라.
- **태그**: 태그 역시 앱에 추가될 수 있다.
- **뷰**: 앱에 대시보드와 검색 뷰를 포함시킬 수 있고, 사용자가 앱에서 생성한 지식 객체를 보여줄 수 있다.

지식 객체가 생성되면 사용자는 지식 객체의 사용 범위를 앱으로 한정함으로써 지식 객체를 앱에 추가할 수 있다. 이는 사용자의 요구사항을 기반으로 객체에 대한 소유권을 설정할 수 있음을 의미한다. 다음은 지식 객체와 소유권에 관한 예다.

- 지식 객체는 전역으로 설정되어 모든 사용자와 모든 앱에서 사용할 수 있다.
- 지식 객체는 특정 앱의 모든 사용자가 사용할 수 있다.
- 지식 객체는 오직 특정 사용자 혹은 사용자 역할만 사용할 수 있다.

### 소유권 설정

객체의 소유권(범위 지정<sup>scoping</sup>)을 설정하는 가장 간단한 방법은 스플렁크 웹을 사용하는 것이다. 먼저 Settings<sup>설정</sup>으로 이동하고 Searches and Reports<sup>검색 및 보고서</sup>처럼 원하는 지식 객체의 타입을 선택하라. 객체 리스트에서 범위를 지정하고자 하는 객체를 선택할 수 있다.

예를 들어 Current Forecast Report 객체를 작업 대상으로 선택했다면, 다음 화면처럼 Move<sup>이동</sup>를 클릭한다.

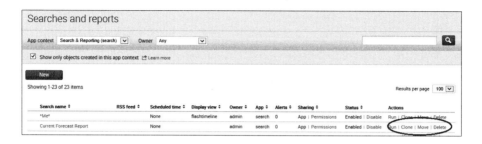

Move Object<sup>개체 이동</sup> 대화창이 열릴 것이다.

이 객체의 이동(혹은 범위 지정) 대상이 되는 앱을 선택하고 Move<sup>이동</sup>를 클릭하라.

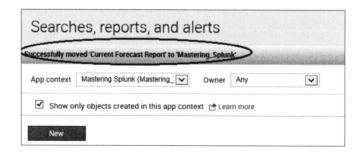

스플렁크는 객체가 이동됐음을 알려준다. Permissions<sup>권한</sup>을 클릭하면 이 객체가 스플 렁크 앱 Mastering_Splunk의 모든 사용자에게 허용됐음을 볼 수 있다.

## 앱의 권한 설정

스플렁크에서 모든 자원은 앱 아니면 객체로서, 각 앱 혹은 객체는 권한을 통해 제어가 가능하다. 스플렁크 권한의 작동 원리는 *nix 파일 시스템 권한 모델을 따른다.

스플렁크 내에서 정의된 역할별로 각 앱 혹은 객체에 대한 읽기 혹은 읽기 및 쓰기 권한을 설정할 수 있다. 이런 방법으로 사용자가 화면에서 보고, 시스템과 주고받는 내용을 관리하게 되는데, 특정 역할의 사용자가 제한된 개수의 정해진 보고서 뷰만을 보도록 설정할 수도 있고, 조직 내 특정 팀만 접근 가능하도록 앱에 대한 사용자 권한을 설정할 수도 있다.

조직의 입안 팀planning team만 볼 수 있는 예측 앱이 이에 대한 좋은 예다(팀이 스플렁크 엔터프라이즈로 로그인했을 경우).

스플렁크 권한을 적용하는 방법의 예는 지정된 사용자만 스플렁크 앱 내에서 객체를 생성, 수정할 수 있게 설정하는 것이다. 좀 더 특별한 방법으로는, 사용자 자신의 디렉토리 내에서만 객체를 생성, 수정할 수 있게 설정할 수도 있다(모든 사용자에겐 자신만의 고유한 디렉토리가 있으며, 각자가 생성한 객체는 자신의 특정 디렉토리에 놓임을 기억하라).

사용자가 자신들의 객체를 앱 수준으로 승격시킬 수 있는 경우는 사용자에게 승격시킬 앱에 대한 쓰기 권한을 주었을 때다. 사용자가 스플렁크 객체를 승격시키면, 스플렁크는 그 객체를 사용자 디렉토리에서 앱 디렉토리로 이동시킨다.

다음 단계에 따라 스플렁크 웹에서 객체에 대한 권한 혹은 앱에 대한 권한을 설정할 수 있다.

1. Settings<sup>설정</sup>을 클릭하라.

2. KNOWLEDGE<sup>지식</sup> 섹션에서 권한 수정 대상 객체를 포함하는 범주를 클릭하라. 아니면 앱의 모든 설정에 접근하기 위해 All configurations<sup>모든 구성</sup>을 클릭하라.

3. 원하는 객체 옆에 위치하는 Permissions<sup>권한</sup> 링크를 클릭하라.

4. 리스트의 모든 역할에 대해 읽기와 쓰기 권한을 설정하라.

5. 마지막으로 Save<sup>저장</sup>를 클릭하라.

### 권한을 설정하는 또 다른 방법

스플렁크 웹은 물론 default.meta 파일로도 객체 권한을 관리할 수 있다. 대부분 스플렁크 웹을 사용하는 방법을 권장하지만, 이 절에서는 default.meta 파일을 사용하는 방법에 대해 설명할 것이다.

default.meta 파일을 사용하려면 다음과 같이 사용자 앱의 기본 디렉토리에 위치한 default.meta 파일을 수정해야 한다.

```
$SPLUNK_HOME/etc/apps/<app_name>/metadata/default.meta
```

권한 설정 대상 객체에 대한 항목을 생성하는 방법으로 스플렁크 앱의 모든 객체에 권한을 설정할 수 있다(특정 타입의 모든 객체에 권한을 설정하는 일 역시 가능하다).

```
[<object_type>/<object_name>] access = read : [ <comma-separated list
of roles>], write : [ comma-separated list of roles>]
```

차례대로 각 필드를 살펴보자.

- object_type: 권한 설정 대상 객체의 타입을 지정한다.

- object_name: 저장된 검색, 뷰, 이벤트 타입, 그 외 모든 권한 설정 대상 객체의 이름이다.

 객체 이름을 명시하지 않으면 권한은 그 타입의 모든 객체에 적용된다.

스플렁크는 모든 스플렁크 설정 파일은 물론 default.meta 파일을 수정하는 방법에 대한 방대한 양의 온라인 문서와 다양한 예제 템플릿인 default.meta.conf.spec과 default.meta.conf.example을 제공한다.

### default.meta 예제

이 책 앞부분에서 default.meta 파일을 사용해 권한을 설정하고 스플렁크 뷰 mastering_splunk를 생성하는 예제를 살펴봤다. 다음 코드는 이를 보여준다.

```
[views/mastering_splunk]
access = read : [ * ]
export = system
owner = admin
version = 6.0.2
modtime = 1397565243.759972200
```

이 파일의 섹션 제목은 객체 타입(views)과 객체 이름(mastering_splunk)을 명시하고 있다. 섹션 아래 부분에서는 접근 권한을 설정하고(모든 역할에게 읽기 권한 부여), 모든 앱에서 이 뷰를 사용할 수 있게 하며, 객체 소유자를 admin으로 정하고, 객체 생성 버전(6.0.2)과 객체가 마지막으로 수정된 시간(modtime)을 명시하고 있다.

### 탐색 제작

이제 앱에서 사용하고자 하는 모든 지식 객체의 범위를 지정했으므로, 이에 대한 사용자 정의 탐색navigation을 제작할 수 있다. 사용자는 탐색을 이용해 대시보드, 보고서, 저장된 검색, 그 외 뷰를 좀 더 쉽게 탐색할 수 있다. 기본적으로 사용자가 할 수 있는 일은 기본 뷰(앱이 시작되면 사용자가 처음으로 보게 되는 뷰)를 지정하고, 스플렁크 웹의 탐색바 안에서 좀 더 직관적인 순서로 객체를 재배치하는 것이다.

스플렁크는 탐색 정보를 default.xml이라는 XML 파일로 앱의 nav 디렉토리에 저장한다. 앱 빌더를 사용해 앱을 생성했다면 default.xml 파일은 $SPLUNK_HOME/etc/apps/⟨app_name⟩/default/data/ui/nav/default.xml에 위치하게 됨을 기억하라.

XML 편집기로 직접 이 파일을 수정할 수도 있으나 스플렁크 웹을 사용하는 방법을 권장한다.

## 탐색 조정

예제 앱 mastering_splunk는 스플렁크 웹을 통해 만들어졌으므로 Apps<sup>앱</sup>을 클릭하고 Mastering Splunk를 선택하면 이 앱을 실행할 수 있다. 앱이 실행되면 다음 화면처럼 Settings<sup>설정</sup>을 클릭하고 User interface<sup>사용자 인터페이스</sup>를 선택하라.

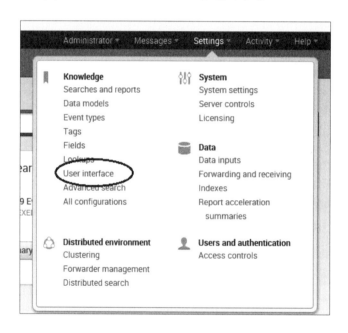

User interface<sup>사용자 인터페이스</sup> 페이지에서 Navigation menus<sup>탐색 메뉴</sup>를 선택하라.

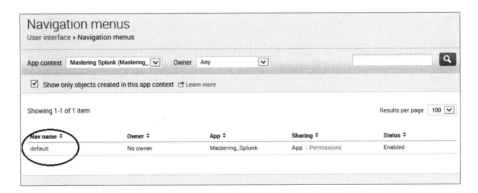

XML 편집기를 열기 위해 다음 화면처럼 default를 클릭하라.

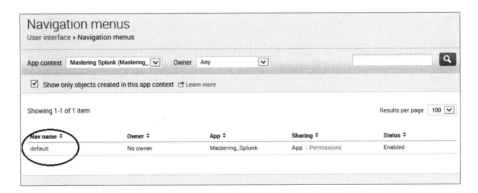

이제 앱 메뉴를 재배치하기 위해 XML 파일을 변경하라. 이 예제에서는 기본 메뉴를 Master라는 이름으로 변경했으며, 이를 대시보드와 함께 시작되는 드롭다운 선택 리스트로 만들었다.

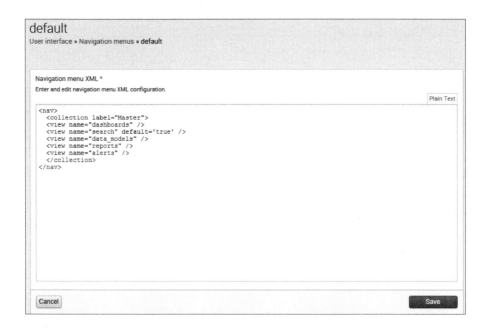

```
default
User interface » Navigation menus » default

Navigation menu XML *
Enter and edit navigation menu XML configuration.
                                                                    Plain Text
<nav>
  <collection label="Master">
  <view name="dashboards" />
  <view name="search" default='true' />
  <view name="data_models" />
  <view name="reports" />
  <view name="alerts" />
  </collection>
</nav>

Cancel                                                              Save
```

 예제에서 앱 메뉴는 메뉴 선택에 포함되는 스플렁크 뷰들을 리스트로 보여준다. 이러한
뷰들은 뷰의 이름들로 나열되지만, 메뉴에서는 뷰의 라벨(특정 뷰의 이름이 아닌)을 리
스트로 보여줄 것이다. 예를 들어 data_models 뷰의 라벨이 Pivot이라면 메뉴 리스트
에 보이는 것은 라벨 Pivot이다.

스플렁크를 재시작하지 않아도 변경사항이 적용된다. 간단하게 Save<sup>저장</sup>를 클릭하고
스플렁크 홈페이지로 이동한 후 다시 앱을 선택하라. 이제 다음 화면처럼 변경사항이
적용된 모습을 볼 수 있다.

## 스플렁크 웹이 아닌 default.xml 파일을 사용하기

앱 생성을 위해 스플렁크 웹 사용을 권장하지만, 이 방법을 원치 않으면 default.xml 파일을 생성한 후 앱의 nav 폴더로 이동시키고 파일을 (스플렁크 외부에서) 수정해서 의도대로 탐색을 변경하라.

## 앱 설정과 배포 생성하기

처음 스플렁크 앱을 실행하면 사용자는 앱의 기본설정을 변경해야 할 수도 있다. 사용자가 직접 스플렁크 설정 파일을 수정하는 것이 아니라, 앱이 처음 실행될 때 설정 화면이 자동으로 열린다. 이 설정 화면을 통해 사용자는 앱의 특정 설정을 수용하거나 변경할 수 있다.

앱 설정 화면 덕분에 앱 개발이 쉬워지고 커스터마이징이 간편해진다. 예를 들어 앱 내에 저장된 검색에 대한 경고<sup>alerts</sup> 주기를 설정하기 위해 설정 화면을 사용할 수 있다.

Apps<sup>앱</sup>을 클릭하고 Manage Apps<sup>앱 관리</sup>을 클릭하라. 스플렁크 Apps<sup>앱</sup> 페이지에서 Actions<sup>작업</sup> 필드를 볼 수 있다. 사용자가 설치한 각 앱마다 앱과 관련된 설정 화면이 존재하는데, 다음 화면처럼 Set up<sup>설정</sup>이라는 링크를 볼 수 있을 것이다.

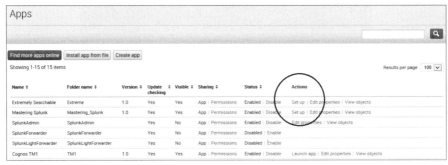

Set up 링크

Set up 링크를 클릭하면 앱의 설정 화면이 열릴 것이다.

 앱 설정 화면을 통한 앱 설정 변경사항은 $SPLUNK_HOME/etc/apps/⟨app⟩/local 파일에 저장된다. 이 로컬 디렉토리 파일은 앱의 기본 디렉토리에 존재하는 모든 설정 을 덮어쓴다.

### 설정 화면 생성하기

스플렁크 앱에 대한 설정 화면을 생성하는 방법은 다음처럼 매우 간단하다(딱 두 단계 뿐이다).

1. setup.xml 파일을 생성하고 앱의 기본 디렉토리인 $SPLUNK_HOME/etc/apps/ ⟨AppName⟩/default/setup.xml에 배치하라.

2. 앱의 설정 파일에서 필드 값을 제공하는 파일을 수정하라.

스플렁크 앱 설정 화면을 생성하는 예는 다음과 같다. 이전에 간단한 스플렁크 앱을 생성하고 'Mastering_Splunk'라는 이름을 붙였다. 이 앱에 대한 설정 화면을 생성하 려면 MS 윈도우 노트패드 같은 텍스트 편집기를 사용해 setup.xml 파일을 생성한다. 다음 화면과 유사한 내용으로 구성될 것이다.

```
<setup>
 <block title="Mastering Splunk" endpoint="saved/searches/" entity="foobar">
    <text> Jims Mastering Splunk Splunk App Setup </text>
 </block>
    <block title="Enable or Disable Automatic Update Checking" endpoint="storage/passwords" entity="_new">
        <input field="check_for_updates">
        <label>Enable Update Checking</label>
        <type>bool</type>
     </input>
 </block> |
    <block title="Add an Splunk Master Account" endpoint="storage/passwords" entity="_new">
     <input field="name">
        <label>Username</label>
        <type>text</type>
     </input>
     <input field="password">
        <label>Password</label>
        <type>password</type>
     </input>
 </block>
</setup>
```

setup.xml 파일

XML 파일 생성 후 파일을 $Splunk_Home/etc/apps/mastering_splunkdefaul/ setup.xml에 배치하라.

생성된 XML 파일에 대한 설명이다.

파일에는 다음과 같이 3개의 <block> 섹션이 존재한다.

- 제목과 설명
- 앱의 check_for_updates 필드에 대한 온/오프 체크박스
- 스플렁크 마스터 사용자 이름과 패스워드를 새롭게 추가하는 경우, 사용자 이름 과 패스워드를 위한 2개의 입력 텍스트박스

파일이 저장되면 스플렁크는 앱에 대한 설정 파일을 갱신할 것이다(스플렁크를 재시작 할 필요가 없다).

설정 화면을 보려면 Apps<sup>앱</sup>으로 이동한 후 Manage Apps<sup>앱 관리</sup>으로 가서 Set up<sup>설정</sup> 링크 를 클릭하라. 다음과 같은 화면을 보게 될 것이다.

## XML 문법

기본적인 XML 코드를 사용해서 XML 문법을 따르는 스플렁크 앱 setup.xml 파일을 쉽게 생성할 수 있다. 다음은 사용자가 숙지해야 할 XML 태그다.

- `<setup>`: 기본 엘리먼트로서, 다수의 중첩된 블록 엘리먼트들을 포함한다.
- `<block>`: 앱 설치 화면의 사용자 인터페이스를 정의한다.
- `<text>`: 옵션으로서, 앱의 설치 화면에 대한 설명이다.
- `<input>`: 사용자로부터 입력 값을 받기 위해 사용되며 이 입력은 필드와 연결된다.
- `<label>`: 입력 필드를 설명한다. `<input>` 엘리먼트의 필수 자식 엘리먼트다.
- `<type>`: `<input>` 엘리먼트의 필수 자식 엘리먼트로서, 사용자 입력을 받기 위한 사용자 인터페이스 제어 타입을 명시한다.

> XML에 대한 더 자세한 내용은 스플렁크 문서를 참고하라.

## 개발을 위한 앱 패키징

원한다면 제작한 앱을 Splunk Apps<sup>스플렁크 앱</sup>에 공유함으로써 스플렁크 커뮤니티(혹은 일반 대중)를 대상으로 공개가 가능하다. 그러나 앱에 대한 업로드 및 공유 승인을 얻기 전에 제작자가 지켜야 할 매우 구체적인 요구사항이 있음을 명심하라. 요구사항 중 일부는 다음과 같다.

- 업로드된 모든 스플렁크 앱의 확장자는 .spl이어야 한다.
- 앱 이름을 비롯한 참조 및 관련 자료는 반드시 스플렁크 앱 내용에 대한 명명 규칙(http://www.splunk.com에서 다운로드 가능하다)에 명시된 사항을 준수해야 한다.

요약하자면 스플렁크 커뮤니티에 공유를 목적으로 앱을 패키징하기 전에 이런 (제품 문서 내의) 자세한 지시사항을 먼저 검토하는 것이 중요하다.


## 정리

7장에서는 아이콘 추가, 설치 화면, 탐색, 검색, 공유 같은 스플렁크 애플리케이션 및 애드온과 관련된 내용을 살펴봤다. 추가 응용 예제를 찾을 수 있는 소스 역시 제공했다.

8장에서는 스플렁크 기술 중 모니터링 및 알람alerting 기능을 데스크톱과 엔터프라이즈 수준에서 적용하는 방안을 설명하고, 스플렁크와 그 외 모니터링 툴을 비교해볼 것이다.

# 8
# 모니터링과 경고

8장에서는 스플렁크 기술 중 데스크톱 수준에서의 모니터링과 경고 기능을 설명하고, 스플렁크와 그 외 모니터링 툴을 비교해본다.

8장에서 다루는 내용은 다음과 같다.

- 모니터링 대상
- 고급 모니터링
- 스플렁크 Deployment Monitor app<sup>배포 모니터 앱</sup>
- 경고에 대한 모든 것
- 확장 기능

## 모니터링 대상

스플렁크에서 모니터링을 이야기할 때 가장 먼저 언급하는 내용을 설명하면서 8장을 시작하겠다. 스클렁크는 스플렁크에서의 모니터링을 다음과 같이 정의한다.

> "파일, 디렉토리, 스크립트 혹은 새로운 데이터에 대한 네트워크 포트를 관찰하는 행위. 또한 앞서 설명한 타입으로 설정된 스플렁크 데이터 입력을 일컫는 말로 사용된다. 사용자가 지속적으로 입력되는 데이터 소스를 대상으로 데이터 입력을 설정

할 때, 스플렁크에게 그 입력에 대한 모니터링을 요청하게 된다."

- Splunk.com, 2014

이 책 앞부분에서 스플렁크로 데이터를 가져오는(혹은 데이터를 인덱싱하는) 작업에 대한 개념을 설명했다. 다시 한 번 살펴보자.

스플렁크를 시작하려면 사용자는 얼마간의 데이터를 스플렁크에 입력해야 한다. 스플렁크가 새로운 데이터를 인식하면 스플렁크는 즉각 데이터를 인덱싱해서 검색에 사용되게 한다(6장 '인덱스와 인덱싱'에서 이를 다뤘다). 여기서 데이터는 자신만의 검색 가능한 필드와 함께 스플렁크 이벤트로 변형된다. 데이터를 대상으로 하는 작업들과 데이터를 사용해 수행되는 작업들이 많은 이유다.

그럼, 사용자가 스플렁크에게 요청하는 모니터링 대상 데이터는 어떤 종류들일까? 답은 거의 모든 종류의 데이터다. 정확히 말하자면 미래에 상상할 수 있는 거의 모든 종류의 데이터라고 할 수 있다. 스플렁크가 특별히 효율적으로 다룰 수 있는 데이터는 MS 윈도우 이벤트 로그, 웹 서버 로그, 실시간 애플리케이션 로그, 네트워크 피드, 시스템 모니터링 지표, 변경 모니터링, 메시지 큐, 아카이브 파일 같은 모든 종류의 IT 스트리밍 데이터, 머신 데이터, 과거 누적 데이터임을 기억하라.

스플렁크 모니터링은 매우 간단하게 시작된다. 다음 단계를 참고하라.

1. 스플렁크가 데이터 스트림 혹은 데이터 소스를 바라보게 하라.

2. (입력될) 데이터 스트림 혹은 데이터 소스에 대한 세부사항을 명시하라.

3. 스플렁크는 데이터 / 데이터 소스에 대한 인덱싱을 시작하고, 정보를 변형해 이벤트를 시각화한다.

4. 사용자는 즉시 데이터의 이벤트에 접근할 수 있다. 결과가 예상했던 것과 정확하게 일치하지 않는다면? 일치할 때까지 인덱싱 절차를 약간씩 수정해나갈 수 있다.

또한 (스플렁크의 모니터링 대상) 데이터는 스플렁크와 같은 머신에 있거나(로컬 데이터) 완전히 다른 머신에 있을 수도 있다(원격 데이터). 다음 조건을 만족하면 원격 데이터라 할지라도 스플렁크에 의해 접근될 수 있으므로 원격 데이터라는 사실이 큰 문제가 되지 않는다는 점을 기억하라.

- 네트워크 피드<sup>network feed</sup>를 설정한다.
- 데이터 발생지가 되는 스플렁크 전달자<sup>forwarder</sup>를 설치한다.

 **전달자**(forwarder)란 경량 스플렁크 버전으로, 인덱싱과 검색을 위해 데이터를 읽고 스플렁크 주(main) 인스턴스로 전달하는 역할을 한다.

물론 (8장 전체에서 이를 다루지만) 스플렁크는 특정 데이터 입력을 모니터링하기 위해 사전 설정이 가능한 앱과 애드온 역시 사용할 수 있다. Splunk Apps<sup>스플렁크 앱</sup>에서 무료 앱과 애드온을 찾거나, 자신만의 앱이나 애드온을 제작할 수도 있다.

## 레시피

스플렁크 제품 문서는 데이터와 데이터 소스에 대한 스플렁크 입력 레시피<sup>recipe</sup>(혹은 선구성 설정)를 설명한다. 스플렁크 웹의 **Add data**<sup>데이터 추가</sup> 섹션에서 레시피에 접근할 수 있다. 레시피는 사용자가 가장 자주 다루게 되는 데이터 소스 혹은 기본 데이터를 정의한다. 만약 레시피 혹은 앱이 사용자의 요구사항에 맞지 않을 경우, 스플렁크의 기본 입력 설정 기능을 이용해 특정 데이터/데이터 소스를 지정하고 모니터링할 수 있다.

## 스플렁크, 데이터 바라보기

스플렁크가 데이터를 바라보게 한다는 것과 스플렁크의 모니터링 대상 데이터를 명시한다는 것은 같은 뜻이다. 이를 구현하는(사용이 편리하도록 배치하는) 몇 가지 방법이 있는데, 다음 절에서 이를 설명할 것이다.

## 스플렁크 웹

가장 쉬운 입력 설정 방법은 스플렁크 웹과 스플렁크 웹의 데이터 입력 페이지를 사용하는 것이다.

1. 스플렁크 홈에서 **Add data**<sup>데이터 추가</sup>를 선택하라. **Add data**<sup>데이터 추가</sup> 페이지로 이동하

게 된다.

2. Settings<sup>설정</sup>을 선택하고 Data inputs<sup>데이터 입력</sup>을 클릭하라. 이미 존재하는 입력 데이터를 보고 관리할 수 있을 뿐만 아니라 새로운 입력을 추가할 수 있는 페이지로 이동하게 된다.

## 스플렁크 CLI

입력 설정을 위해 언제라도 스플렁크 CLI를 사용할 수 있다. 이는 프로그래밍과 비슷한 방법이다.

$SPLUNK_HOME/bin/ 디렉토리로 이동한 후, 새로운 입력을 추가하기 위해 명령 창에서 다음 명령어를 사용하라.

```
./splunk add monitor <fully qualified path>
```

## 스플렁크 설정 파일

처음 두 가지 방법(스플렁크 웹과 스플렁크 CLI)을 사용하면, 설정 파일 inputs.conf에 설정이 저장된다. 이 파일을 직접 수정하는 것 또한 가능하다. 사용자는 섹션(항목)을 생성한 후 이 섹션에 속성/값 쌍을 추가함으로써 데이터 입력을 설정할 수 있다. 다수의 속성을 단일 입력 섹션에 설정할 수도 있다. 사용자가 속성 값을 명시하지 않으면, 스플렁크는 $SPLUNK_HOME/etc/system/default/inputs.conf 파일에 있는 기본 값을 사용한다.

## 앱

7장 '앱 개선'에서 설명했듯이, 스플렁크는 사전 구성 데이터 입력을 제시하며 다양한 방법으로 스플렁크를 간소화하고 확장하는 앱 및 애드온을 활용한다. 무료로 사용 가능한 스플렁크 앱의 개수가 늘어가는 상황이며, 자신만의 앱을 생성하는 것 역시 가능하다.

데이터를 외부 머신에서 중앙 스플렁크 인스턴스로 보내기 위해 전달자를 사용하는 경우, 전달자 설치 시 일부 입력을 명시할 수 있다(설치 정보는 http://www.splunk.com에서 제품 문서를 참고하라).

## 모니터링 범주

스플렁크 모니터링 범주는 일반적으로 다음과 같이 분류된다.

- 파일 및 디렉토리 데이터
- 네트워크 포트에서의 데이터 및 이벤트
- 다음과 같은 윈도우 소스
  - 윈도우 이벤트 로그 데이터
  - 윈도우 레지스트리 데이터
  - WMI 데이터
  - 액티브 디렉토리 데이터
- 성능 모니터링 데이터
- 그 외 소스
  - FIFO 큐
  - API와 그 외 원격 데이터 인터페이스, 메시지 큐 등에서 데이터를 가져오기 위한 스크립트 입력

요약하자면, 스플렁크는 모든 종류의 데이터(리스트 형태가 가장 일반적이다) 모니터링에 적합한 매우 강력하고 유연한 툴이다.

## 고급 모니터링

스플렁크 모니터링 대상에 대한 계획과 전략을 세울 때는 전체 그림을 파악하는 일이 중요하다. 예를 들어 다음과 같은 사항을 고려해야 한다.

- 데이터가 어디에 위치하게 될 것인가?
- 스플렁크 전달자를 100% 활용할 수 있을까?

- 모니터링을 위해 앱을 사용할 수 있는가?
- 스플렁크가 모니터링을 시작하게 만드는 가장 좋은 방법은 무엇인가?
- 입력을 관리하는 입증된 방법은 무엇인가?
- MS 윈도우 관련 스펙 중 스플렁크와 연관된 것은 무엇인가?
- 모니터링 대상 데이터로 스플렁크는 어떤 작업을 하는가?

## 데이터 위치의 중요성

로컬 데이터인지 혹은 원격 데이터인지 판단하는 일은 간단하다고 생각할 수 있으나 스플렁크는 다음과 같은 원칙을 통해 이를 판단한다.

- 스플렁크가 설치된 시스템의 운영체제
- 스플렁크에 직접 연결된 데이터의 종류
- 인덱싱 대상 데이터에 접근하기 위해 필요한 인증 혹은 중간 단계가 존재하는지 여부
- 모니터링 대상 데이터의 거리와 크기

다음 도표는 이를 설명한다.

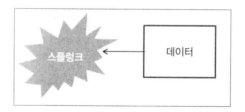

일반적으로 데이터와 스플렁크 사이에 중간 단계가 없으면 그 데이터를 로컬 데이터라고 한다. 중간 단계란 다음과 같은 것들이다.

- (예를 들어, 특정 네트워크 디스크 혹은 서버로) 첨부 혹은 연결
- 인증(예를 들어, 기존 방화벽을 통한 통신)
- 네트워크 드라이브 혹은 폴더 매핑

다음 도표는 이를 설명한다.

254

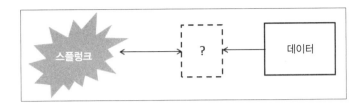

결론적으로 말해서 스플렁크가 데이터에 접근하기 전에 어떤 작업이 필요한 경우, 그 데이터를 원격 데이터라고 한다.

**예외**

물론 항상 예외는 있다. 일반적으로 원격 데이터로 분류되지 않는 데이터가 존재한다. 자세한 예제를 확인하려면 제품 문서를 확인하라.

## 전달자 100% 활용하기

이제 다음으로 넘어가자. 스플렁크 전달자란 무엇일까? 전달자란 데이터를 입력받고 그 데이터를 다른 스플렁크 인스턴스로 전달하는 명확한 목적을 가진 하나의 스플렁크 인스턴스다. 다시 말해, 전달자는 의도적으로 기능이 제한된 것이다. 대부분 전달자에는 스플렁크 웹이 포함되지 않으며 사용자는 로그인과 검색 파이프라인을 실행할 수 없다. 따라서 최소한의 자원만을 사용하기 때문에 성능에 거의 영향을 미치지 않는다. 그래서 보통 데이터 발생지가 되는 머신에 위치한다. 다음 도표는 전달자를 사용해 로컬에 있는 스플렁크를 다수의 데이터 소스에 설정하는 방법을 설명하고 있다.

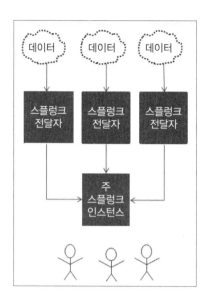

한 가지 예를 들면, 다수의 개별 서버에서 발생하는 서로 유사한 로그 데이터를 사용자가 중점적으로 검색하고자 하는 경우, 그 서버 각각에 스플렁크를 전달자로 설치하고 설정할 수 있다. 이후 사용자(혹은 사용자 커뮤니티)는 검색을 실행할 자신의 서버에 스플렁크를 설치하게 된다. 데이터를 생성하는 서버에 위치한 전달자는 데이터를 입력받도록 설정되며, 그 데이터를 주 스플렁크 서버로 보내는데, 이후 데이터는 통합되고 인덱싱되어 검색 대상이 된다. 전달자는 공간을 적게 차지하기 때문에 소스 서버 성능에 영향을 미치지 않을 것이다.

스플렁크 전달자들은 완전히 같은 타입의 데이터를 다룰 수 있으며, 다른 모든 스플렁크 인스턴스와 같은 방식으로 이 데이터를 처리할 수 있다. 한 가지 다른 점은 전달자는 데이터를 인덱싱하지 않는다는 것이다. 대신 전달자는 데이터를 입력받고 중앙 스플렁크 인스턴스로 보내는데, 중앙 스플렁크 인스턴스가 인덱싱과 검색을 담당하게 된다.

일반적인 스플렁크 배포에 있어서 (수백 혹은 수천 개의) 전달자는 데이터를 주로 처리하는 역할을 하게 될 것이다. 오직 단일 머신 배포인 경우에만 동일한 스플렁크 인스턴스에서 데이터가 처리되고, 인스턴스는 인덱서가 될 것이며, 사용자 검색을 지원하게 된다.

전달자는 보통 스플렁크의 inputs.conf 파일을 수정함으로써 설정되는데, 직접 수정하는 방법, 혹은 CLI(7장에서 다뤘다)를 사용하는 방법, 아니면 테스트 인스턴스의 스플렁크 웹으로 입력을 설정하는 방법 중 하나를 선택할 수 있다. 이후 갱신된 inputs.conf 파일은 전달자 인스턴스로 배포된다.

이를 실행하는 또 다른 방법은 원하는 입력이 포함된 스플렁크 앱을 배포하는 것이다.

## 앱을 사용할 수 있을까?

다시 말하지만 앱과 애드온을 사용하면 스플렁크는 무한대로 확장 가능하다. 특별히 앱을 활용하면 데이터 입력 절차를 간소화할 수 있다. 사용자가 입력을 직접 설정하는 대신 특정 환경이나 애플리케이션을 위해 사전 설정이 완료된 앱(7장 '앱 개선'에서 언급했듯이 Splunk Apps스플렁크 앱에서 앱을 다운로드할 수 있다)을 활용할 수 있다. 앱을 통해 특정 입력 설정뿐만 아니라 그 외 설정된 데이터의 최적화 뷰 같은 기능들을 사용할 수 있게 되는 것이다.

스플렁크 앱의 예는 다음과 같다.

- Splunk App for Windows Infrastructure윈도우 인프라를 위한 스플렁크 앱
- Splunk App for Unix and Linux유닉스와 리눅스를 위한 스플렁크 앱
- Splunk for Blue Coat ProxySG블루 코트 프록시SG를 위한 스플렁크
- Splunk for F5F5를 위한 스플렁크
- Splunk for Cisco Security app시스코 보안 앱을 위한 스플렁크
- Splunk App for WebSphere Application Server웹스피어 애플리케이션 서버를 위한 스플렁크 앱

7장의 '앱 설치' 절에서는 스플렁크 웹에서 Apps앱을 클릭한 후 Find More Apps추가 앱 찾기으로 앱을 찾고 설치하는 방법을 다뤘다. 데이터 입력을 위해서는 다음 화면처럼 Add data데이터 추가 페이지에서 링크를 통해 실제로 가장 많이 사용되는 여러 앱들에 접근할 수 있음을 알고 있어야 한다.

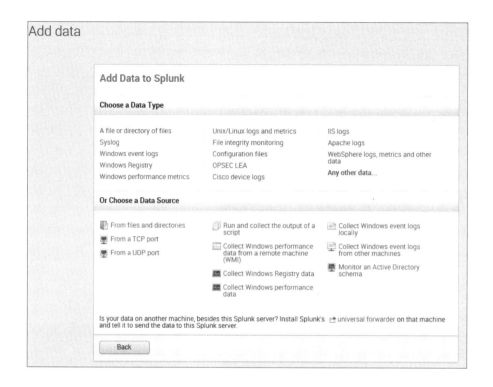

## 스플렁크에서의 윈도우 입력

Add data<sup>데이터 추가</sup> 페이지에서 윈도우라는 글자가 여러 번 등장했음을 눈치챘을 것이다. 스플렁크를 윈도우에 설치하면 다음과 같은 특수한 입력을 다룰 수 있다.

*   **윈도우 이벤트 로그**: 스프렁크는 모든 이벤트 로그 채널(로컬 혹은 원격)에서 윈도우 이벤트 로그 서비스에 의해 생성된 로그를 모니터링할 수 있다.

*   **성능 모니터링**: 성능 모니터링에서 사용 가능한 모든 성능 계수기<sup>counter</sup>는 스플렁크에서 역시 사용 가능하다.

*   **WMI를 통한 원격 모니터링**: 원격 머신에서 로그 및 성능 데이터에 접근하기 위해 WMI를 사용할 수 있다.

*   **레지스트리 모니터링**: 로컬 윈도우 레지스트리에 변경된 사항을 모니터링할 수 있다.

- **액티브 디렉토리**: 스플렁크는 사용자, 그룹, 머신, 그룹 정책 객체는 물론 액티브 디렉토리에 적용된 어떤 변경사항도 감지해낼 수 있다.

## 모니터링 시작하기

스플렁크를 설치하고 데이터를 추가(입력을 설정)했다면, 스플렁크는 이미 모니터링을 수행하고 있는 것이다. 처음 스플렁크를 다루기 시작한 후 전문가의 길로 들어서면, 분명 인증된 모니터링 방법에 대해 고심하게 되는 시점이 올 것이다.

모니터링을 시작하는 입증된 방법은 다음과 같이 요약할 수 있다.

- **요구사항**: 진정한 요구사항이 무엇인지 이해하고 파악하라. 사용자가 필요로 하는 기능(요구사항)에 따라 스플렁크에 데이터를 추가하는 방법이 달라질 것이다. 데이터 입력을 위해 앱을 사용할 수 있는가? 전달자는? 지식 생성이 가능한가? 이런 사항들을 고려하라.
- **테스트 인덱싱**: 테스트 인덱스를 생성하고 몇 건의 입력을 추가해봐라.
- **데이터 미리보기**: 데이터를 실제로 보기 위해 스플렁크 데이터 미리보기 기능을 사용하라. 이후 본 것을 기준으로 스플렁크가 데이터를 인덱싱하는 방법을 변경할 수도 있다.
- **검색**: 테스트 데이터에서 몇 건의 검색을 실행하고 결과를 평가하라. 원하는 결과를 얻었는가?
- **이벤트 수정하기**: 이벤트가 의도한 대로 보일 때까지 스플렁크 입력과 이벤트 처리 설정에 약간의 수정을 가할 수도 있다.
- **다시 시작하기**: 종종 처음부터 다시 작업을 시작해야 하는 경우도 있다. 즉, 테스트 인덱스에서 데이터를 삭제하고 요구사항을 재검토해 작업을 다시 시작해야 할 수도 있다.
- **구현**: 결과가 만족스럽다면 테스트 인덱스를 삭제하고 입력이 기본 주 인덱스를 바라보게 하라(혹은 그 외 요인에 따라 기본 인덱스 대신 특정 인덱스의 사용을 고려해볼 수도 있다). 이제 일반적인 사용을 위한 준비가 완료됐다!

## 사용자 정의 데이터

스플렁크는 보통 추가 설정 없이 모든 데이터를 인덱싱할 수 있으나, 사용자 정의 애플리케이션이 특별한 요구사항이 붙는 데이터를 생성하는 경우도 있다. 다중 라인<sup>multiline</sup> 이벤트, 특수문자, 혹은 비정상 타임스탬프를 포함하는 데이터가 보통 문제가 된다. 이를 해결하는 방법은 먼저 스플렁크 기본설정을 테스트하고, 이후 필요하다면 약간의 수정을 가하는 것이다.

## 입력 데이터 타입화

사용자가 입력 데이터를 명시하면, 스플렁크는 그 데이터에 입력 소스 타입을 지정한다. 이를 통해 데이터 포맷이 분류된다. 스플렁크는 인덱싱 작업 시 이 입력 타입을 사용한다. 스플렁크가 다수의 사전 정의 입력 타입을 설치하고 입력 타입을 자동으로 지정하긴 하지만, 사용자는 사용자 정의 데이터 타입이 지원되도록 스플렁크가 지정한 것을 덮어쓰거나 소스 타입을 추가할 수 있다.

데이터에 정확한 소스 타입을 지정하는 일은 매우 중요한데, 이는 데이터가 사용자 의도대로 보이고, 적절한 타임스탬프를 가지며, 이벤트가 정확하게 의도대로 구분되고, 성능도 적절한 수준으로 유지되도록 하기 위해서다.

모든 일반적인 데이터 입력 포맷은 소스 타입이 될 수 있다(대부분 소스 타입은 로그 포맷이다). 이 책을 쓰는 시점을 기준으로 스플렁크는 50개 이상의 입력 소스 타입을 자동으로 인식한다.

대부분의 경우 스플렁크가 지정하는 소스 타입으로 충분하나, 사용자가 직접 입력 소스 타입을 지정할 때는 기본적으로 다음 중 한 가지 방법을 따라야 한다.

- 데이터에 입력 소스 타입을 정확하게 지정한다.
- (이전에 없는 타입을 새롭게 생성하든가 존재하는 입력 소스 타입을 변경함으로써) 새로운 입력 소스 타입을 생성한다.

데이터 미리보기 기능을 사용하면 입력 소스 타입을 지정하고, 입력 소스 타입 설정을 수정하며, 완전히 새로운 소스 타입을 생성할 수 있다.

## 스플렁크는 모니터링 대상 데이터로 어떤 일을 하는가?

지금까지 사용자가 원시 데이터를 스플렁크로 입력한다는 사실을 알았다면, 그 데이터로 스플렁크 엔터프라이즈는 어떤 일을 어떻게 효과적으로 수행하는지 궁금할 것이다.

스플렁크가 하는 일은 데이터를 인덱싱해서 (이벤트 형태의) 검색 가능한 지식으로 만드는 것이다. 데이터 입력을 검색 가능한 지식으로 변환하는 작업을 스플렁크 데이터 파이프라인 처리라고 한다.

### 스플렁크 데이터 파이프라인

이제 스플렁크 데이터 파이프라인을 간단하게 살펴보자.

새로운 데이터 입력이 감지되면, 스플렁크는 새롭게 생성된 데이터를 파싱이 실행되기를 기다리는 장소인 파싱 큐parsing queue로 이동시킨다. 파싱에는 다음과 같은 작업이 포함된다.

- 소스 및 이벤트 타입화
- 문자 세트 정규화normalization
- 라인 종료 식별line termination identification
- 타임스탬프 식별 및 정규화
- 이벤트 경계 식별
- 정규표현식 변형 및 파싱 시간 필드 생성

스플렁크 파서를 통해 전달된 데이터는 이후 스플렁크 인덱서를 기다리는 인덱싱 큐로 이동한다. 인덱서가 분리segmentation 작업과 인덱스 생성 작업을 완료하면 인덱싱된 파일이 남는데, 이렇게 되면 검색을 위한 준비가 완료된 것이다.

이 과정을 통해 스플렁크는 데이터에 대한 최상의 추론 능력을 갖추게 되어, 결과로 생성되는 이벤트는 즉각 유용하게 검색될 수 있다. 그러나 데이터와 데이터에서 추출하고자 하는 지식의 종류에 따라 하나 혹은 그 이상의 이벤트 처리 단계에 수정을 가해야 할 수도 있다.

앞서 언급했듯이 스플렁크 데이터 파이프라인 처리는 파싱과 인덱싱, 두 단계로 구성된다. 기본적으로 모든 데이터는 이벤트로 파싱되는데, 각각의 이벤트는 마지막 처리를 위해 인덱서로 넘겨진다. 이 과정에서 스플렁크는 데이터를 다양한 방식으로 변형하면서 데이터에 작업을 수행한다.

대부분 처리 과정에서 설정 변경이 가능하기 때문에, 필요에 따라 처리 시 약간의 수정을 가할 수 있다. 예를 들어 다음과 같은 일들이 가능하다.

- 추출된 기본 필드를 덮어쓸 수 있다.
- 문자 세트를 수동으로 선택할 수 있다.
- 라인 종료 설정을 변경할 수 있다.
- 타임스탬프를 생성하거나 타임스탬프 설정을 변경할 수 있다.
- 특정 이벤트 데이터를 걸러낼 수 있다.
- 분리segmentation 수준을 설정할 수 있다.

(스플렁크 데이터 파이프라인 내에서 발생하는) 파싱과 인덱싱이 분리되는 시점은 스플렁크 환경에서 전달자가 포함되는 시점과 가장 큰 관련이 있다. 매우 높은 기술 수준에서는 전달자가 로컬에서 데이터를 완전히 파싱한 후 넘기게 된다. 반대의 경우라면, 데이터는 최소한으로 파싱되어 넘겨지므로 대부분의 파싱 작업이 받는 쪽 인덱서에서 진행된다.

## 스플렁크

스플렁크 자체를 (매우 복잡한 환경에서도) 모니터링하는 방법은 스플렁크 Deployment Monitor app배포 모니터 앱을 사용하는 것이다. 이 앱은 중간 규모 및 대규모 배포를 관리하고 배포 중 발생하는 문제를 처리하기 위해 고안됐다. 또한 이 앱은 모든 사용자의 스플렁크 인스턴스 정보를 관리하고 잠재적 고장에 대한 초기 경고 신호를 보내는 역할을 한다.

스플렁크 Deployment Monitor app은 일체형 대시보드와 드릴다운을 제공하는데, 이는 다음과 같은 정보를 제시해 스플렁크 환경을 모니터링할 수 있게 한다.

- 인덱스 처리량throughput (시간 기반)
- 시간 흐름에 따른 전달자와 인덱서 간의 접속 횟수

- 인덱서와 전달자의 비정상 동작
- 시간 변화에 따른 상태 및 전달량
- 시스템에 의해 인덱싱되는 소스 타입
- 라이선스 사용

## 앱 다운로드

스플렁크 Deployment Monitor app의 5.0 이전 버전은 주 배포판의 일부였으나, 지금은 독립된 앱으로 다운로드 가능하다. 다음과 같이 Splunk Apps에서 다운로드할 수 있다.

1. Splunk Apps 홈페이지로 이동한 후 스플렁크 웹 혹은 CLI를 사용해 스플렁크 Deployment Monitor app을 다운로드하고 설치하라('Deployment Monitor'를 검색하라).

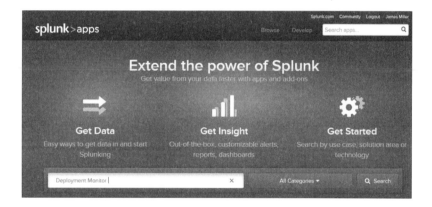

2. 원하는 앱 버전을 클릭하라.

**3.** 그 다음, Download<sup>다운로드</sup>를 클릭하라.

**4.** Download<sup>다운로드</sup> 페이지에서 약관에 동의해야 한다.

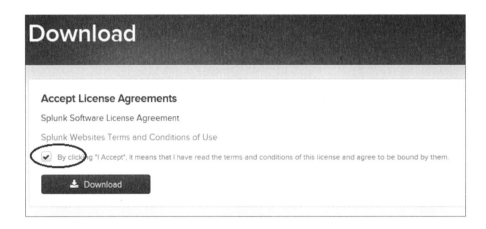

**5.** 앱이 다운로드되면 설치를 위한 준비가 완료된 것이다.

## 설치 시작하기

스플렁크 Deployment Monitor app은 (대부분의 스플렁크 앱처럼) 스플렁크 웹 혹은 CLI를 통해 설치할 수 있다. 추천하는 방법은 스플렁크 웹을 사용하는 것이다(커맨드 라인을 사용하고자 하는 사용자는 필요한 명령어 시퀀스와 문법을 제품 문서에서 확인할 수 있다).

앱을 설치하고 실행할 스플렁크 웹 인스턴스에 로그인해서 다음 단계를 실행하라.

**1.** Apps<sup>앱</sup>을 클릭한 후 Manage Apps<sup>앱 관리</sup>을 클릭하라.

**2.** Apps<sup>앱</sup> 페이지에서 Install app from file<sup>파일에서 앱 설치</sup> 버튼을 클릭하면 된다.

3. Upload app<sup>앱 업로드</sup> 페이지에서 Browse 버튼을 클릭하고 다운로드된 패키지 파일
   (splunk_app_deploymentmonitor-⟨version⟩-⟨build⟩.tgz)을 찾아 **Open**을 클릭하라. 마
   지막으로 Upload<sup>업로드</sup>를 클릭하라.

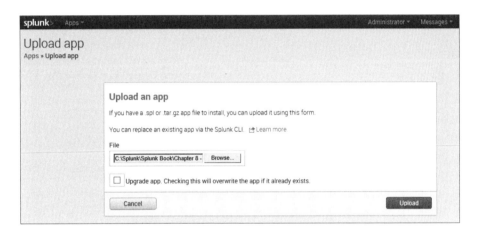

4. 앱 설치 후에는 다음 화면과 같은 메시지를 보게 될 것이다.

5. Restart Splunk<sup>스플렁크 재시작</sup> 버튼을 클릭한 후 OK를 클릭하라.

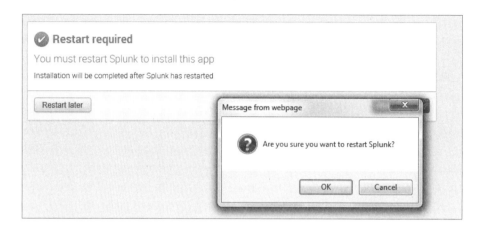

6. 성공이다! 설치가 완료됐다.

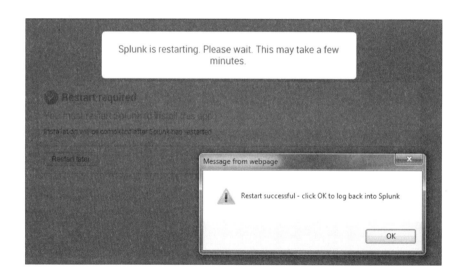

## 스플렁크 Deployment Monitor app 살펴보기

스플렁크 Deployment Monitor app을 설치했으면(그리고 스플렁크를 재시작했으면) 스플렁크 홈페이지의 앱 및 애드온 리스트에서 설치된 앱을 볼 수 있을 것이다.

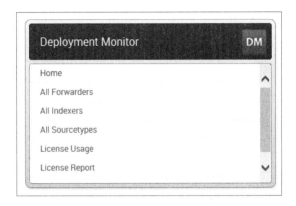

또한 화면 좌측 상단 모서리의 Apps앱 리스트에서 역시 다음 화면처럼 Deployment Monitor 앱을 볼 수 있다.

배포 모니터링은 예약된 검색을 활용하기 때문에 앱을 설치하고 즉각 시작하면 최고 성능보다 낮은 성능을 보인다고 앱 문서에 명시되어 있다(개개인의 스플렁크 환경에 따라 다르다). 잠시 기다린 후(문서는 수 시간을 기다릴 것을 권고한다) 앱을 시작하면 일반적인 수준의 성능을 보일 것이다.

이 시점에서 이 앱이 제공하는 정보를 유심히 검토해보는 것이 좋을 듯하다. 가장 흥미로운 정보는 사용자의 환경에 따라 다를 것이다. 내가 찾은 흥미로운 기능 중 몇 가지를 소개하자면 라이선스 사용 및 라이선스 보고서다.

# 경고에 대한 모든 것

IT 환경(머신 혹은 생성된 데이터)을 관리할 때는 허용 조건을 만족하는지 혹은 특정 이벤트가 반복적으로 발생하는지 지속적으로 확인할 필요가 있다. 스플렁크의 강력하고 유연한 검색 및 시각화 기능을 활용하는 것도 중요하지만, 검색과 보고서를 생성한 이후에 누군가가 같은 검색을 반복적으로 수행하리라 기대하는 것은 비현실적인 일이다.

이 책 앞부분에서 다룬 것처럼 스플렁크 검색은 실시간으로 혹은 시간에 따라 순차적으로 실행된다. 두 가지 검색 모두 광범위한 임계점과 추세 기반 시나리오를 바탕으로 경고를 발생시키도록 설정할 수 있다(다수의 실제 예제들이 스플렁크 웹사이트에 공개되어 있다).

일반적으로 사용자는 크게 다음과 같은 세 가지 타입의 경고를 설계할 수 있다.

- 특정 조건마다 매번 발생하는 지속적인 경고
- 시간 흐름에 따라 발생하는 지속적인 경고
- 시간 단계$^{rolling\ time}$를 기준으로 과거에 발생한 경고

 보고서를 정기적으로 생성하는 것 역시 가능하다. 매번 보고서가 생성될 때마다 특정 액션(액션이란 일반적으로 결과 보고서를 이메일로 보내는 작업을 말한다)을 수행하게 할 수 있다. 8장 후반부에서 이를 좀 더 자세히 살펴볼 것이다.

- **실시간으로, '매번 발생하는' 경고**: 전형적인 임계점 이벤트 경고다. 예를 들면, 자원이 100퍼센트 활용률에 도달하는 시점마다 경고가 발생하는 경우다.
- **실시간으로 '시간 흐름에 따라 발생하는' 경고**: 이 경고는 주어진 기간 내 혹은 그 기간 동안 발생한 이벤트를 찾는다. 예를 들면, 이벤트가 (기간 내에) 단 한 번 발생했다면 의미를 두지 않지만 (주어진 기간 내에) 이벤트가 여러 번 발생한 경우 의미를 부여하는 경우다.
- **과거의, '시간 단계를 기준으로 발생한' 경고**: 이는 지나간 기간 내(예로 지난달) 발생한 이벤트의 존재를 보고하는 경고다.

## 경고를 위한 퀵 스타트업

경고를 생성하는 가장 쉬운 방법은 이미 갖고 있는 자원을 활용하는 것이다. 이는 스플렁크 웹에서 생성할 수 있는 대부분의 검색에 자체적인 경고 기능이 포함되어 있으며, 사용자는 몇 번의 클릭 행위만으로 경고 기능을 구현할 수 있음을 의미한다. 예를 들어 이 책 앞부분에서 사용했던 매우 간단한 검색을 살펴보자.

```
sourcetype=TM1* Error
```

이제 다음 화면처럼 검색을 실행하라.

Save As<sup>다른 이름으로 저장</sup>를 클릭한 후 Alert<sup>경고</sup>를 클릭하라.

Save As<sup>다른 이름으로 저장</sup>를 클릭한 후 Alert<sup>경고</sup>를 클릭하라.

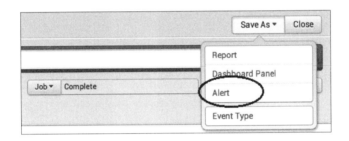

Save As Alert<sup>경고로 저장</sup> 대화창이 열리면 다음 단계를 실행하라.

1. 경고의 제목과 설명을 명시하라.

2. 설정하고자 하는 경고의 타입을 선택하라(Real Time<sup>실시간</sup> 혹은 Scheduled<sup>예약됨</sup>).

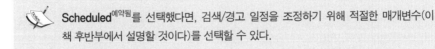

> Scheduled<sup>예약됨</sup>를 선택했다면, 검색/경고 일정을 조정하기 위해 적절한 매개변수(이 책 후반부에서 설명할 것이다)를 선택할 수 있다.

3. 다음 값들 중 하나로 Trigger condition<sup>트리거 조건</sup>을 설정하라.

- Number of Results[결과 수]: 시간 단계별 검색 결과 개수 기반 트리거
- Number of Hosts[호스트의 수]: 시간 단계별 호스트 개수 기반 트리거
- Number of Sources[원본의 수]: 시간 단계별 소스 개수 기반 트리거
- Custom[사용자 지정]: 시간 단계별 사용자 정의 조건 기반 트리거

다음 화면과 같은 Save As Alert[경고로 저장] 대화창이 열린다.

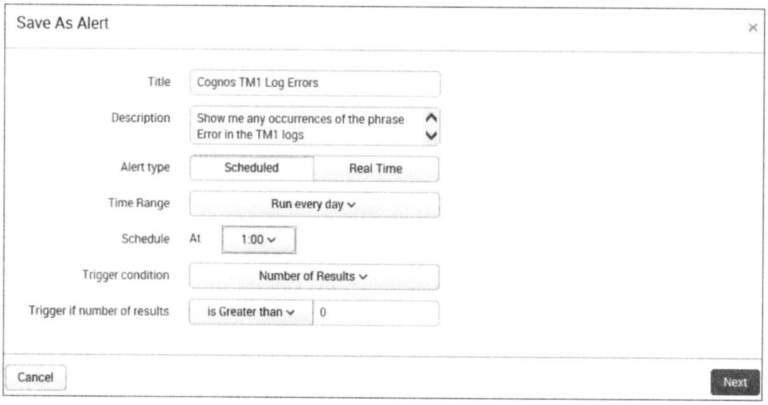


Next[다음]을 클릭하면 다음 화면처럼 경고에 대한 추가 액션을 활성화할 수 있다(8장 후반부에서 다룰 것이다).

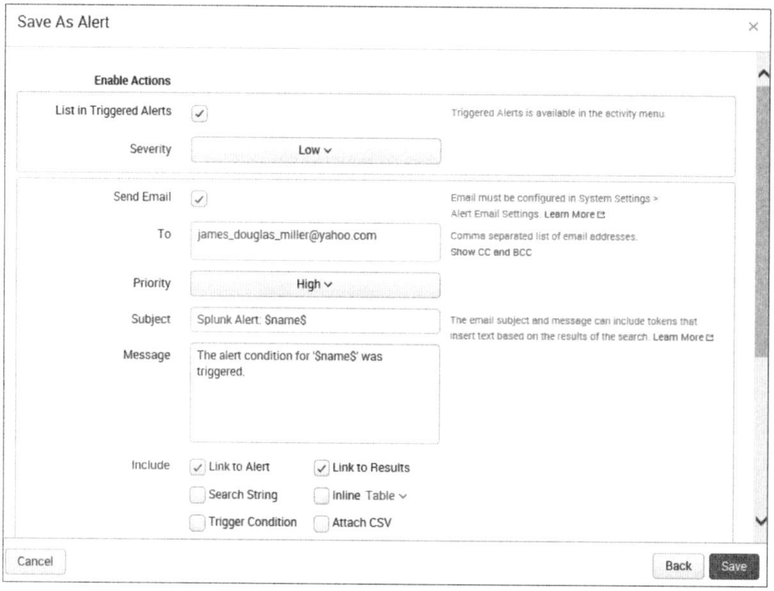

마지막으로, Save<sup>저장</sup>를 클릭하면 다음 페이지가 열린다.

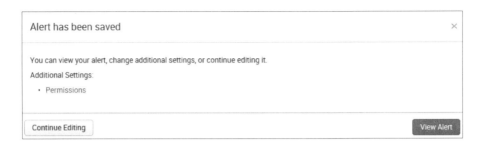

여기서 View Alert<sup>경고 보기</sup>를 클릭하면 방금 설정한 경고의 모든 세부사항을 볼 수 있고, (필요하다면) 이를 수정할 수 있다.

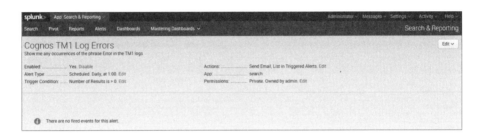

### 경고 생성 권한

경고가 포함된 검색에 대한 일정을 예약하려면, 사용자는 예약된 검색을 생성할 수 있는 권한을 가져야 한다. 스플렁크가 제공하는 다음 권한을 소유한 개별 사용자만 예약된 검색을 기반으로 하는 경고를 생성할 수 있다.

- schedule_rtsearch: 실시간 검색
- schedule_search: 그 외 모든 검색

### 액션 활성화

이제 사용자가 활성화할 수 있는 스플렁크 경고 액션에 대해 살펴보자. 경고가 발생할 때마다 실행될 수 있는 경고 액션은 세 가지다.

## 발생된 경고 나열하기

스플렁크 경고 관리자에서 사용자가 정의한 심각도<sup>severity level</sup>와 발생된 모든 경고를 볼 수 있도록 Triggered Alerts<sup>트리거된 경고</sup> 옵션을 선택하라. Activity<sup>작업</sup>를 클릭하고 Triggered Alerts<sup>트리거된 경고</sup>를 선택하면 스플렁크 경고 관리자로 접속할 수 있다.

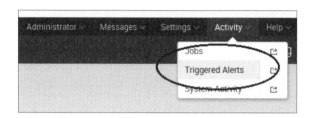

스플렁크 경고 관리자는 다음 화면에서 보이는 바와 같다.

 스플렁크 경고 관리자는 현존하는 보고서를 기반으로 발생된 경고에 대한 기록을 보여준다. 경고 발생 이후 경고를 비활성화하더라도 그 기록은 계속 보일 것이다. 발생된 모든 경고에 대한 기록은 일정 시간이 지나면 만료되어 자동으로 경고 관리자에서 삭제된다. 사용자는 개별 경고마다 기록 만료 시간을 지정할 수 있다.

## 이메일 보내기

사용자가 정의한 수신자 리스트에게 스플렁크가 이메일을 보내도록 설정할 수 있다. 이런 경고 액션을 실행하기 전에, Settings<sup>설정</sup>에서 이메일 알람에 대한 설정이 필요하다.

Save As Alert<sup>경고로 저장</sup> 대화창의 Send Email<sup>이메일 보내기</sup> 체크박스에 표시했다면 다음을 실행하라.

- 하나 혹은 그 이상의 이메일 주소를 CC와 BCC로 사용하라.
- 이메일의 우선순위를 설정하라.
- 이메일 제목을 명시하라(기본설정 시 이메일 제목에 경고 이름이 $name$로 포함될 것이다).
- 메시지 내용을 입력하라.
- 이메일 메시지에 대해 다음과 같은 다양한 Include<sup>포함</sup> 필드를 선택하라.
  - 경고 링크<sup>Link to Alert</sup>
  - 검색 문자열<sup>Search String</sup>
  - 트리거 조건<sup>Trigger Condition</sup>
  - 트리거 시간<sup>Trigger Time</sup>
  - 결과 링크<sup>Link to Results</sup>
  - 테이블, 원시 이벤트, 혹은 CSV 파일을 선택할 수 있는 인라인 리스트<sup>Inline</sup>
  - 결과를 PDF로 첨부<sup>Attach PDF</sup>
  - 결과를 CSV로 첨부<sup>Attach CSV</sup>

다음 화면에서 Send Email<sup>이메일 보내기</sup> 체크박스를 볼 수 있다.

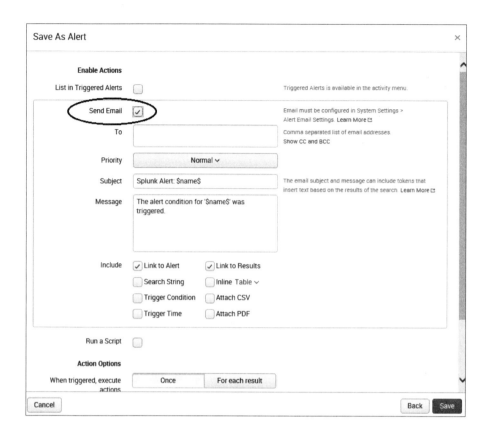

## 스크립트 실행하기

스플렁크는 사용자가 명시한 스크립트를 실행해서 몇 가지 액션을 수행할 수 있다. Run a Script<sup>스크립트 실행</sup> 체크박스는 다음 화면과 같이 보인다.

모든 경고 스크립트는 $SPLUNK_HOME/bin/scripts 혹은 $SPLUNK_HOME/etc/〈AppName〉/bin/scripts에 위치해야 한다. 스플렁크는 경고 스크립트를 이 2개의 디렉토리에서 찾는다.

274

## 액션 옵션: 트리거되는 경우 작업 실행

스플렁크 경고 액션의 중요한 옵션은 바로 When triggered, execute actions<sup>트리거되는 경우</sup> <sup>작업 실행</sup>이다. 이를 사용해 스플렁크가 (사용자가 선택한) 액션을 실행할 수 있게 한다.

- 경고가 발생할 때마다 한 번씩 실행
- 경고가 발생할 때 각 결과(혹은 반환되는 이벤트)에 대해 한 번씩 실행

다음 화면에서 이런 옵션들을 볼 수 있다.

Once<sup>한 번</sup> 옵션이 선택되면, 경보 조절<sup>throttling</sup>이 설정되는 방법에 영향을 미칠 것이다 (다음 절에서 논의한다).

## 경보 조절

경고 차단<sup>alert suppression</sup>이라고도 하는 경보 조절<sup>throttling</sup>은 발생되는 경고와 함께 그 발생 주기를 통제하는 규칙을 정의한다. 예를 들어 어떤 경고는 특정 시간 범위 내에서 수차례 발생하기도 한다. 경보 조절을 사용하면 경고를 발생시키는 이벤트 주기를 줄이기 위한 규칙을 정의할 수 있다. 다시 말해, 스플렁크가 이벤트 일부를 무시하게 만들 수 있다는 뜻이다.

When triggered, execute actions<sup>트리거되는 경우 작업 실행</sup>의 옵션을 Once<sup>한 번</sup>로 선택했다면, Throttle<sup>경보 조절</sup> 체크박스에 표시하고 Suppress triggering for<sup>트리거 억제</sup> 항목에 스플렁크가 유사한 이벤트를 무시하게 될 총 시간을 수치로 입력할 수 있다(다시 말해, 이벤트가 경고를 발생시키면 그 이벤트와 같은 타입의 종속 이벤트는 주어진 시간 범위 동안 무시될 것이다). 또한 시간 매개변수를 명시할 수 있다(초, 분, 시간 단위).

다음 화면은 60초 동안 이벤트를 차단 혹은 무시하도록 정의된 발생 규칙<sup>trigger rule</sup>을 보여준다.

When triggered, execute actions<sup>트리거되는 경우 작업 실행</sup>의 옵션을 For each result<sup>각 결과에 대해</sup>로 선택했다면, Throttle<sup>경보 조절</sup> 체크박스에 표시하고 Suppress triggering for<sup>트리거 억제</sup> 항목에 스플렁크가 유사한 이벤트를 무시하게 될 총 시간을 수치로 입력할 수 있다(다시 말해, 이벤트가 경고를 발생시키면 그 이벤트와 같은 타입의 종속 이벤트는 주어진 시간 범위 동안 무시될 것이다). 또한 시간 매개변수를 명시할 수 있다(초, 분, 시간 단위).

또한 사용자는 스플렁크에서 제공하는 Suppress results containing field value<sup>필드 값이 포함된 결과 억제</sup> 옵션을 사용할 수도 있다. 예를 들어 이 옵션을 사용하면 특정 시간 범위 내에서 발생한, 특정 필드 값을 가진 유사 이벤트들을 무시하게 만들 수 있다. 간단한 예로, 특정 시간 범위 내에서 코그노스 TM1 에러가 발생했을 때 경고가 발생하도록 설정했다고 가정하자. 또 사용자 환경에서 TM1 TurboIntegrator 스크립트가 ODBC 데이터 소스를 통해 외부 시스템으로 연결된다고 가정하자. 'ODBC 데이터 소스로 연결 불가'와 같은 에러가 발생하면, TM1은 여러 번 같은 프로세스를 시도하기 때문에 결국 에러 이벤트가 여러 번 발생하고, 따라서 스플렁크 경고가 여러 번 발생하게 된다. 다수의 경고 발생 현상을 피하려면 다음을 실행하라.

1. Throttle<sup>경보 조절</sup> 체크박스에 표시하라.

2. Suppress results containing field value<sup>필드 값이 포함된 결과 억제</sup> 필드에 ODBC라고 입력하라.

3. 다음 화면처럼 Suppress triggering for<sup>트리거 억제</sup>에 120을 입력하고 second(s)<sup>초</sup>를 선택하라.

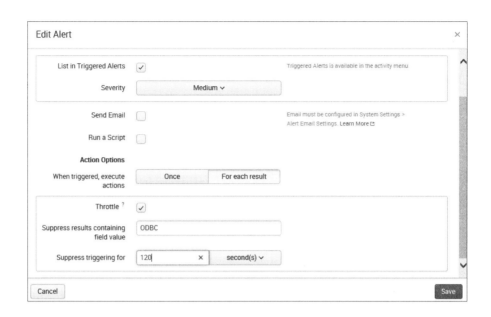

실시간 검색에 경보 조절을 설정할 때는 기본 검색 범위의 기간과 경보 조절 기간을 동일하게 설정하는 것으로 시작해서 점차 경보 조절 기간을 늘여가는 것이 가장 좋은 방법이다(이는 주어진 이벤트에 대한 중복 알람을 차단한다).

## 경고 수정

스플렁크 웹으로 경고를 수정하는 몇 가지 방법이 있다. 한 가지 방법은 앱에서 Alerts<sup>경고</sup>를 클릭한 후, Alerts<sup>경고</sup> 페이지에서 Edit<sup>편집</sup>를 클릭하는 것이다.

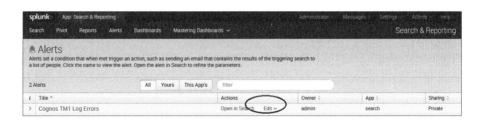

다음 화면처럼 드롭다운 메뉴에서 Edit Actions<sup>작업 편집</sup>을 선택한다.

## 설명 수정

Edit Description<sup>설명 편집</sup>을 클릭하면 경고 이름(제목)을 볼 수 있으며, 경고에 대한 설명을 수정할 수 있다.

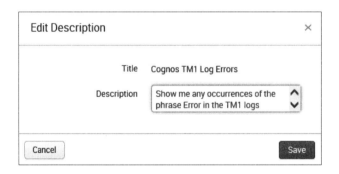

## 권한 수정

Edit Permissions<sup>권한 편집</sup>을 클릭하면 경고 이름(제목), 소유자, 앱(내용), 표시<sup>Display For</sup> 권한을 볼 수 있다.

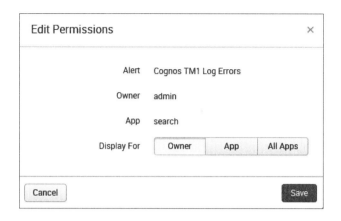

다음에 따라 경고 권한을 설정할 수 있다.

- Owner<sup>소유자</sup>: 경고의 현재 소유자만 경고 및 그 결과에 접근할 수 있다.
- App<sup>앱</sup>: 이 경고를 포함하는 앱에서만 접근 가능하다.
- All Apps<sup>모든 앱</sup>: 모든 스플렁크 앱 내에서 접근 가능하다.

## 경고 유형 및 트리거 수정

Edit Alert<sup>경고 편집</sup> 페이지에서 다음과 같은 작업이 가능하다.

- 경고 제목을 볼 수 있다.
- 설명을 수정할 수 있다.
- Scheduled<sup>예약됨</sup> 혹은 Real Time<sup>실시간</sup> 중 하나로 경고 유형을 설정할 수 있다(8장 후반부에서 다룰 것이다).
- 일정을 설정할 수 있다(Scheduled<sup>예약됨</sup>가 선택된 경우).
- Trigger condition<sup>트리거 조건</sup>을 설정할 수 있다.

Edit Alert<sup>경고 편집</sup> 페이지는 다음 화면과 같다.

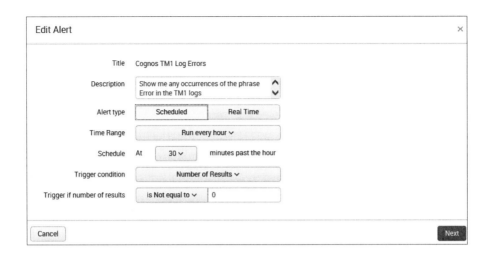

## 액션 수정

Edit Actions<sup>작업 편집</sup>을 선택하면 다음과 같은 작업이 가능하다.

- 경고 제목을 볼 수 있다.
- List in Triggered Alerts<sup>트리거된 경고의 리스트</sup> 옵션 체크박스를 표시/표시해제할 수 있으며, 표시했다면 심각도<sup>severity level</sup>를 설정할 수 있다.
- 8장 전반부에서 언급했듯이, Send Email<sup>이메일 보내기</sup> 체크박스를 표시하면 경고가 발생했을 때 스플렁크가 이메일을 보내게 하고, 이메일 옵션을 설정할 수 있다.
- 경고가 발생했을 때 스플렁크가 스크립트를 실행하게 할 수 있다.
- When triggered, execute actions<sup>트리거되는 경우 작업 실행</sup> 옵션을 설정할 수 있다(Once<sup>한 번</sup> 혹은 For Each Result<sup>각 결과에 대해</sup>. 8장 전반부에서 설명했다).
- 스플렁크의 Throttle<sup>경보 조절</sup> 옵션을 설정할 수 있다(8장 전반부에서 설명했다).

설명한 옵션들을 다음 화면에서 볼 수 있다.

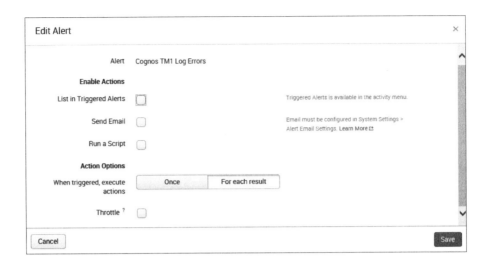

## 경고 비활성화

Disable<sup>비활성화</sup>을 클릭하면 다음 화면에서 볼 수 있듯이 일시적으로 경고를 차단할 수 있다.

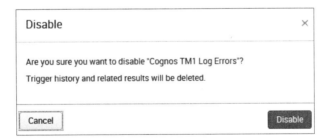

## 경고 복제

Clone<sup>복제</sup>을 클릭하면 다음 화면처럼 수정 가능한 경고 복사본을 만들 수 있다.

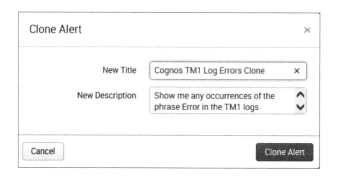

## 경고 삭제

Delete<sup>삭제</sup>를 클릭하면 스플렁크에서 경고를 삭제(제거)할 수 있다.

# 예약된 경고 혹은 실시간 경고

8장에서는 예약된 경고에 대해 자세히 살펴봤으므로 이제 스플렁크가 제공하는 실시간 경고 기능을 살펴보자.

실시간 검색을 활용하면 이벤트가 인덱싱되기 전에 검색이 가능하고, 이벤트가 스트림으로 들어올 때 결과를 미리 볼 수 있다. 실시간 검색을 기반으로, 사용자는 예약된 검색을 기반으로 하는 경고 대신, 백그라운드에서 지속적으로 실행되며 시간에 맞게 알림<sup>notification</sup>을 전달하는 경고를 생성할 수 있다.

예약된 경고를 생성하는 방법과 유사하게, 다음 단계를 따라 실시간 경고를 생성할 수 있다.

1. Search<sup>검색</sup> 페이지에서 Save As<sup>다른 이름으로 저장</sup>를 클릭하라.

2. Save As Alert<sup>경고로 저장</sup> 대화창이 열리면 경고에 이름을 붙이고 설명을 입력하라.

3. 설정하고자 하는 경고의 유형을 선택하라(Real Time<sup>실시간</sup>).

| Save As Alert | | × |
| --- | --- | --- |
| Title | Mastering Splunker RT Alert | |
| Description | This is a real-time alert! | |
| Alert type | Scheduled \| Real Time | |
| Trigger condition | Per-Result ∨ | |

Cancel           Next

Real Time<sup>실시간</sup>을 선택하면(어떤 일정 관리 정보도 필요하지 않다), Trigger condition<sup>트리거 조건</sup> 옵션을 다음 중 하나로 선택할 수 있다.

- Per-Result<sup>결과마다</sup>: 검색이 결과를 반환할 때마다 경고가 발생된다.
- Number of Results<sup>결과 수</sup>: 경고는 시간 단계별 검색 결과 개수를 기반으로 발생된다.
- Number of Hosts<sup>호스트의 수</sup>: 경고는 시간 단계별 호스트 개수를 기반으로 발생된다.
- Number of Sources<sup>원본의 수</sup>: 경고는 시간 단계별 소스 개수를 기반으로 발생된다.
- Custom<sup>사용자 지정</sup>: 경고는 시간 단계별 사용자 정의 조건을 기반으로 발생된다.

예약된 경고를 생성하는 방법처럼, Next<sup>다음</sup>를 클릭하면 추가 액션을 활성화할 수 있다(8장 전반부에서 자세히 설명했다).

# 확장된 기능

스플렁크 웹을 사용하면(다시 한 번 말하지만 내가 추천하는 방법이다), 사용자는 모든 경고 속성을 한 화면에서 수정할 수 있다.

Settings<sup>설정</sup> > Searches, reports, and alerts<sup>검색, 보고서 및 경고</sup>로 이동하라. 검색/경고 이름을 클릭하라. 여기서 사용자는 이 경고에 대한 모든 정보를 수정할 수 있다. 또한 다음과 같은 확장된 기능을 사용할 수 있다.

- 가속화<sup>acceleration</sup>
- 경고의 만료
- 요약 인덱싱

## 스플렁크 가속화

스플렁크 가속화는 대량 데이터를 다뤄야 하는 이유로 오랜 시간을 소모할 수밖에 없는 검색의 속도를 높이기 위해 스플렁크가 사용하는 기법이다. 사용자는 경고가 설정된 검색에 대한 가속화 기능을 활성화할 수 있는데, 다음 화면처럼 Accelerate this search<sup>이 검색 가속화</sup> 체크박스에 표시하고 Summary range<sup>요약 범위</sup> 값을 선택함으로써 가능하다.

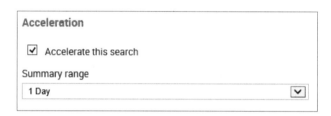

## 만료

사용자는 스플렁크에서 발생된 경고 기록이 유지되는 시간을 결정할 수 있다. 경고 보고서의 Details<sup>세부사항</sup> 페이지에서 발생된 경고 기록(그리고 관련된 검색 결과)이 유지되는 시간을 정의하기 위해 Expiration<sup>만료</sup> 필드를 사용하라.

사용자는 검색과 관련된 경고 기록에 대한 사전 만료 시점을 선택할 수 있다. After 24 hours<sup>24시간 후</sup>처럼 말이다. 아니면 사용자 정의 만료 시간을 정의할 수도 있다.

## 요약 인덱싱

사용자는 또한 보고서 혹은 경고에 대한 요약 인덱싱을 활성화할 수 있다. 요약 인덱싱을 통해 사용자는 검색 결과를 특정 전문<sup>specialized</sup> 인덱스에 쓸 수 있고, 보고서가 생성할 결과의 양을 제한함으로써 전체적인 검색 속도를 높일 수 있다. 이 기능을 활성화하려면 Summary indexing<sup>요약 인덱싱</sup> 섹션 아래 Enable<sup>활성화</sup> 체크박스에 표시하라.

**Summary indexing**

☑ Enable

*Enabling summary indexing will set the alert condition to 'always'.*

Select the summary index

| summary ▾ |

*Only indexes that you can write to are listed.*

Add fields

| | = | | Delete |

Add another field

# 정리

8장에서는 스플렁크에서 데이터 입력을 모니터링하는 방법과 스플렁크의 경고 기능을 활용하는 방법을 살펴봤다. 또한 스플렁크 모니터링, 데이터 바라보기, 전달자, 스플렁크에서의 윈도우 입력, 입력 타입화, 데이터 파이프라인 같은 다양한 내용을 자세히 설명했다. 스플렁크 Deployment Monitor app의 다운로드 및 설치, 경고, 그 외 액션들에 대해서도 자세히 알아봤다. 이후 경고 비활성화, 삭제, 복제, 권한 조정에 관한 내용도 다뤘다.

9장에서는 엔터프라이즈 관점에서 스플렁크 트랜잭션을 정의하고 설명할 것이다.

# 9
# 스플렁크 트랜잭션

9장에서는 엔터프라이즈(혹은 조직을 바라보는 전반적인) 관점에서 스플렁크 트랜잭션을 정의하고 설명할 것이다.

9장에서 다루는 내용은 다음과 같다.

- 트랜잭션과 트랜잭션 타입
- 다음과 같은 트랜잭션의 고급 사용법
  - 트랜잭션 타입 설정
  - 이벤트 그룹화
  - 동시발생 이벤트
  - 주의사항

이미 2장 '고급 검색'에서 스플렁크 트랜잭션 검색에 관해 간단히 살펴봤다. 9장에서는 위와 같은 중요한 내용을 좀 더 자세히 살펴볼 것이다.


## 트랜잭션과 트랜잭션 타입

스플렁크에서 사용되는 두 가지 중요한 용어인 트랜잭션과 트랜잭션 타입에 대해 정의를 내리면서 9장을 시작하겠다.

"트랜잭션은 시간에 걸쳐 있는 개념적으로 연결된 이벤트들의 그룹이다."

– 스플렁크 문서

예를 들면, 디스크 공간이 부족할 때 (다수의 혹은 애플리케이션에 의해) 서버 이벤트가 발생되어 기록되는데 이런 이벤트는 모두 단일 트랜잭션으로 묶인다.

하나의 트랜잭션으로서 이벤트들은 물리적으로 연결될 필요가 없다는 사실을 이해해야 한다. 조직의 환경 혹은 애플리케이션을 다뤄본 경험을 통해 이벤트들을 논리적으로 연결하는 정보를 얻을 수 있기 때문이다.

반복해서 말하면, 트랜잭션이란 일정 기간 내 발생한, 개념적으로 관련 있는 이벤트들의 집합으로 정의할 수 있다. 트랜잭션 타입은 스플렁크에 저장된 트랜잭션 혹은 스플렁크에 정의되어 있는 트랜잭션이다. 스플렁크에 저장됐다는 의미는 스플렁크가 인지할 수 있도록 설정된(즉, transactiontypes.conf 파일에 설정된) 트랜잭션이라는 의미다.

스플렁크 전문가라면 보통 트랜잭션 타입 생성 단위로 검색을 활용하려고 할 것이다. 예를 들어, 시간 범위 내 특정 코그노스 TM1 사용자의 모든 트랜잭션을 그룹으로 묶어서 하나의 트랜잭션 타입으로 저장하는 작업을 스플렁크 검색으로 생성할 수가 있다.

더 나아가기에 앞서 트랜잭션과 관련된 기초 개념을 짚고 넘어가겠다.

- **필드와 기본 필드**: 이 필드들은 스플렁크 이벤트 데이터의 검색 가능한 라벨로서 검색의 정확성을 향상한다. 스플렁크가 데이터를 인덱싱할 때 이벤트에서 필드를 식별해내고, 이는 이벤트 데이터 일부가 된다. 스플렁크에 의해 자동으로 추가되는 필드를 기본 필드라 하는데, 기본 필드는 '내부internal', '기본basic', '날짜시간 datetime' 중 하나다.

- **태그와 에일리어스alias**: 특정 이벤트 데이터 그룹에 기억하기 쉬운 이름 혹은 라벨을 붙이는 방법으로 간단하게 태그를 활용하면 검색이 쉬워진다.

- **설정 파일**: 설정(혹은 .conf) 파일은 다양한 스플렁크 설정을 관리하기 위해 사용되는 텍스트 파일이다. 스플렁크는 이런 파일을 갱신하며 스플렁크 관리자가 이를 수동으로 변경할 수도 있다.

- **이벤트 데이터**: 이벤트 데이터는 스플렁크에 입력되는 데이터로서, 인덱스에 추가된다. 개별 데이터의 최소 단위를 이벤트라고 한다.

## 다시 트랜잭션으로!

앞서 스플렁크 트랜잭션은 다음과 같은 이벤트로 구성됨을 설명했다.

- 같은 소스에서 들어오는 서로 다른 이벤트들
- 서로 다른 소스들에서 들어오는 서로 다른 이벤트들
- 서로 다른 소스들에서 들어오는 비슷한 이벤트들

스플렁크 트랜잭션 타입이 될 수 있는 이벤트 데이터의 종류는 사용자의 상상력(그리고 데이터의 활용 가능성)에 따라 얼마든지 다양해질 수 있다. 트랜잭션 타입은 그룹으로 묶인 이벤트로서 특정 식별자 혹은 이름과 함께 사용된다.


## 트랜잭션 검색

일정 기간 내에 발생해 트랜잭션으로 설정될 수 있는 이벤트를 식별해내기 위해 스플렁크 트랜잭션 검색을 사용할 수 있다. 스플렁크 웹 및 커맨드라인 인터페이스 모두에서 동작하는 트랜잭션 검색 명령어는 인덱싱된 이벤트 그룹을 출력 결과로 내놓는다. 물론 이 출력 결과는 보고서에서 활용되거나 트랜잭션 타입으로 설정되어 추후 사용될 수 있다(9장 후반부에서 자세히 설명할 것이다).

트랜잭션 검색을 활용하려면 다음 중 한 가지를 실행하면 된다.

- transactiontypes.conf 파일에 설정한 트랜잭션 타입을 호출하라.
- Transaction 명령어의 검색 옵션을 활용해 검색 시 트랜잭션 제약사항을 정의하라.

스플렁크 트랜잭션 검색 시 여러 가지 옵션을 활용하면 특정 요구사항을 만족시키는 이벤트를 찾아내서 스플렁크 트랜잭션으로 그룹화할 수가 있다. 다음은 실행 가능한 작업의 예다.

- maxspan으로 설정된 최대 시간을 초과하지 않는 시간 간격으로 분리된 첫 번째 이벤트와 마지막 이벤트의 위치를 (트랜잭션으로서) 파악할 수 있다.
- 발견된 이벤트들 중에서 이벤트들 사이의 시간 간격이 maxpause로 설정된 값을 초과하지 않는 이벤트들을 (트랜잭션으로서) 찾아낼 수 있다.
- (트랜잭션으로서) 찾아낸 이벤트들의 총 개수가 maxevent로 설정된 숫자를 초과하지 않도록 설정할 수 있다.

- endswith로 설정된 문자열을 포함하는, 마지막으로 발견된 이벤트를 (트랜잭션으로서) 찾아낼 수 있다.

 Transaction 명령어를 사용하면 transactiontypes.conf 파일에서 설정된 트랜잭션 옵션을 덮어쓰게 된다. 9장 후반부에서 이를 설명할 것이다.

## 스플렁크 트랜잭션 예제

스플렁크 트랜잭션 검색을 보여주는 간단한 예는 다음과 같다.

```
sourcetype=tm* TM1.Process error | transaction maxpause=1m maxspan=5m
```

이 예제는 인덱싱된 소스 데이터 타입에서 발생한 모든 코그노스 TM1 프로세스 에러 중 다음 조건에 부합하는 결과를 찾아내고 있다.

- 발생한 에러들 사이의 시간 간격은 1분을 초과하지 않았다.
- 첫 번째 이벤트와 마지막 이벤트 사이의 시간 간격은 5분을 초과하지 않았다.

다음 화면처럼 검색 조건을 만족하는 이벤트 그룹이 반환된다.

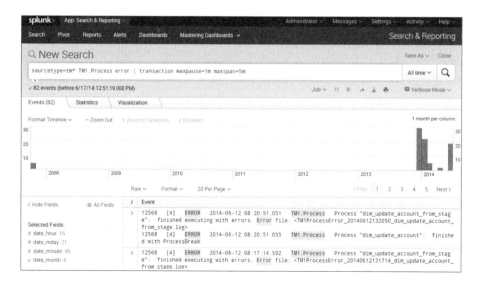

이 검색은 코그노스 TM1 로그에서 이벤트를 추출한 후 명시된 조건을 만족하는 이벤트들의 그룹(혹은 트랜잭션)을 생성한다.

검색 결과를 검토한 후에는 스플렁크의 설정을 통해 그 결과를 저장해서 재사용할 수 있다(transactiontypes.conf 파일에 트랜잭션 타입으로 추가한다). 9장 후반부에서 이를 자세히 다룰 것이다.

모든 스플렁크 검색에 트랜잭션을 추가할 수 있다. Transaction 명령어를 검색에 추가하기 위해 (이전 예제에서 사용된 것처럼) 파이프(|) 명령어를 사용하라.


## Transaction 명령어

검색 시 반환되는 트랜잭션(이전 예제에서 반환된 이벤트 그룹)의 구성요소는 다음과 같다.

- 검색 조건과 매칭되는 각 이벤트의 원시 텍스트
- 모든 공유 이벤트 타입
- 필드 값

스플렁크 Transaction 명령어는 field-list, match, maxspan, maxpause, startswith, endswith 옵션을 지원한다.

이와 더불어 필드 duration과 transactiontypes에 저장된 데이터 역시 트랜잭션에 포함된다.

- duration: 트랜잭션 기간을 나타낸다. 각 이벤트 그룹(각 트랜잭션)에서 첫 번째 이벤트 타임스탬프와 마지막 이벤트 타임스탬프 사이의 차이다.
- transactiontype: 트랜잭션 이름을 나타낸다(transactiontypes.conf 파일에 정의된다).
- field-list: 쉼표로 구분된 필드 리스트다. 각 이벤트가 서로 같은 필드(들)를 가지려면 서로 같은 트랜잭션 그룹으로 묶여야 한다(필드 이름들은 같으나 값이 서로 다른 이벤트들은 트랜잭션에 포함되지 않는다).
- match: 이 옵션을 사용하면 매치 타입을 기준으로 검색이 가능해진다. 현재 지원되는 옵션 값은 closest이다(스플렁크 버전 6.1.1).
- maxspan: 9장 전반부에서 설명했듯이 트랜잭션 그룹에서 처음과 마지막 이벤트

사이의 시간 간격이다. 초, 분, 시, 일 단위로 설정될 수 있다(기본 값은 -1로, 시간 간격에 제한을 두지 않는다는 뜻이다).

- maxpause: 9장 전반부에서 설명했듯이 트랜잭션 이벤트들 사이에서 허용된 최대 시간을 설정한다. maxpause의 기본 값은 -1인데, 이는 maxspan과 달리 maxpause 옵션이 비활성화됨을 의미한다.

- startswith: 새로운 트랜잭션의 시작을 표시하는 표현식을 사용하기 위해 이 옵션을 활용한다. 표현식은 문자열 상수 혹은 eval 필터링 표현식eval-filtering expression 중 하나다. 문법은 옵션으로 선택한 값에 따라 달라진다. 기본 값은 ""이다.

- endswith: 트랜잭션의 끝을 표시하는 표현식을 사용하기 위해 이 옵션을 활용한다. startswith와 유사하게 표현식은 문자열 상수 아니면 eval 필터링 표현식이다. 문법은 옵션으로 선택한 값에 따라 달라진다. 기본 값은 ""이다.

스플렁크 제품 문서(http://docs.splunk.com/Documentation)는 다양한 예제를 제공하며, startswith와 endswith 사용 문법을 설명한다.

startswith와 endswith의 <transam-filter-string> 값은 다음과 같은 문법으로 정의된다.

```
"<search-expression>" | (<quoted-search-expression>) | eval(<eval-
expression>
```

이 표현식에서 정의되는 값은 다음과 같다.

- <search-expression>: 인용부호를 포함할 수 없는 검색 표현식이다.
- <quoted-search-expression>: 인용부호를 포함할 수 있는 검색 표현식이다.
- <eval-expression>: 불린Boolean 값을 해석하는 eval 표현식이다.

다음은 몇 가지 예다.

- **검색 표현식**: name="splunkmaster"
- **검색 표현식**: user=millerj
- **검색 표현식**: 모든 검색 구phrase
- **eval 불린 표현식**: eval(rotations/time < max_speed)

## 트랜잭션과 매크로 검색

2장 '고급 검색'에서 스플렁크 매크로를 소개했다.

스플렁크 매크로는 (사전 테스트가 완료됐거나 입증된) 재사용 가능한 스플렁크 로직의 집합체, 즉 기본적으로 반복 입력이 필요 없는 스플렁크 검색 혹은 그 일부라고 말할 수 있다. 저장된 매크로는 재사용 시 인자를 받도록 정의될 수도 있다. 스플렁크 매크로는 지식 관리에서 없어서는 안 될 중요한 부분이다.

매크로는 매우 강력한 기능이기 때문에 트랜잭션과 함께 사용되면 스플렁크 트랜잭션의 기능과 유용성을 극대화할 수 있다. 트랜잭션에서 매크로는 $field$를 사용해 치환된다.

스플렁크 매크로에 대해 간략하게 살펴보자.


## 검색 매크로 다시 살펴보기

검색 매크로는 다양한 검색(저장된 검색 및 애드혹ad-hoc 검색 모두)과 특정 검색 내에서 여러 부분에 재사용될 수 있다는 사실을 기억하라. 또한 검색 매크로는 완전한 명령어일 필요가 없다. 매크로가 인자를 받는 것 또한 가능하다.

매크로를 생성하는 가장 쉬운 방법은 항상 그렇듯이 스플렁크 웹을 사용하는 것이다. 생성 절차는 다음과 같다.

1. Settings설정으로 이동해 다음 화면에서 보이는 것처럼 Advanced search고급 검색를 선택하라.

**2.** Advanced search<sup>고급 검색</sup> 페이지에서 Search macros<sup>검색 매크로</sup>를 선택하라.

**3.** Search macros<sup>검색 매크로</sup> 페이지에서 새로운 매크로를 생성하기 위해 New<sup>새로 만들기</sup>를 클릭하라.

## 인자 정의

Add new<sup>새로 추가</sup> 페이지에서 다음과 같은 적절한 매크로 인자를 입력할 수 있다.

- Destination app<sup>대상 앱</sup>: 기본 값은 스플렁크 검색 앱이지만, 매크로를 적용하고자 하는 스플렁크 앱을 (드롭다운 리스트로부터 편리하게) 선택할 수 있다.

- Name<sup>이름</sup>: 매크로 이름이다. 값(인자)을 매크로로 넘기려면, 이름 필드에 넘길 인자 개수(이름이나 인자 이름이 아닌 개수만)를 명시해야 한다. supermacro(3)처럼 말이다(supermacro라는 매크로에 3개의 인자를 넘긴다는 의미다). 재미있는 사실은 스플렁크에서 같은 이름을 사용하는 서로 다른 매크로들을 생성할 때는 반드시 인자 개수가 달라야 한다는 것이다. 즉, supermacro와 supermacro(3)는 각기 다른 개별적인 매크로다. 그러나 이런 방법을 권장하지는 않는다. 서로 다른 매크로에 서로 다른 이름을 붙이는 것이 좋다. 또한 파이프 문자가 문제를 일으킬 수 있으므로 제품 문서를 통해 구체적인 사용법을 확인해야 한다.

- Definition<sup>정의</sup>: 다른 스플렁크 검색에서 참조될 때 매크로가 해석하는 문자열이다.

 (검색) 매크로에 인자를 입력하려면 각 인자를 달러 부호로 감싸야 한다($arg1$). 각 인자의 실제 값은 매크로가 호출될 때 명시된다.

- Use eval-based definition?<sup>eval-based definition을 사용하시겠습니까?</sup>: 매크로 정의가 eval 표현식(즉, 매크로 확장<sup>macro expansion1</sup>을 나타내는 문자열을 반환한다)인지 여부를 표시하는 체크박스다.

- Arguments<sup>인자</sup>: 간단히 말하자면 쉼표로 구분된 인자 이름을 문자열로 나타낸 것이다(매크로가 있는 경우). 이름은 문자 a~z, A~Z, 0~9, 밑줄(_), 대시(-)의 조합으로만 구성될 수 있다. 중복 이름은 허용되지 않는다. 인자 내에서 인용부호를 사용하려면 반드시 이스케이프<sup>escape</sup> 처리가 필요하다(되도록 인용부호의 사용을 자제하라).

- Validation Expression<sup>검증 표현식</sup>과 Validation Error Message<sup>검증 에러 메시지</sup>: 인자를 검증하기 위해 eval 표현식 문자열을 입력해서 불린<sup>Boolean</sup> 값이나 문자열을 평가하는 것

---

1 매크로 호출에 의해 매크로로 정의된 루틴이 매크로 호출이 위치한 부분에 대치된다. – 옮긴이

이 가능하다. 검증 표현식 결과는 Validation Error Message<sup>유효성 검사 오류 메시지</sup> 텍스트 박스에 보인다.

## 매크로 적용

이제 9장 전반부에서 설명을 중단했던 부분으로 다시 돌아갈 것이다. 다음 트랜잭션 예를 살펴보자.

```
sourcetype=tm* TM1.Process error | transaction maxpause=1m maxspan=5m
```

이 검색을 매크로로 변환할 수 있다. Advanced search<sup>고급 검색</sup> 페이지에서 Search macros<sup>검색 매크로</sup>를 선택하라. 그런 다음 Search macros<sup>검색 매크로</sup> 페이지에서 New<sup>새로 만들기</sup>를 클릭하라. 검색 조건을 만족하는 이벤트 그룹을 찾아 반환하는 트랜잭션 검색 매크로를 생성할 수 있다. 이 예제는 TM1.Process와 error 구<sup>phrase</sup>를 포함하며 tm*(모든 TM1 메시지 로그 데이터 소스)로 인덱싱된 모든 데이터를 사용하고 있다. TurboIntegrator 프로세스 에러로 인해 발생한 모든 이벤트를 볼 수 있는 방법이다. 추가 작업으로, 이벤트들 사이가 최대 정지(maxpause) 시간을 넘지 않으면서 일정 시간 간격(maxspan) 내 발생한 에러들을 그룹으로 묶기 원한다고 가정하자.

매크로를 생성하기 위해 다음 정보를 입력한다.

- Destination app<sup>대상 앱</sup>: 기본 값인 search로 둘 것이다(언제든 변경 가능하다).
- Name<sup>이름</sup>: TM1ProcessTransactions(2)가 좋을 듯하다. 2개의 인자에 값을 넘길 것이다.
- Definition<sup>정의</sup>: sourcetype=tm1* TM1.Process error | transaction maxpause= $argme$ maxspan=$argmeagain$가 된다. maxspan과 maxpause에 대한 값을 $ 문자를 사용해 인자로 변환했다.
- Use eval-based definition?<sup>eval-based definition을 사용하시겠습니까?</sup>: 표시하지 않은 상태로 남겨둔다.
- Arguments<sup>인자</sup>: 인자 argme와 argmeagain을 호출할 것이다.
- Validation Expression<sup>검증 표현식</sup>과 Validation Error Message<sup>검증 에러 메시지</sup>: 역시 빈칸으로 남겨둔다.

이런 정보는 다음 화면에서 입력할 수 있다.

매크로 생성을 위한 Add new 페이지

이제 매크로 트랜잭션 검색을 실행하기 위해 다음 코드를 입력한다.

`` `TM1ProcessTransactions(1d, 5m)` ``

매크로를 검색으로 활용하려면 (낮은 액센트표<sup>grave accent</sup>라고도 하는) 좌측 인용부호를 사용해야 한다는 사실을 기억하라. 대부분의 영자 키보드에서 이 문자는 틸드(~)와 같은 키에 위치한다.

검색 실행 중에 인자 maxspan과 maxpause의 값을 입력할 수 있는데, 대상 보고서에 넘겨주고자 하는 어떤 값이라도 입력 가능하다는 사실에 주목하라. 다음 화면은 이를 보여준다.

매크로 트랜잭션 검색 화면

스플렁크 트랜잭션을 사용하기 위해서는 (방금 설명했듯이) 검색 옵션을 설정하거나 transactiontypes.conf 파일에 설정된 트랜잭션 타입을 호출함으로써 검색에서의 트랜잭션 제약 조건을 정의할 수 있다.


# 트랜잭션의 고급 사용

스플렁크 트랜잭션의 고급 사용법을 살펴보자.


## 트랜잭션 타입 설정

9장 전반부에도 말했듯이, 트랜잭션은 일정 시간 범위 내에서 발생한, 개념적으로 연관된 이벤트들의 집합으로 정의되며, 트랜잭션 타입은 스플렁크에 저장된 혹은 정의된 트랜잭션을 뜻한다. 연속된 모든 이벤트는 트랜잭션 타입으로 변환될 수 있다. 트랜잭션 타입을 생성하기 위해서는 transactiontypes.conf 파일을 사용하면 된다.


### transactiontypes.conf 파일

대부분 스플렁크 기능들처럼 설정(혹은 .conf) 파일이 사용된다. 스플렁크에 트랜잭션 타입을 생성(설정)하기 위해 transactiontypes.conf 파일을 사용하라.

스플렁크 설치 파일을 검색하면 다음과 같은 두 가지 버전의 파일을 보게 될 것이다.

- transactiontypes.conf.example
- transactiontypes.conf.spec

이 파일들은 참조용이다.

사용자 자신만의 transactiontypes.conf 파일을 $SPLUNK_HOME/etc/system/local/에 생성해야 한다.

사용자 정의 앱 디렉토리 $SPLUNK_HOME/etc/apps/에 생성할 수도 있다.

트랜잭션 타입은 파일에 섹션 제목을 명시하고 섹션 내에서 각 트랜잭션에 대한 스펙을 나열함으로써 정의된다(스플렁크에서는 이런 섹션 제목을 항목<sup>stanza</sup>이라고 한다).

사용자가 필요한 만큼, 원하는 만큼 다수의 트랜잭션 타입을 생성할 수 있다(각 트랜잭션 타입은 다수의 스펙 정의와 하나의 섹션 제목으로 구성된다). 이후 정의한 트랜잭션을 호출하려면 트랜잭션 타입 이름을 사용해 스플렁크 Transaction 명령어를 활용한다. 필요한 경우 검색 명령어 내에서 정의된 트랜잭션을 덮어쓸 수도 있다.

트랜잭션 타입을 생성하려면 다음 문법을 참고하라.

```
[<transactiontype>]
maxspan = [<integer>s|m|h|d|-1]
maxpause = [<integer>s|m|h|d|-1]
fields = <comma-separated list of fields>
startswith = <transam-filter-string>
endswith=<transam-filter-string>
```

이 코드의 각 라인(그리고 관련 옵션)을 자세히 살펴보자.

- [<transactiontype>]: 섹션 제목(혹은 항목<sup>stanza</sup>)은 트랜잭션 타입의 이름으로서, 스플렁크 웹에서 검색 시 사용된다. 사실 섹션 제목만 명시할 수도 있다. 즉, 만약 트랜잭션 타입에서 스펙을 지정하지 않으면 스플렁크는 기본 값을 사용한다.
- maxspan = [<integer> s|m|h|d|-1]: 트랜잭션에 허용 가능한 최대 시간 간격을 설정한다. 초, 분, 시, 일 단위로 이 매개변수를 설정할 수 있다(-1로 설정할 경우 시간 제한이 없다는 의미다).
- maxpause = [<integer> s|m|h|d|-1]: 트랜잭션 내에서 이벤트들 사이의 최대

시간 간격을 설정한다. 초, 분, 시, 일 단위가 될 수 있다(-1로 설정할 경우 시간 제한이 없다는 의미다).

- `maxevents = <integer>`: 트랜잭션 내 이벤트 개수를 제한한다(양수여야 하며, 기본 값은 1000이다).

- `fields = <comma-separated list of fields>`: 트랜잭션에서 각 이벤트는 같은 필드 혹은 같은 필드들을 포함해야 함을 명시한다.

- `connected= [true|false]`: fields와 관련 있는데 fields가 비어 있지 않을 때만 사용된다. 새로운 트랜잭션을 시작하는 이벤트인지 혹은 현재 트랜잭션의 일부가 되는 이벤트인지 결정한다. 기본 값은 `connected = true`이다.

- `startswith = <transam-filter-string>`: 새로운 트랜잭션의 시작을 알리는 (검색 혹은 eval) 필터링 표현식이다(기본 값은 " "이다).

- `endswith=<transam-filter-string>`: (startswith와 유사한) 검색 혹은 eval 필터링 표현식으로서, 조건을 만족하는 이벤트가 트랜잭션의 끝임을 표시한다(기본 값은 " "이다).

다음 문자열은 startswith와 endswith 스펙에 적용된다.

`<transam-filter-string>`

이 스펙은 다음 키워드로 구성된다.

`"<search-expression>"` | `(<quoted-search-expression>` | `eval(<eval-expression>)`

(`<transamfilter-string>` 값을 구성하는) 이 코드의 키워드는 다음과 같이 정의된다.

- `<search-expression>`: 인용부호를 허용하지 않는 검색 표현식이다.

- `<quoted-search-expression>`: 인용부호를 허용하는 검색 표현식이다.

- `<eval-expression>`: 불린Boolean을 해석하는 eval 표현식이다.

다음 옵션 매개변수 역시 살펴봐야 한다.

- `delim=<string>`: 트랜잭션 이벤트 필드에서 원시 이벤트 값의 구획문자를 설정한다(기본 값은 delim=이다).

- `nullstr=<string>`: 트랜잭션에서 다중 값을 갖는 필드들 중 유실 필드 값으로

대체되는 값을 설정한다(기본 값은 nullstr=NULL이다).

## 트랜잭션 타입 예제

transactiontypes.conf 파일에서 트랜잭션 타입을 정의하는 방법이 얼마나 강력한지
보여주는 예제를 소개할 것이다.

(9장 전반부에서 언급했듯이) 스플렁크 Transaction 명령어를 사용해 다음과 같은 트랜
잭션 검색을 구성할 수 있다.

```
sourcetype=TM* | Transaction fields=host startswith="TM1.Process"
```

이 검색은 두 가지 기준을 만족하는 이벤트 그룹(트랜잭션)에 대한 보고서를 생성한다.

- 유사한 호스트
- TM1.Process 구로 시작하는 이벤트

검색을 실행하면 다음 보고서가 생성된다.

검색 결과

트랜잭션 타입을 정의하는 기능을 활용하면 다음과 같이 transactiontypes.conf 파일
의 로컬 버전을 생성할 수 있다.

```
[TurboIntegratorErrors]
fields=host
startswith="TM1.Process"
```

파일을 생성하고 저장한 후 스플렁크를 재시작해야 한다. 이후 검색 시 이름으로 간단하게 트랜잭션 타입을 호출할 수 있다.

```
sourcetype=TM* | Transaction name=TurboIntegratorErrors
```

다음 화면처럼 이는 전과 같은 보고서를 생성한다.

검색 결과

물론 여기서 원하는 어떠한 항목이든 추가할 수 있다.

## 그룹화: 이벤트 그룹화와 상관관계

이 책에서는 스플렁크의 모든 데이터가 이벤트로 인덱싱된다고 설명한다. 이런 이벤트들을 조사하는 행위의 일부가 이벤트 상관관계correlation의 개념이다.

> "이벤트 상관관계(correlation)란 질문에 응답하기 위한 목적으로 다양한 소스 데이터에 존재하는, 외견상 관련성이 없는 이벤트들 사이에서 연관성을 찾는 작업이다."
>
> – Splunk.com, 2014

스플렁크는 (이번 9장에서 다뤘던) 트랜잭션 및 트랜잭션 타입뿐만 아니라 그 외 대부분 이 책에서 다뤘던 다양한 방법을 통해 이벤트의 상관관계를 지원한다.

- 이벤트의 시간 근접성 혹은 지리상 위치를 근거로 이벤트 사이의 연관성을 밝혀낼 수 있다. 비정상 활동을 조사하고 밝혀내기 위해 일련의 시간 기반 검색을 실행하

고, 이후 특정 시간 범위로 좁혀나가기 위해 타임라인<sup>timeline</sup>을 사용할 수 있다.

- 관련 이벤트가 각기 다른 개별 데이터 소스에서 수집됐더라도 관련 이벤트 시퀀스를 하나의 단일 트랜잭션으로 추적할 수 있다.
- (조건적인) 검색 결과를 또 다른 검색에서 사용하기 위해 스플렁크 서브검색을 활용할 수 있다.
- 룩업을 사용해 데이터를 외부 소스와 연결할 수 있다.
- 하나(혹은 그 이상)의 필드를 기준으로 각기 다른 2개의 데이터 세트에 SQL 형식의 내부 조인<sup>inner join</sup>과 외부 조인<sup>outer join</sup>을 사용할 수 있다.

스플렁크가 제공하는 옵션을 완벽히 파악하고 어떤 옵션이 요구사항에 맞지 않는지 뿐만 아니라 가장 효율적이면서 효과적인 옵션이 무엇인지 결정하는 일은 스플렁크 전문가에게 매우 중요한 일이다. 엔터프라이즈 환경에서는 자원, 동시발생<sup>concurrency</sup>, 사용자의 선택이 성능에 어떤 영향을 미칠지 예상할 수 있어야 한다(이에 대해서는 9장 후반부에서 좀 더 자세히 다룰 것이다).

또한 (예를 들어) 트랜잭션 타입은 엔터프라이즈 지식 객체로서 충분히 가치가 있으며, (단수형의, 일시적인, 오직 단일 사용자를 위한 트랜잭션 타입 설정과는 반대로) 모든 조직에서 재사용될 수 있는 트랜잭션 타입 개발에 공을 들여야 한다는 사실을 강조하고 싶다.

## 동시발생 이벤트

스플렁크에서 동시발생 이벤트란 같은 시간에 발생한 이벤트 혹은 같은 시작 시각에 발생한 이벤트들을 뜻한다(겹치는 시간 간격 동안 발생하는 이벤트들의 개수가 아니다). 이를 명확히 하기 위해 두 가지 이벤트가 있다고 가정하자(E1과 E2라는 이름을 붙일 것이다). (E1.start, E1.start + E1.duration)이 (E2.start, E2.start + E2.duration)과 겹칠 때 E1과 E2를 동시발생 이벤트라 한다.

스플렁크 버전 6.1은 concurrency 명령어를 지원하는데, 앞으로 이를 익숙하게 다룰 수 있어야 한다. concurrency 명령어는 duration 필드를 사용해 (각 이벤트에 대한) 동시발생 이벤트들의 개수를 찾아낸다.

다음은 명령어 문법이다.

```
concurrency duration=<field> [start=<field>] [output=<field>]
```

이 문법에서 각 코드 항을 자세히 살펴보자.

- duration: 시간 간격을 명시하는 필수 필드로서, 지속 시간(예: 초)으로 명시되는 필드에 따라 달라진다.
- start: 시작 시각을 표현하는 옵션 필드다(기본 값은 _time이다).
- output: 동시발생 이벤트 개수를 알려주는 옵션 필드다(기본 값은 concurrency이다).

## concurrency 명령어 사용 예제

(TurboIntegratorErrors라는) 스플렁크 트랜잭션 타입에 관한 이전 예제를 보면 같은 시간에 발생한 각기 다른 트랜잭션들의 개수를 확인하기 위해 반환된 이벤트 그룹의 지속 시간 혹은 시간 간격을 사용하는 모습을 볼 수 있다. 다음 예를 살펴보자.

```
sourcetype=TM* | transaction name=TurboIntegratorErrors | concurrency
duration=duration | eval duration=tostring(duration,"duration")
```

이 예는 트랜잭션 타입(TurboIntegratorErrors)을 사용하는데, 모든 결과(그룹화된 이벤트)를 concurrency 명령어로 파이프 처리한다. 이후 트랜잭션의 타임스탬프와 지속 시간을 기준으로 같은 시간에 발생한 이벤트 개수를 센다. 결과는 다음 화면과 같다.

검색 결과

이 검색에는 eval 명령어뿐만 아니라 tostring() 함수도 사용됐다(duration 필드 값을 좀 더 이해하기 쉬운 포맷인 HH:MM:SS로 변형한다).

포맷이 적용되지 않은 duration 필드를 보여주는 화면이다.

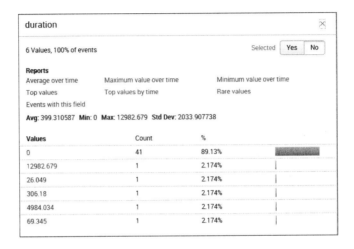

포맷이 적용된 duration 필드를 보여주는 화면이다.

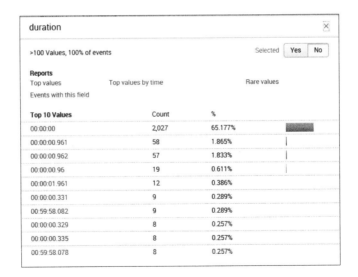

다음과 같이 같은 시간에 발생한 각기 다른 이벤트들의 개수를 세기 위해 각 이벤트 사이의 시간을 사용할 수 있다.

```
sourcetype=TM* | transaction name=TurboIntegratorErrors | delta _time
AS timeDelta p=1 | evaltimeDelta=abs(timeDelta) | concurrency
duration=timeDelta
```

여기서 스플렁크 delta 명령어와 _time 필드를 볼 수 있다. 이 명령 문자열은 (설정된 트랜잭션 타입으로부터 반환된) 하나의 TM1 이벤트와 그 이벤트 바로 직전 이벤트 사이의 시간 간격을 계산한다. 이와 더불어 이 시간 차이에 timeDelta라는 이름이 붙게 된다.

timeDelta 값이 음수인 경우 동시실행과 함께 동작하지 않기 때문에, eval 명령어를 추가해 timeDelta를 절댓값(abs(timeDelta))으로 변경한다. timeDelta 값은 이후 동시발생 이벤트를 계산하기 위한 지속 시간으로서 사용될 수 있다.

위의 두 예로부터 얻은 결과는 비슷하지만 필드의 출력은 서로 완전히 다를 것이다. 이를 유의하라.

각 트랜잭션에 대해 동시발생 이벤트의 개수를 계산하고 그 결과를 splunkmaster라는 필드로 저장하는 예가 있다.

```
sourcetype=TM* Error | transaction name=TurboIntegratorErrors |
concurrency duration=duration output=splunkmaster
```

다음 화면에서 이를 볼 수 있다.

# splunkmaster 옵션을 클릭하면 다음과 같은 대화창이 열린다.

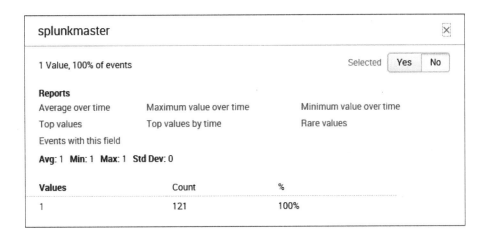

다음은 et 필드를 시작 시각으로 사용하고, length를 지속 시간으로 사용하는 동시 발생 이벤트의 개수를 계산하는 예다.

```
sourcetype=TM* Error | transaction name=TurboIntegratorErrors |
concurrency duration=length start=et
```

결과는 다음 화면과 같다.

검색 결과

## 주의사항: transaction 대신 stats 사용하기

지금까지 9장에서는 트랜잭션과 트랜잭션 타입을 자세히 다뤘다. 트랜잭션은 스플렁 크가 제공하는 강력한 기능이다. 그러나 사용자의 목적에 따라 트랜잭션을 사용하는 것이 가장 효과적인 접근 방법이 아닐 수도 있다. 예를 들어 단일 필드로 정의된 트랜 잭션 데이터에 대한 통합 통계를 구하는 것이 목적이라면, stats 명령어를 사용하는 방법이 가장 효율적이다. 다음 예를 자세히 살펴보자.

host 필드로 정의된 트랜잭션의 지속 시간에 대한 통계를 구하기 위해 다음 질의를 사용한다.

```
sourcetype=TM* Error | transaction name=TurboIntegratorErrors |
stats min(_time) AS earliest max(_time) AS latest by host | eval
duration=latest-earliest | stats min(duration) max(duration)
avg(duration) median(duration) perc95(duration)
```

결과는 다음과 같다.

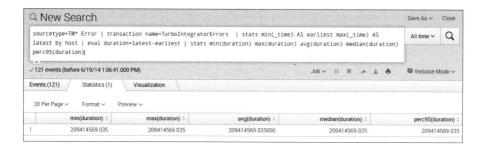

유사하게, 인덱싱된 TM1 로그에서 호스트별 조회 수를 계산하기 위해 다음 질의를 사용한다.

```
sourcetype=TM* Error | transaction name=TurboIntegratorErrors | stats
count by host| sort -count
```

결과는 다음과 같다.

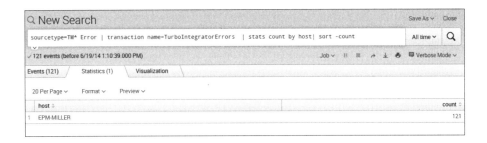

이전 예제들을 살펴보면 알겠지만, 트랜잭션 데이터에 대한 통계를 생성하려면 항상 우선적으로 stats 명령어의 사용을 고려해야 한다.


## 정리

9장에서는 동시발생 이벤트와 함께 스플렁크 트랜잭션과 트랜잭션 타입을 정의했다. 또한 이벤트를 트랜잭션으로 그룹화하고 설정하는 여러 가지 방법을 다뤘다.

10장에서는 스플렁크 개발의 모범 사례를 소개하고 지침과 실제 적용사례를 소개할 것이다.

# 10

# 엔터프라이즈를 위한 스플렁크

10장에서는 엔터프라이즈 관점에서 스플렁크에 대한 이야기를 해볼 것이다. 명명 규칙, 테스트, 비전의 구현 같은 중요한 개발 모범 사례를 자세히 설명한다.

10장에서 다루는 내용은 다음과 같다.

- 일반적인 개념
- 문서에서의 명명법
- 테스트
- 회귀
- 비전

## 일반적인 개념

이 책은 스플렁크와 스플렁크로 할 수 있는 일들을 정의하는 것으로 시작했다. 또한 스플렁크를 찾아서 설치하는 방법을 다뤘고, 이후 검색, 테이블, 차트, 필드뿐만 아니라 룩업, 대시보드, 인덱싱, 앱, 모니터링, 트랜잭션을 구현하는 방법에 대해 알아봤다.

이런 '전술적tactical 스플렁크'라고 할 수 있는 개념들에 익숙해졌을 것이다. 이제는 전략적strategic(혹은 엔터프라이즈) 관점에서 스플렁크를 논의할 시점이다. '전략적'이라는 말은 입증된 방법으로 작업을 수행하며 특별히 스플렁크 지식 및 지식 객체의 개발과 관리를 통해 우위를 점할 수 있는 기회를 찾는다는 뜻이다. 이런 관점은 능력 성숙도 모델Capability Maturity Model에 대해 서술한 부분(10장 후반부 '구조적 접근법' 절에서 자세히 살펴볼 것이다)에 잘 정의되어 있으며, 보통 조직의 관점은 전술적 관점에서 전략적 관점으로 진전되는 것이 일반적이다.

## 모범 사례

소프트웨어 컴포넌트 혹은 솔루션을 개발할 때는 사용된 기술과 상관없이 많은 권고 사항과 지침이 존재하기 마련이다. 소프트웨어 설계에 참여하는 사람은 각자 최선의 방법론에 대한 자신만의 철학이 있으며 이런 생각은 시간이 흐르면서 변하기도 한다. 최근에는 모범 사례best practice와 입증 사례proven practice 간에 구분이 좀 더 명확해졌는데, 이는 조직의 요구사항과 우선순위에 따라 최적이라 여겨지는 기준들이 변하는 경우가 있기 때문이다.

모범 사례 지침에 포함된 내용은 다음과 같다.

- 요구사항
- 아키텍처
- 설계
- 코딩
- 검토
- 테스트
- 성능 프로파일
- 설정 관리
- 품질 보증
- 배포
- 운영 및 지원
- 데이터 및 마이그레이션migration
- 프로젝트 관리
- 성과 측정

소프트웨어 컴포넌트 및 솔루션 개발에 있어 이런 내용들은 매우 중요하며, 각 주제는 (동작하는 것, 제일 잘 동작하는 것, 그다지 잘 동작하지 않는 것에 대한) 지식을 기반으로 한다. 진정한 모범 사례는 획득한 지식을 잘 관리하는 하나의 방법이다. 이런 사례들은 스플렁크 전문가를 위해 스플렁크 지식을 관리하는 개념에 초점을 맞추고 있다(지식관리).

## 스플렁크 지식의 정의

전략적 관점으로 스플렁크를 바라보면, 조직 내에서 스플렁크 기술을 사용하고 개발할 때 조직 내부 사람들이 획득하는 지식과 경험, 진보는 지식 혹은 지식 객체로 표현된다는 사실을 이해할 수 있다.

스플렁크는 조직이 활용 가능한 데이터에 대한 세부사항과 큰 그림을 (패턴 형식으로) 모두 볼 수 있게 도와주는 명령형 검색 및 분석 툴이다. 스플렁크를 사용하면 단지 로그를 스캔하는 기능뿐만 아니라 과거, 현재, 미래와 관련된 좀 더 많은 정보를 찾기 위해 데이터에 내포된 통찰을 활용할 수 있다.

이 책에서는 이벤트, 필드, 타임스탬프, 그 외 (거의) 대부분 종류의 데이터로부터 자동으로 지식을 추출하는 방법을 설명했다. 이를 통해 사용자는 좀 더 효율적이고 지능적이며 집중적인 정보 활용 방법을 구사할 수 있다(대다수 데이터는 검색 시 추출되는 반면, 어떤 데이터는 스플렁크 인덱스 데이터처럼 인덱싱 시점에 추출된다).

주류 혹은 정형 데이터베이스는 데이터로부터 어떤 정보를 추출할지 혹은 분석할지 결정하기 위해 사전결정 혹은 사전설정(스키마)을 사용하는 반면, 스플렁크는 필요한 시점에 데이터로부터 지식을 동적으로 추출해낸다. 처음에는 스플렁크로 간단한 검색을 수행하고, 이후 조직이 지속적으로 스플렁크를 사용하게 되면서 이벤트 타입, 태그, 룩업, 필드 추출, 워크플로우 작업, 저장된 검색 같은 각 조직만의 (스플렁크) 지식을 추가로 생성하는 것이 일반적이다.

생성된 스플렁크 지식은 다양한 각도로 데이터를 관찰하고 분석하는 과정을 간략화하기 위해 사용하는 툴로 생각할 수도 있다. 스플렁크 트랜잭션과 같은 예를 생각해보자. 스플렁크 트랜잭션은 다수의 이벤트를 단일 이벤트로 연결해 간결한 분석적 검색의 대상이 되게 하는 것이다.

이런 툴 혹은 툴세트는 스플렁크 지식 객체라는 이름으로 조직에서 구조화되고 관리될 수 있으며, 스플렁크 웹 인터페이스(그리고/혹은 스플렁크 설정 파일)를 통해 관리 및 접근이 가능하다. 또한 조직이 보유한 데이터의 반복적 분석을 위해 사용될 수 있다. 다시 말해, 스플렁크를 활용하면 조직 전체에서 이런 지식(혹은 지식 객체)을 쉽게 공유할 수 있다. 다음 도표를 살펴보자.

스플렁크 지식은 이어지는 절들에서 설명할 다섯 가지 범주 중 하나로 분류된다.

## 데이터 해석

데이터를 파악하는 과정은 원시 데이터에서 특정 데이터 지점 혹은 필드를 식별해내고 추출하는 작업으로부터 시작된다. 3장 '테이블, 차트, 필드 정복'에서 논의했듯이, 스플렁크는 의미가 명확하지 않은 데이터에서 특정(혹은 기본) 필드들을 자동으로 추출함으로써 데이터에 의미를 부여한다. 조직이 파악하고 있는 수준을 확장하고 향상하기 위해 데이터에서 추가 필드를 (수동으로) 추출할 수도 있다.

## 데이터 분류

9장 '스플렁크 트랜잭션'에서 살펴본 것처럼, 스플렁크 이벤트 타입과 트랜잭션을 사용해 데이터를 해당 데이터 이벤트 집합으로 분류하거나 그룹화할 수 있다. 스플렁크 트랜잭션이 특정 기간 내에 개념적으로 관련 있는 이벤트들의 데이터 집합이라면, 스플렁크 이벤트 타입은 스플렁크 검색을 통해 조직이 발견한 이벤트들을 그룹으로 묶기 위해 사용된다.

## 데이터 축적

데이터는 스플렁크 룩업과 워크플로우 작업을 통해 축적된다(4장 '룩업'을 참조하라). 룩업과 워크플로우는 다양한 방법으로 데이터의 유용성을 확장할 수 있는 스플렁크 지식의 한 범주다. 외부 데이터 소스(정적인 CSV 파일) 혹은 파이썬 기반 실행 명령어로부터 추가 필드의 형태로 사용자가 보유한 데이터에 정확한 정보를 추가할 수 있다. 워크플로우 작업은 IP 주소를 포함하는 필드에 대한 WHOIS 룩업처럼, 데이터의 필드와 그 외 애플리케이션 혹은 웹 소스 사이의 통신을 가능하게 한다.

## 정규화

스플렁크 에일리어스alias와 태그(3장과 4장에서 살펴봤다)를 사용해 조직의 필드 정보 집합을 정규화하고, 연관된 필드 값들을 그룹화하며, 각기 다른 특성을 보이는 추출된 필드들에 태그를 붙일 수 있다. (호스트명 같은) 각기 다른 필드들에 동일한 태그를 붙이거나 각기 다른 필드 에일리어스를 부여함으로써, 스플렁크가 이들 모두를 동일한 것으로 인식하게 만들 수 있다.

## 모델링

하나 혹은 그 이상의 데이터 세트를 대표하는 개체를 생성하기 위해 스플렁크 데이터 모델을 사용한다. 인덱싱된 특정 데이터의 포맷과 의미semantics를 기반으로 (룩업, 트랜잭션, 연산 필드 같은) 수많은 스플렁크 객체가 데이터 모델에 포함될 수 있으며, 사용자는 이를 활용해 유용한 테이블, 복잡한 시각화 자료, 탄탄한 보고서를 (스플렁크 피벗으로) 빠르게 생성할 수 있다.

또한 스플렁크 지식 관리에는 작업 처리jobbing와 가속화accelerating라는 작업이 포함된다.

스플렁크 검색 혹은 피벗을 실행한 후 그 내용이 작업job으로 저장되지 않으면, 스플렁크는 그 결과를 10분 내에 자동으로 삭제한다. 스플렁크 지식 관리자는 스플렁크 Jobs작업 페이지를 통해 최근에 실행되고 저장된 작업을 검토하고 관리할 수 있는 권한을 갖는다.

만약 스플렁크 검색 혹은 피벗이 너무 느리다고 판단되면, 스플렁크 지식 관리자는 성능 향상을 위해 스플렁크가 제공하는 요약 기반 가속 전략을 활용할 수 있다(예로 검색에 대한 보고서 가속, 피벗에 대한 데이터 모델 가속, 특수 사례를 위한 요약 인덱싱이 있다).

## 전략적 지식 관리

스플렁크 지식 관리를 활용하면 지식 객체를 개별적으로 사용하는 전술적인 방법에서 지식 객체에 대한 엔터프라이즈의 권한을 강조하는 전략적인 방법으로 지식 객체 관리의 관점을 전환할 수 있다. 일반적으로 지식 관리에서는 사전 인덱싱 설정 및 처리보다 실시간(혹은 검색 시점) 이벤트 조정에 중점을 두는데, 사실 이는 전략이라기보다는 스플렁크의 관리적 측면에 더 가깝다고 볼 수 있다.

지식 관리를 담당하는 사람은 스플렁크 관리상 발생하는 문제에 대한 경험이 있거나 적어도 다음과 같은 기본 사항에 대한 기초적인 이해를 바탕으로 데이터 및 사용 사례를 파악할 필요가 있음을 명심해야 한다.

지식 관리의 전제조건은 무엇인지 살펴보자.

- **앱**: 엔터프라이즈가 하나 이상의 스플렁크 앱을 사용할 때는(예를 들어, 네트워크 관리와 웹사이트 로그 검토는 완전히 서로 다른 목적을 가진, 완전히 서로 다른 사용자를 위한 작업이다), 스플렁크 앱들이 어떻게 구성되어 있으며, 많은 앱이 배포된 환경에서 앱 객체가 어떻게 관리되고 있는지 파악해야 한다.
- **설정 파일**: 스플렁크 웹을 통해 대부분의 설정이 구성된다 하더라도, 설정 파일 위치, 구성 방법, 우선순위 등을 숙지해야 한다. .conf 파일로 직접 작업하면 좀 더 세밀한 조정이 가능하다. 스플렁크 관리자는 이 방법에 더욱 익숙해져야 한다. 고급 사용자는 스플렁크 웹에 의존해도 된다.
- **인덱싱**: 더 많은 사용자가 온라인을 통해 들어오고 검색 파이프라인이 좀 더 복잡해짐에 따라, 인덱스의 역할과 동작 방법을 아는 것이 점차 중요해지고 있다. 대부분의 사용자는 인덱스 시각과 검색 시각의 차이, 그리고 그런 시간 차이가 왜 중요한지 알고 있을 것이다.
- **데이터 가져오기**: 스플렁크의 모든 작업은 데이터로부터 시작된다. 따라서 스플렁크의 데이터 입력에 관한 모든 내용을 숙지하는 것이 중요하다.

- **전달하기 및 수신하기**: 스플렁크의 전달자 및 수신자의 강력한 기능을 경험하려면 전달자 및 수신자에 대한 정의, 구현 방법과 사용 목적을 이해하는 것이 매우 중요하다.
- **이벤트 처리**: 스플렁크가 데이터를 파싱하고 인덱싱하는 방법을 이해하면 처리상 이슈를 해결하거나 성능을 향상하는 데 도움이 된다.
- **기본 필드**: 기본적으로 스플렁크는 인덱싱 시 호스트, 소스, 소스 타입 같은 필드를 추출한다. 최적화와 효율성을 위한 기본 필드 추출의 관리 및 활용 방안에 대한 이해는 스플렁크 지식에 포함된다.
- **역할**role **및 사용자**: 역할 및 사용자 생성 권한이 없다 하더라도 사용자 환경에서 어떻게 설정되는지 아는 것이 중요하다. 왜냐하면 이는 사용자 그룹들 간에 스플렁크 지식 객체를 공유하고 승격시키는 작업에 직접적인 영향을 미치기 때문이다.

## 지식 관리에 의한 스플렁크 객체 관리

조직의 유일한 스플렁크 사용자, 큰 팀에 속한 스플렁크 사용자, 혹은 스플렁크 관리자는 머지않아 계속해서 늘어가는 지식 객체를 감당해야 하는 상황에 이를 것이다. 실제 사례를 보면 조직에서 스플렁크 사용자가 속한 여러 팀이 존재하는 경우 동일한 문제를 해결하는 다수의 객체를 중복해서 갖고 있는 경우가 많다.

스플렁크 사용자는 다음 작업을 수행해본 경험이 있을 것이다.

- 다수의 스플렁크 객체 분류
- 모호하거나 중복된 이름 해석
- 객체의 존재 여부 확인
- 앱 배치와 권한이 불공평하게 적용된 객체 조정
- 시스템 어딘가에 이미 존재하는 객체 재생성

따라서 조직 내(혹은 사용자 자신의) 스플렁크 지식을 재편하고 관리하는 최소한의 노력만으로 얻을 수 있는 이득이 분명 있다. 조직의 노력이란 다음과 같은 것들이다.

- **간단한 리스트 작성과 조직화**: 스플렁크 객체 리스트를 만들고 모니터링하는 작업에 반드시 시간을 투자해야 한다. 그 이유는 같은 문제를 해결하는 객체들의 재생성

을 최소화하고, 배포에 있어 전역적인 단위 기준으로 범용 객체를 생성하고 공유하기 위해서다.

- **데이터 정규화**: 정규화의 기본 원리를 스플렁크에 적용한다. 일관된 명명 규칙과 스플렁크 공통 정보 모델(공통 관심 데이터를 정의하기 위해 조직이 사용할 수 있는 필드 이름과 태그의 집합)을 선정하라.

- **스플렁크 설정 파일**: 대부분의 스플렁크 기능들은 스플렁크 웹을 통해 설정될 수 있으며, 스플렁크의 어떤 특징과 기능은 설정 파일을 사용할 때 좀 더 효율적으로 다룰 수 있다는 사실을 알아봤다. 스플렁크 설정 파일을 지식 객체로 생각해야 하며, 지식 객체와 같은 방법으로 모니터링되고 관리돼야 한다.

- **데이터 모델링**: 스프렁크 데이터 모델은 인덱싱된 데이터에 정통하고 스플렁크 검색 언어에 익숙한 스플렁크 사용자에 의해 개발된다. 이 데이터 모델은 스플렁크 피벗 툴의 활용을 위해 사용되며(데이터 모델이 없으면 피벗은 보고서를 생성할 수 없다), 스플렁크 지식 객체로서 구성되고 사용돼야 한다.

- **성능 관리**: (대량 인덱싱 데이터 같은) 다양한 환경 요인으로 인해 스플렁크 성능이 저하될 수 있다. 성능을 높이기 위해서는 보고서 가속, 데이터 모델 가속, 요약 인덱싱(이런 모든 것은 스플렁크 지식을 기반으로 한다)을 활용할 수 있으며, 이들은 조직 내부의 팀들이 원하는 결과를 신속하고 효율적으로 얻도록 지원하는 역할을 한다. 스플렁크 객체를 가능한 한 효율적으로 사용하기 위해 이런 모니터링 전략이 필요하다.

## 문서에서의 명명 규칙

모든 기술에서와 마찬가지로 지식 객체를 개발하기 전에 지식 객체에 대한 명명 규칙(명명 스타일이라고도 한다)을 정하는 것이 좋다. 이것은 지식 객체의 효율적인 활용을 위한 일종의 팁이라고 할 수 있다.

## 지식 객체의 명명 규칙 생성

스플렁크에서 생성될 객체 종류와 객체의 사용 목적에 정통하지 않고 경험도 없다면 실제로 적용 가능한 규칙 혹은 표준을 만드는 일은 쉽지 않다. 일반적으로 좀 더 성숙한 조직에서는 습득하고 고수해야 하는 기술들에 사용된 스타일을 택하는 것이 보통이다. 새로운 혹은 발전 단계에 있는 조직에서 명명 스타일을 결정하는 일은 개인의 몫이 될 것이다.

스플렁크에서는 거의 모든 종류의 지식 객체에 대한 명명 규칙을 생성할 수 있는데, 과연 이 표준 명명이라는 것을 사용해 스플렁크 사용자는 어떤 일을 하게 되는 것일까?

### 구조화된 명명 규칙

특정 목적으로 설계된 모든 객체에 사용하는 접두사처럼 일관된 명명 규칙을 사용하면 자연스럽게 객체들 간의 연관성이 드러난다. 이 책에서 데모 목적으로 생성된 모든 객체에 book_demo_라는 접두사를 붙인다면 스플렁크 환경 내 다른 모든 객체 중이 접두사가 붙은 객체만 쉽게 눈에 띌 것이다. 좀 더 구체적인 예로 'book demo' 객체 리스트 내에서 그룹을 생성하는 모든 검색에 book_demo_searches_라는 이름을 붙이는 경우를 들 수 있다.

### 객체 명명 규칙

객체 명명은 객체의 사용 목적을 설명하기 위해서도 사용될 수 있다. 예를 들어 db_search_라는 이름이 붙은 객체는 데이터베이스 검색과 관련이 있음을 알 수 있다. 객체 명명 시 포함할 수 있는 정보는 다음과 같다.

- 어떤 그룹의 사용자가 객체를 사용하는지
- 객체가 어느 부분에 사용되는지
- 객체에 어떤 기술이 적용됐는지
- 사용 목적 혹은 포함된 애플리케이션은 무엇인지

### 조언

규칙 혹은 스타일은 빨리 채택할수록 좋다. 왜냐하면 이미 생성되어 사용 중인 많은 객체가 존재할 텐데, 그것들을 꼼꼼하게 살펴 추려내고 추후 개명하는 일은 매우 힘든 작업이 될 것이기 때문이다.

규칙은 일관돼야 한다. 조직 내 모든 사용자가 쉽게 익힐 수 있는 스타일을 선택했는지 점검하라. 모든 사람이 일관되게 규칙을 준수한다면 시간이 지나면서 그 규칙을 사용하는 일이 더 쉬워질 것이다.

규칙은 합리적이어야 한다. 말이 되고 이해하기 쉬우며 사용하기 편리한 스타일/규칙을 사용하라. 그렇지 않은 경우 규칙은 아마 사장되거나 방치될 것이다. 또한 단지 규칙이라는 이유만으로 무작정 사용하지 말고, 적용하는 것이 합리적인 경우에만 규칙을 사용하라.

앞서 생각하라. 현재까지 전 세계적으로 채택하고 있는 스플렁크 표준 명명 규칙 혹은 스타일은 없지만, 보통 자신만의 명명 규칙을 정해서 스플렁크 온라인 커뮤니티에 올리는 경우가 일반적이다. 이 방법을 사용하면 도움이 되는 조언을 얻을 수 있으며, 기술을 표준화하는 역할에 일조하게 된다!

## 명명 규칙 사례

명명은 매우 중요한 작업이기 때문에 좀 더 자세한 예제를 살펴볼 것이다(이미 조직이 스타일 혹은 규칙을 갖고 있다면 스플렁크 지식 객체에 적용될 수 있을 만큼 많이 사용하는 것이 중요하다).

(스플렁크 팀의 지식 관리자로서) 적용하기 간단하고 논리적인 명명 스타일을 찾으려 노력해야 한다. 예를 들어 대부분의 기술에서는 구획문자를 채택하고 있다. 구획문자는 데이터를 절<sup>section</sup>로 나누거나 객체의 이름을 구분하기 위해 사용되는 공인된 방식이다. 가장 흔한 것이 대시와 밑줄 문자다. 구획문자를 사용함에 있어서 다음 단계는 어떤 절을 객체 이름으로 사용할지 그리고 해당 절이 어떤 순서에 위치해야 할지 결정하는 것이다.

객체를 절<sup>section</sup>로 구분하는 옵션은 다음과 같다.

- **User group**<sup>사용자 그룹</sup>: 특정 그룹 내 스플렁크 사용자가 소유한 모든 객체를 그룹으로 묶는 절<sup>section</sup>이다. 예를 들어 기업 그룹, 금융 그룹, 코그노스 TM1 그룹 등이 있다면, 사용자 그룹은 CRP, FIN, TM1이 될 것이다.
- **Type**<sup>타입</sup>: 객체 타입인 검색, 경고, 보고서, 필드, 태그, 룩업 등을 나타내는 절이다.
- **Platform**<sup>플랫폼</sup>: 이 절은 객체가 속한 플랫폼에 해당된다(MS 윈도우 혹은 리눅스).

- Category<sup>범주</sup>: 주로 사용되는 플랫폼에 대한 스플렁크의 '관심 영역'이라고 할 수 있는 것들(디스크 변경, SQL, 이벤트 로그, CPU, 작업<sup>job</sup>, 서브시스템, 서비스, 보안 등)을 나타낸다.
- Interval<sup>간격</sup>: 객체의 간격을 나타낸다(15분, 24시간, 혹은 주문형<sup>on demand</sup>).
- Explanation<sup>설명</sup>: 객체의 맥락적 의미와 목적에 대해 한 단어 혹은 두 단어로 제한된 유의미한 설명을 제공하는 절이다.

이런 규칙은 다음 테이블처럼 리스트로 정리할 수 있다.

| User group (사용자 그룹) | Type (타입) | Platform (플랫폼) | Category (범주) | Interval (간격) | Explanation (설명) |
|---|---|---|---|---|---|
| CRP FIN TM1 | 경고 보고서 필드 태그 룩업 | 윈도우 리눅스 | 디스크 변경 SQL 이벤트 로그 CPU 작업 서브시스템 서비스 보안 | 〈임의 선택〉 | 〈임의 선택〉 |

따라서 위 규칙을 사용하면 객체 포맷은 다음과 같을 것이다.

```
UserGroup_Type_Platform_Category_Interval_Explanation
```

## 스플렁크의 공통 정보 모델

**공통 정보 모델**<sup>CIM, Common Information Model</sup> 애드온은 스플렁크로 입력되는 정보를 파싱하고, 범주화하며, 정규화하는 표준 접근법을 제시한다.

스플렁크의 CIM이란 비슷한 이벤트에 같은 필드 이름과 태그를 사용함으로써 데이터를 정규화하기 위해 사용되는 범주화된 테이블들의 집합이다. CIM 애드온은 이런 테이블을 스플렁크 데이터 모델로서 구현하는데, 사용 목적은 다음과 같다.

- 필드 및 태그가 얼마나 정확하게 정규화됐는지 테스트한다.
- 스플렁크 피벗을 통해 보고서와 대시보드를 생성한다.

IT 산업군에 적합한 공통 정보 모델의 스플렁크 버전에 대한 많은 정보가 온라인상에 존재한다. 실제로 스플렁크 전문가가 숙지해야 할 접근법 혹은 전략이라는 점에서 이런 정보는 매우 중요하다.

추출된 필드 이름을 정규화하는 과정, 이벤트 타입에 태그를 붙이는 작업, 호스트에 태그를 붙이는 작업을 위해서는 개별적인 사용자 정의 표준 필드 리스트, 이벤트 타입 태그 시스템, 표준 호스트 태그 리스트가 필요하다.

Splunk Apps에서 CIM 애드온을 다운로드할 수 있다.


# 테스트

소프트웨어 테스트를 조사$^{investigation}$라는 단어로 정의할 수 있다. 이런 조사 작업의 목적은 테스트 대상 제품 혹은 서비스의 품질과 관련된 정보를 제공하는 것이다.

테스트 작업은 또한 기술에 대한 객관적이며 독립적인 관점을 제공하는데, 이를 통해 구현에 따른 잠재적 위험을 인식하고 대비할 수 있다(사용자와 사용자의 조직이 스플렁크로 수행하는 작업이다). 평가 테스트는 품질 테스트와 달리 각기 다른 목적으로 여러 가지 방법을 통해 수행된다. 이 책은 품질 수준을 평가하기(버그를 찾기) 위해 스플렁크 지식 객체를 테스트하는 작업을 중점적으로 다루고 있다.

품질 테스트(혹은 품질 확인)에는 소프트웨어(혹은 스플렁크의 지식 객체)를 실행하는 작업이 포함된다. 일반적으로 다음 조건에 대한 수준을 보기 위해 객체의 각 컴포넌트, 객체 기능, 혹은 객체 특징이 전체 객체의 일부로서 개별적으로 평가된다.

- 원래 제안한 설계 및 개발 요구사항을 만족시키는가?
- 모든 입력 타입에 적절하게 대응하는가?
- 적정한 시간 내에 기능이 작동하는가?
- 적절하게 사용 가능한가?
- 아직 구체화되지 않은 환경에 설치되고 사용될 수 있는가?
- 의도한 대로 일반적인 결과를 얻을 수 있는가?

품질 테스트에 대한 접근 방법은 무수히 많다. 적절한 시간과 자원을 최적으로 사용하기 위해 합리적인 테스트 전략을 사용할 필요가 있다. 일반적으로 테스트는 목적과 시간이라는 기준에 따라 단계가 정해진다. 전체적으로 빠르게 자주 테스트하는 방법이 좋은데, 이는 테스트 대상(부분적으로 개발된 부분이라 하더라도)이 감지되자마자 테스트를 시작하는 것이 좋다는 뜻이다. 간혹 앱 개발 방법에 따라 테스트가 수행될 시기와 방법이 결정되는 경우도 있다. 대부분 시스템 요구사항이 테스트 가능한 프로그램으로 문서화되고 구현된 이후 테스트가 시작된다. 애자일$^{agile}$ 접근법을 따르면 요구사항, 프로그래밍, 테스트가 동시에 진행될 수 있다.

## 공유 전 테스트

스플렁크 앱 혹은 애드온을 Splunk Apps에 업로드해서 조직 외부에 공유하려면, 다음과 같이 특정 승인 조건을 만족시키는지 테스트(정확하게는 검증)해야 한다.

- 객체는 적절한 패키징 및 명명 규칙을 준수하는가?
- 모든 스플렁크 설정 파일이 일관되고 표준화되어 있는가?
- 스플렁크의 XML 파일 표준을 준수했는가?
- 전체적으로 소스 코드가 해당 표준을 준수하는가?
- 일반적인 버전 및 설치 표준을 준수했는가?
- 권고된 운영체제 표준을 준수했는가?
- 악성코드/바이러스, 악성 콘텐츠, 사용자 보안을 어떻게 관리하는가?
- 모든 외부 데이터 소스가 일관되고 표준화되어 있는가?
- 지원 규정은 확인했는가?
- 지적 재산권과 관련 있는가? 현존하는 지적 재산권을 침해하지 않는가?

공유 전에 이런 테스트가 필요하지만 사용자가 개발한 지식 객체의 품질이 우수함을 확인하기 위해 내부적으로 구축된 테스트 전략의 일부로서 이런 검증 테스트를 채택하는 것 역시 고려해야 한다.

## 테스트 단계

테스트는 보통 소프트웨어 개발 주기에서 현재 위치한 단계 혹은 테스트의 정확성 정도에 따라 나뉜다. 테스트 단계는 테스트 목적에 의해 분류되는데, 가장 일반적인 테스트 단계로는 단위, 통합, 시스템, 승인, 성능, 회귀$^{regression}$가 있다.

스플렁크를 사용해 테스트의 모든 기본 원리를 적용할 수 있다는 사실과, 테스트 목적은 스플렁크 앱이 스플렁크 환경에서 잘 동작하는지, 그리고 Splunk Apps에 공유하기 위한 필수 조건을 만족시키는지 확인하는 것임을 다시 한 번 강조한다.

## 단위 테스트

단위(혹은 모듈) 테스트라고 하면 보통 가장 기초적인 단계에서 코드의 특정 부분을 검증하는 것을 의미한다. (코드를 작성한) 개발자는 코드 개발 시 실행될 테스트 단계를 같이 작성해야 한다. 이렇게 하면 의도대로 특정 함수가 동작하는지 확실히 확인할 수 있다. 단위 테스트에는 많은 테스트 단계가 존재할 수 있으며, 코드, 데이터 흐름과 지표 분석, 동료 간 코드 검토, 코드 범위 분석, 그 외 소프트웨어 검증을 위한 작업이 포함될 수 있다.

이런 모든 작업이 스플렁크 지식 객체 테스트에 적용된다. 개별 검색 커맨드라인이라도 더 작은 하위 검색으로 나뉠 수 있고, 다른 스플렁크 사용자에게 사용이 허용되기 전에 완전한 검색 객체에 대한 검토와 분석이 이뤄질 수 있다.

## 통합 테스트

통합 테스트는 솔루션 내에서 컴포넌트들 사이의 관련성을 검증하는 데 중점을 둔다. 컴포넌트는 점차적으로 통합되거나 한 번에 같이 통합될 수 있다. 통합 테스트는 개별 컴포넌트가 아닌 컴포넌트들 사이의 관계에서의 정확성을 평가한다. 통합 테스트의 예로 대시보드를 구성하는 저장된 검색들 사이의 관계를 테스트하는 경우를 들 수 있다.

## 컴포넌트 인터페이스 테스트

컴포넌트 인터페이스 테스트는 솔루션에서 컴포넌트들 사이를 지나가는 정보에 중점을 둔다(실제 컴포넌트 연결에 중점을 두는 통합 테스트와 혼동해서는 안 된다). **컴포넌트 인터페이스 테스트**CIT, component interface testing에서는 솔루션 컴포넌트 사이를 지나가는 정보의 조각을 설명하기 위해 패킷packet이라는 용어를 사용한다.

이런 패킷에 대해 범위를 한정하고(상한선과 하한선 테스트), 타입을 알아내거나(지나가는 데이터가 수치, 문자열 등 컴포넌트가 원하는 타입임을 확인) 아니면 검증을 시도할 수 있다(비즈니스 규칙에 의거해). 당연히 모든 스플렁크 지식 객체가 이런 방법으로 테스트될 수 있다. 검색 조건을 만족시키는 이벤트가 없을 때 대시보드는 무엇을 보여주는가? 특정 기간 동안 이벤트 개수가 기대하는 수준 이상이 될 경우 어떤 일이 발생하는가? (스플렁크 데이터 입력으로서) 메시지 로그에 인식 불가능한 문자가 존재한다면? 이벤트가 원하는 패턴을 따르지 않는다면? 이런 일이 발생한다면(발생할 때는) 스플렁크 컴포넌트가 적절한 방법으로 대응하게 될 것이다.

## 시스템 테스트

시스템 테스트(종종 엔드투엔드 end-to-end 테스트라고도 한다)는 완전하게 통합된 솔루션 테스트로서 솔루션이 사용자 요구사항을 만족시킬지 확인하는 작업이다. 시스템 테스트의 일부로서 솔루션 자체에 대한 검증뿐만 아니라 솔루션이 실행 환경에 부정적인 (혹은 예외 없이) 영향을 미치지 않음을 검증하고, 솔루션 내에서의 작업이 그 솔루션 내의 다른 사용자에게 영향을 미치지 않음을 밝혀낸다.

애플리케이션에 로그인하는 행위, 입력의 생성과 수정, 그 후 결과의 전송과 프린트, 이어지는 요약 처리 혹은 개별 항목의 제거(혹은 보관), 이후 로그오프 행위 등을 간단한 예로 들 수 있다.

스플렁크 객체가 완벽하게 동작하는지, 그리고 사용자 환경(혹은 객체 사용자나 스플렁크 자체)에 영향을 미치지 않는지 반드시 검증해야 한다.

## 승인 테스트

승인 테스트는 테스트 작업의 마지막 단계 step, 절차 phase, 혹은 수준 level 이라고 말할 수 이다. 사용자에게 실제로 솔루션이 전달되는 시점이기도 하다. 스플렁크 지식 객체가 이런 중요한 절차에 빠질 리 없다. 경험상 이런 테스트 단계 혹은 절차는 가장 어려우면서도 가장 중요하다. 모든 테스트를 진행하기 전에 사용자를 확인하는 일은 매우 중요한 작업이다.

(사용자가 테스트를 평가하고 실행하기 위해 일정을 세운다는 사실은 말할 것도 없고) 솔루션의 주요 결정권자가 존재한다거나 이미 인식된 스플렁크 지식 객체를 보유하고 있다는

사실이 무엇보다도 중요하다. 이런 테스트 단계를 통해 사용자가 개발한 솔루션 혹은 지식 객체가 실제로 동작해서 유용하게 쓰일 수 있다는 사실을 알게 될 것이다(개발 단계 초기에 이런 테스트 단계와 관련된 모든 것을 사전에 정의해야 한다). 이렇게 되는 시기를 인지하는 것이 매우 중요하다.

## 성능 테스트

성능 테스트의 목적은 예측 작업량이 주어졌을 때 특정 컴포넌트 혹은 전체 솔루션이 어떤 단계에서 이를 실행할 것인지 결정하는 작업이다. 각 작업량에 대한 응답성과 안정성이 철저하게 측정되고, 이후 수용 가능한 사전 정의 기준치와 비교된다. 성능 테스트는 또한 신뢰성 및 지속 가능성을 측정하고 유지관리하는 컴포넌트의(혹은 솔루션의) 기능을 확인하기 위해 사용된다. 스플렁크 성능 테스트에는 스플렁크의 구성 설정, 운영체제, 하드디스크 장치, 특정 서버 (물리적 혹은 가상) 머신을 기준으로 인덱싱 및 검색 성능을 측정하는 작업이 수반된다.

## 스플렁크의 성능 테스트 키트

스플렁크는 성능 테스트와 튜닝을 위한 테스트 키트<sup>kit</sup>를 제공하며 다운로드 가능하다. Splunkit<sup>스플렁키트</sup>라는 이름의 테스트 키트는 다음을 수행함으로써 조직의 스플렁크 성능 테스트 절차를 간소화하는 확장 가능한 앱이다.

- 테스트를 위해 기계적으로 데이터를 생성
- (커맨드라인 검색을 실행하는 스플렁크 사용자를 대신해서) 패턴화된 검색 생성
- 기준 측정치와 정보 통계 수집

또한 Splunkit 역시 다음과 같은 설정이 가능하다.

- 데이터 생성 속도를 설정하거나 보유하고 있는 데이터를 사용할 수 있다.
- 가상 스플렁크 사용자 수를 설정할 수 있다.
- 가상 사용자에 대한 특정 사용 패턴을 등록할 수 있다.

## 회귀 테스트

회귀 테스트는 개선, 패치, 구성 변경 같은 수정 작업이 시작된 이후 컴포넌트의 기능

및 비기능<sup>nonfunctional</sup> 영역 혹은 전체 솔루션에서 발생한 오류 혹은 에러(아니면 회귀)를 파악하는 테스트 유형이다. 테스트 목적은 이런 변경 작업으로 인해 에러가 유발되지 않았음을 확인하는 것이다(혹은 이전 개선 작업을 무효화하는 것이다). 또한 회귀 테스트를 통해 컴포넌트 혹은 솔루션의 한 부분에 가해진 변경이 다른 영역에 어떤 영향을 미칠지 평가하는 일 또한 가능하다.

안정성과 품질을 확인하기 위해 합리적인 회귀 테스트 계획을 세워야 하고, (다른 기술로 작업할 때와 마찬가지로) 스플렁크 환경이나 지식 객체에 변경이 발생했을 때 반드시 회귀 테스트를 수행해야 한다. 변경사항을 적절하게 다루기 위해 필요한 최소 테스트 집합을 체계적으로 선택함으로써 회귀 테스트를 효율적으로 완료할 수 있다.


# 장착

장착<sup>retrofitting</sup>이란 새로운 기능 혹은 특성을 현존하는 컴포넌트나 솔루션에 추가하는 작업이다. 소프트웨어 개발자는 변경된 요구사항 혹은 추가 요구사항에 근거해서 이미 개발된 컴포넌트나 컴포넌트 그룹에 계속해서 더 많은 기능을 추가하는 작업에 익숙할 것이다.

상당히 복잡한 설계 아래서는 추가 작업이 어려울 수 있다. 어떤 경우 장착이란 범용 컴포넌트의 재사용을 의미하기도 한다(보통 개발 시간과 비용을 줄이기 위해 수행된다). 장착은 일반적인 작업으로서 특별히 RAD[1] 혹은 빠른 애플리케이션 개발 방법론을 따를 때 실제로 수행된다.

스플렁크 관점에서 조직 내 지식 객체의 효율적인 관리와 운영을 통해 장착 결과가 미치는 영향을 최소화할 수 있다. 장착으로 가능한 일은 다음과 같다.

- 새로운 요구사항을 만족시킬 수 있는(만족시키게 될) 현존하는 지식 객체를 빠르게 파악한다.
- 새로운 요구사항을 만족시키면서 하나의 솔루션으로 통합이 가능한 현존하는 지식 객체를 빠르게 파악한다.

---

1 Rapid Application Development의 약자로, 소프트웨어 개발 도구를 이용해 단시간에 제품의 프로토타입을 완성하는 개발 방법론의 하나다. - 옮긴이

정확히 말하자면 항상 새로운 것을 설계하고 개발하는 것보다 현존하는 컴포넌트를 활용하는 편이 좀 더 효율적이다(장착이 필요한 이유다). 그러나 장착 비용이 새로운 컴포넌트의 최소 생성 비용을 넘어서는 경우가 있을 수 있다. 장착의 비용 대비 효율을 측정하려면 지식 객체에 대한 운영 전략을 확실히 할 필요가 있다.

## 엔터프라이즈 비전

(대부분의 툴과 기술처럼) 스플렁크에 대한 엔터프라이즈 비전vision 혹은 전략적 비전은 점진적인 로드맵을 기초로 한다. 초기 평가와 구현 단계로부터 툴 혹은 기술의 구축과 사용, 그리고 (가능하면) 관리와 최적화에 이르는 단계가 포함된다.

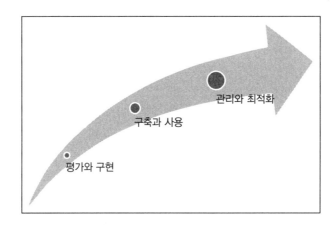

### 평가와 구현

평가와 구현 단계에서는 보통 (조직에서의) 새로운 툴이나 기술의 도입으로 발생되는 결과와 평가에 대해 다룬다. 테스트에서는 툴/기술이 현재 혹은 가까운 미래에 조직의 요구사항을 만족시킬지 판단하기 위해 필요한 모든 사항을 검토해야 한다. 평가와 구현 단계에는 설치, 설정, 그리고 조직 내 지정된 사용자를 위한 새로운 툴 혹은 기술을 개발하는 데 수반되는 모든 작업이 포함된다.

스플렁크 관점에서 볼 때 이 단계에는 스플렁크 평가판과 여러 가지 스플렁크 앱을 다운로드하고 설정하는 작업이 포함된다. 다운로드 전에 조직의 핵심 요구사항을 명확히 하는 일이 매우 중요하다. 또한 스플렁크는 목표 설치 환경과 유사한 환경에서 실제 데이터 샘플링을 사용해 테스트돼야 한다. 사용자의 특정 요구사항을 만족시키는 최적의 토폴로지topology가 어떤 형태인지 철저하게 파악하는 일 역시 매우 중요하다.

## 구축, 사용, 반복

기술 혹은 툴이 배포되고 나면 사용자는 컴포넌트를 구축하고 사용하게 된다. 이런 컴포넌트의 유용성과 품질은 사용자의 기술 수준에 따라 달라진다. 특성상, 구축과 사용은 성공적으로 반복되는 작업이다.

스플렁크는 명령형 도구로서, 대부분의 경우 검색을 실행하기 위한 집중적 사용 교육이 필요하지 않다. 원래 사람 성향상 검색 커맨드라인 명령이 정확하고 유용하다고 판단되면, 추후 조직 혹은 전체 조직에서 사용 가능한 지식 객체로 저장해 재사용하려고 할 것이다. 그러나 대부분의 조직이 이 단계에 도달하더라도 다음과 같은 상황이 발생할 수 있다.

- 유사한 혹은 중복된 기능을 가진 객체
- 객체의 부적절한 명명(생성한 사람이 아니고서는 어떤 객체인지 파악하지 못한다.)
- 공유되지 않는 객체(특정 그룹 혹은 개인들에게만 보이는 객체)
- 노후 객체 혹은 부적절하거나 비효율적으로 동작하는 객체

## 관리와 최적화

보통 컴포넌트 개발 중(혹은 얼마간의 컴포넌트가 생성된 이후) 어느 시점에 이르면, 프로세스는 성숙해질 것이고, 사용자는 개발된 컴포넌트의 구성과 관리, 최적화에 시간을 투자하며 자원을 할당하게 될 것이다(즉, 조직적인 지식 관리를 수행하게 된다).

스플렁크 전문가는 스플렁크 운영 위원회를 구성해 다음과 같은 작업을 통해 조직 내 스플렁크 지식의 식별과 관리가 가능하도록 지원해야 한다.

- 객체를 기록하고 평가하라.
- 적합한 명명 표준과 스타일을 수립하라.

- 적합한 개발 표준을 수립하라.
- 엄격한 테스트 전략을 세우고, 구현하며, 적용하라.
- 조직 내에서 그리고 전 세계 스플렁크 커뮤니티 내에서 스플렁크에 대한 비전을 끊임없이 개발하라.

## 비전을 넘어서

스플렁크의 전략적 접근법 혹은 엔터프라이즈식 접근법에 대해 설명하면서 언급했듯이 비전을 세우는 것이 매우 중요하다. 그렇게 되면 조직에서는 현재는 물론이고 시간이 지남에 따라 높은 응답률을 달성하기 위해 스플렁크를 활용할 수 있을 것이다. 스플렁크를 활용한다는 것은 단순히 환경을 운영하는 것에 대한 이야기가 아니라 10장에서 논의된 모범 사례와 꾸준히 발전을 거듭하는 기능을 활용할 수 있음을 의미한다.

## 구조적 접근법

CMM, 즉 능력 성숙도 모델Capability Maturity Model은 조직 혹은 개인의 소프트웨어(컴포넌트 혹은 솔루션) 개발 프로세스에 대한 성숙도를 측정하는 구조적인structured 기법이다. 일반적으로 알려진 바에 따르면 CMM 모델은 **프로세스 성숙도 프레임워크**PMF, process maturity framework를 기반으로 하며, 성능이 아닌 계약자의 수행 능력을 평가하기 위해 개발됐고, 특별히 신속한 처리와 완벽한 소프트웨어 개발 프로세스 및 시스템 개선을 위해 사용된다. 이는 비전을 세우는 데 중요하게 고려해야 할 개념이다.

CMM은 프로세스들을 일치시키는 척도로서, 정보기술, 커머스commerce, 정부뿐만 아니라 소프트웨어 공학, 위험 및 프로젝트 관리, 시스템 공학 같은 고급 비즈니스 프로세스에도 지속적으로 적용된다.

CMM 모델은 다음 개념을 기초로 한다.

- **주요 프로세스 영역**KPA, key process area: 목표 달성을 위해 사용되는 작업들의 집합을 의미한다.
- **목표**goal: 승인된 KPA의 실질적인 이행과 관련이 있는데, 조직 개발 프로세스의 성

숙도(역량)를 나타낸다.

- **공통 수행항목**common feature: KPA 성능 목표와 역량, 수행된 작업, 측정, 구현 검증, 분석을 의미한다.

- **주요 실천항목**key practice: KPA 이행과 제도화를 위해 사용되는 인프라 컴포넌트를 지칭한다.

- **성숙도**maturity level: 다섯 단계 프로세스로 구성되는데, 가장 높은 단계가 완벽한 상태를 나타내며, 프로세스는 최적화와 지속적 개선을 통해 조직적으로 관리된다.

CMM은 다음의 이상적인 단계를 통해 증진된다.

- **초기**just started: 이 단계는 불안정한 프로세스 환경으로, 제어되지 않으며 거의 모든 작업이 수동적reactive으로 이행된다.

- **반복**repeatable: 반복 가능한 프로세스가 신뢰할 만한 결과를 전달하는 단계다. 기본적인 프로젝트 관리 기법이 반복적으로 사용된다.

- **정의**defined: 명확하게 문서화된 표준하에서 지속적으로 동작은 하지만, 시간이 지날수록 변하게 되어 여전히 일관성을 목표로 하는 단계다.

- **관리**managed: 지표를 통해 조직의 모든 프로세스를 성공적으로 제어할 수 있는 단계다. 관리자들은 표준의 편차 없이 지속적으로 프로젝트를 관리하고 개선해나간다.

- **최적화**optimizing: 혁신적이며 점진적인 기술 개선을 통해 지속적인 프로세스 성능 개선에 집중하는 단계다. 멋진 작업이다!

## 스플렁크: 검색 엔진을 위해 필요한 모든 것

스플렁크를 통해 얻을 수 있는 것을 정확하게 파악해야 한다.

인터넷 없는 세상을 상상할 수 있는가? 검색 엔진이라는 방식을 거치지 않고 인터넷이라는 정보의 바다에서 원시 데이터를 찾아 헤매는 상황을 상상할 수 있겠는가? 점차 증가하고 복잡해지는 조직의 데이터, 그리고 조직이 원하는 외부 데이터를 성공적으로 탐색하기 위해 필요한 것은 무엇일지 생각해볼 수 있겠는가? 조금만 생각해보면 이런 질문이 같은 문제를 언급하고 있다는 사실을 알 수 있을 것이다.

답은 스플렁크에서 찾을 수 있다! 스플렁크는 검색 툴(혹은 엔진)로서, 애플리케이션,

서버, 혹은 네트워크 장비에서 발생하는 거의 모든 데이터에 대해 인덱싱, 검색, 탐색, 경고, 보고가 가능하다(인터넷 검색 엔진과 유사하다). 스플렁크 전문가가 늘어나면서(다음 스플렁크 전문가는 이 책을 읽는 독자 여러분이다), 스플렁크가 제공하는 모든 기능을 다루는 애플리케이션이 점차 많아지는 모습을 보게 될 것이다.

## 정리

10장에서는 엔터프라이즈 스플렁크의 비전을 소개하고, 스플렁크 지식에 대한 정의를 내렸으며, 그것이 조직과 개별 스플렁크 사용자에게 의미하는 바에 대해 설명했다. 또한 명명 규칙, 공통 정보 모델, 테스트 같은 중요한 내용을 다뤘다. 마지막으로, 조직 내에서 스플렁크를 발전시키기 위한 전략 혹은 로드맵을 세우는 방안에 대한 이야기로 10장을 마무리했다.

# 부록
# 퀵 스타트

부록에서는 스플렁크 전문가가 되기 위해 활용할 수 있는 다양한 정보, 즉 인증 트랙에서부터 회사의 웹사이트와 지원 포털뿐만 아니라 그 외 부가적인 정보를 제공한다. 또한 최신 스플렁크 버전을 찾고 기본설정으로 설치하는 과정을 함께 살펴본다. 마지막으로, 개인적 학습과 실행에 도움이 되는 몇 가지 환경 설정 방법에 대해 논의할 것이다.

부록에서 다루는 내용은 다음과 같다.

* 스플렁크 학습(어디서? 어떻게?)
* 소프트웨어 찾기
* 설치와 설정
* 학습을 위한 환경

## 스플렁크 학습

"어떤 분야의 전문 지식을 지속적으로 습득할 생각이 없다면 그 분야의 전문가가 될 수 없다."

– 데니스 웨이틀리(Denis Waitley)

끊임없는 학습(전문성의 획득)은 성공의 조건이다. 생존을 위한 조건이기도 하다. 모든 분야가 그렇지만 특히 기술과 관련된 직업이라면 더욱더 그렇다. 스플렁크 지식과 활용 능력을 향상하기 위한 많은 방법이 있다. 먼저 좀 더 확실한 방법을 살펴본 다음, 그 외의 방법에 대해 이야기해볼 것이다.

- 제품 인증 획득하기
- 공식적인 교육에 참석하기
- 제품 문서 검토하기
- 회사의 웹사이트를 자주 방문하기

## 인증

지금까지 스플렁크 커뮤니티는 다음 절에서 설명할 일반적인 영역을 기준으로 인증을 분류해왔다.

### 지식 관리자

지식 관리자는 지식 객체를 관리(그리고 개발)한다. 지식 관리자는 다음과 같은 개체를 관리하기 위해 프로젝트 단계, 조직 단계, 실행 단계에서 작업을 수행한다.

- 저장된 검색
- 이벤트 타입
- 트랜잭션
- 태그
- 필드 추출과 변형
- 룩업
- 워크플로우
- 명령어
- 뷰

스플렁크 지식 관리자는 스플렁크와 스플렁크 사용자 인터페이스, 각 지식 객체 타입의 사용 목적 등에 대한 깊은 이해가 필요하다. 또한 지식 관리자는 스플렁크 지식 객체 라이브러리의 관리를 통해 스플렁크 환경을 개인적인 용도 혹은 특정 프로젝트를 넘어서는 수준으로 확장해야 한다.

## 관리자

스플렁크 관리자administrator는 모범 사례 혹은 입증 사례에서 사용된 핸즈온hands-on 지식 및 설정 기법이 요구되는 스플렁크 설치 작업을 날마다 지원해야 하며, 조직의 지식 객체를 구성하고 관리할 수 있어야 한다.

## 아키텍트

스플렁크 아키텍트architect는 스플렁크에서 앱을 설계하고 생성할 수 있어야 하며, 지식 관리 경험과 관리 노하우 모두를 갖고 있어야 한다. 더불어 아키텍트는 대용량 배포와 예측, 원시 데이터 수집, 용량 설정, 문서화 같은 작업의 애플리케이션 모범 사례를 숙지하고 있어야 한다.

## 부가적 인증

스플렁크 파트너에만 해당되는 것으로서, 스플렁크는 부가적 인증을 부여한다.

### 스플렁크 파트너

스플렁크가 제공하는 파트너십은 다음과 같다.

- 경험 많은 파트너
- 컨설팅 파트너
- 배포 파트너
- 재판매 파트너
- 서비스 제공 파트너
- 기술 파트너

스플렁크 파트너가 된 개인 혹은 조직은 사용자가 스플렁크를 배워가는 과정에서 필요한 정보나 다양한 조언을 제공하게 된다. 사실 스플렁크 파트너가 되는 것 자체를 목표로 할 수도 있다.

http://www.splunk.com/에서 계정을 만들고 스플렁크 사용자로 자주 로그인해볼 것을 권장한다. 웹사이트에서 파트너 프로그램과 현재 파트너에 대한 자세한 정보를 얻을 수 있다.

### 적합한 교육

여타 기술처럼 전임강사가 지도하는 교육을 통해 스플렁크를 배울 수 있다. '가상 교실'에 참여하거나 가까운 장소에서 열리는 교육에 참석하는 방법이 있다.

전체 스플렁크 커리큘럼은 월별로 제공되며, 모든 교육은 다음과 관련된 내용의 실습으로 구성되어 있다.

- 고급 사용자
- 스플렁크 (앱) 개발
- 관리
- 설계적 기법
- 보안

# 스플렁크 문서

가장 좋은 교육 방법은 스플렁크 문서를 정독하는 것이다. 스플렁크 문서는 자세한 단계별 예제를 제공한다는 점에서 매우 탁월하기 때문에 여기서 사용자는 매우 유용한 정보를 얻을 수 있을 것이다.

http://docs.splunk.com/Documentation/Splunk를 찬찬히 둘러볼 것을 권장한다 (북마크하라). 원하는 스플렁크 버전을 선택할 수 있는 옵션이 있으며, 자신만의 진도와 일정에 맞추어 다음과 같은 내용의 교육을 받을 수 있다는 점을 기억하라.

- 각 배포판에 대한 요약
- 검색 데이터 모델과 피벗(그리고 그 외) 튜토리얼
- 운영과 경고 메뉴얼
- 설치 절차

- 대시보드와 시각화 정보
- 분산 배포
- 전달자
- 지식 관리
- 모듈 시스템 레퍼런스
- 피벗
- API
- 검색과 분산 검색
- 디버깅
- 스플렁크 웹에서 뷰와 앱 제작
- 데이터 입력
- 인덱싱과 클러스터링
- 모듈 시스템 사용자 메뉴얼
- 보고서
- 보안
- 인스턴스 갱신

## www.splunk.com

이 웹사이트는 1년 내내 언제나 이용 가능하며, 스플렁크와 관련된 모든 종류의 정보를 쉽게 검색할 수 있는 포털이다. 다음과 같은 순서로 구성되어 있다.

- 기본 제품
- 다양한 스플렁크 솔루션
- 산업
- 파트너
- 스플렁크에 대한 모든 것
- 적절한 지원을 받는 방법
- 이용 가능한 서비스
- 그 외 자료

스플렁크 웹사이트에는 이어지는 절들에서 논의할 내용들이 포함된다.

## Splunk answers

Splunk answers<sup>스플렁크 답변</sup>는 스플렁크 커뮤니티 내 사용자를 위한 소통의 장으로서, 스플렁크에 관한 모든 질문에 빠른 대답을 얻을 수 있다.

## Splunkbase

Splunkbase<sup>스플렁크베이스</sup>는 FAQ, 질의에 대한 응답, 적절한 조언으로 구성된 **검색 가능한 앱의 지식 창고**라고 할 수 있다. 스플렁크 사용자는 포인트와 명예의 훈장을 획득해 자신의 Splunkbase 순위를 올릴 수 있고 이렇게 되면 사이트의 리더십 게시판에 전문가로 등록될 수 있다.

## 지원 포털

스플렁크의 지원 포털은 http://www.splunk.com/에서 이용 가능하다(Support 아래에서 찾을 수 있다). 포털에서 사용자 계정을 생성하고 진정한 '스플렁크 사용자'가 되면 다음과 같은 활동을 자유롭게 할 수 있다.

- 버전별 스플렁크 소프트웨어 다운로드와 업데이트
- 온라인 포럼과 토론 참여
- 지원 이슈, 질문 보고서
- 애플리케이션 지침과 백서 다운로드
- 스플렁크 제품 로드맵에 대한 의견 개진
- 기술 업데이트, SplunkVox 뉴스레터, 스플렁크와 관련된 방대하고 유용한 정보 습득

계정 생성은 무료다. 웹사이트에 접속하고 다음 화면처럼 Sign Up Now를 클릭하기만 하면 된다.

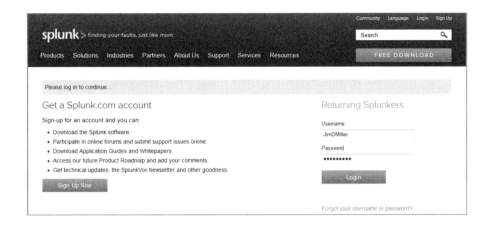

여기서 (중복되지 않은) 사용자 이름과 비밀번호를 생성해야 한다(물론 스플렁크 웹사이트 약관에 동의해야 한다).

## Splexicon

'lexicon'라는 단어는 그리스어에서 유래했으며, '단어의 혹은 단어에 대한'으로 번역된다. Splexicon<sup>용어집</sup>은 스플렁크 기술에서 사용되는 모든 기술적 어휘를 설명한다. 모든 설명은 (링크를 통해) 스플렁크 제품 문서로 연결된다.

Splexicon을 온라인 스플렁크 참고 메뉴얼, 튜토리얼, 관련 정보로 연결되는 '지능적인 사용자 인터페이스'로 활용할 수 있다. 이를 통해 스플렁크 용어를 쉽게 찾을 수 있으며 그 용어와 관련된 문서 및 상세 정보로 '즉시 이동'할 수 있다.

다음은 'Alert Manager'라는 용어에 대한 문서 및 상세 정보를 보여주는 화면이다.

# 'How-to' 튜토리얼

현재 스플렁크 교육 팀은 각 분야의 전문가가 다음과 같은 주제로 강의하는 10개 이상의 교육용 비디오를 제공한다.

- MS 윈도우와 리눅스 설치 방법
- 스플렁크로 데이터 입력하기와 인덱싱하기
- 기본 검색
- 필드 사용 방법
- 검색 저장하기와 공유하기
- 태그 붙이기
- 대시보드와 보고서

 스플렁크 교육 팀은 콘텐츠, 시뮬레이션, 퀴즈를 통해 스플렁크의 다양한 기능을 알려주며, 사용자가 자신의 진도에 맞추어 학습할 수 있는 이러닝(무료) 서비스를 제공한다. 스플렁크 계정과 프로필만 있으면 이런 기능과 서비스를 제공받을 수 있다. 개인 일정이 허락하는 한 많은 자료를 학습해볼 것을 권장한다.

## 사용자 컨퍼런스, 블로그, 뉴스 그룹

다양하고 방대한 종류의 스플렁크 컨퍼런스에 대한 정보를 찾을 수 있을 것이다. 모든 컨퍼런스는 스플렁크 경험을 쌓기 원하고 점점 더 성장하는 커뮤니티에 참여하기 원하는 누구에게나 열려 있다. 가장 인기 있는 컨퍼런스는 SplunkLive!스플렁크 라이브!다.

SplunkLive!에서는 스플렁크와 관련된 최근 소식, 플랫폼을 확장하는 다양한 방식, 다음과 같은 새로운 정보를 접할 수 있다.

- 클라우드
- 모바일
- 하둡
- 앱 스토어

SplunkLive!는 일반적인 세션, 발표자, 워크숍으로 구성된다. 가장 중요한 것은 파트너가 스플렁크 사용자를 만날 수 있는 좋은 기회가 된다는 사실이다.

## 전문 서비스

스플렁크 전문 서비스 팀이 있다는 사실을 기억하라. 이 팀은 사용자의 요구사항에 따른 맞춤형 서비스를 제공한다. 사용자 정의 스플렁크 애플리케이션의 개발, 사용자 환경에 특화된 사용 예제의 구현, 워크숍과 설계 세션, 혹은 스플렁크 기능으로 구현 가능한 모든 것을 지원한다.

## 스플렁크 소프트웨어 얻기

스플렁크 소프트웨어를 얻으려면 다음 절에서 설명하는 절차를 따라야 한다.

## 면책사항[1]

첫 번째 단계는 스플렁크 소프트웨어 라이선스 동의서(http://www.splunk.com/view/SP-CAAAAFA에서 찾을 수 있다. 소프트웨어를 설치했다면 설치 폴더 아래에 위치한다)를 읽어보는 것이다.

 모든 기능이 장착된 스플렁크 엔터프라이즈 버전을 무료로 내려받았다 해도, 소프트웨어 라이선스 동의서는 설치와 사용을 허가하고 사용자의 이해를 돕는다는 점에서 매우 중요하므로 읽어보는 것이 좋다.

## 디스크 공간 요구사항

다음은 모든 소프트웨어 설치에서와 마찬가지로 사용자의 하드웨어 사양을 평가하는 단계로, 사용자의 요구사항을 만족시키면서 스플렁크를 문제없이 실행할 수 있는지 확인한다. 스플렁크는 이미 최고 수준으로 최적화되어 있긴 하지만, 모범 사례에서는 스플렁크를 평가하기 위해 실제 사용 환경에서와 유사한 하드웨어를 사용하는 경우가 보통이다. 평가를 위해 사용할 하드웨어는 권고 사양 스펙을 만족시키거나 그보다 높은 수준이어야 한다(스플렁크 웹사이트를 확인하거나 스플렁크 전문가에게 조언을 구하라).

스플렁크가 요구하는 최소한의 물리적 공간 외에, '추가적인 공간'이 필요해질 것이다. 스플렁크에 데이터가 입력되면 그 '원시 데이터'는 압축/인덱싱되는데, 이는 원시 데이터의 약 10퍼센트에 해당하는 공간을 차지한다. 그리고 스플렁크는 압축된 파일을 가리키는 인덱스 파일 또한 생성한다. 이런 관련된 인덱스 파일은 원시 데이터의 약 10~110퍼센트에 이르는 범위의 크기를 차지할 수 있으며, 데이터에 존재하는 유일한 항term의 개수에 따라 차지하는 크기가 결정된다. 다시 말하지만, 스플렁크를 살펴보는 것이 목적이라면 용량 산정에 연연하지 말고 로컬 머신 혹은 랩톱에 바로 스플렁크를 설치하라. 이것으로 충분하다.

---

1  소프트웨어의 사용으로 인한 어떤 손해에 대해서도 그 소프트웨어의 판매자는 책임이 없다는 것을 명시하는 용어 – 옮긴이

## 물리적 머신이냐, 가상 머신이냐?

오늘날 대부분의 조직은 물리적 머신과 가상 머신을 혼합해 사용한다. 일반적으로 스플렁크는 두 가지 머신 모두에서 잘 동작한다. 소프트웨어의 요구사항을 파악하고 사용자 환경이 소프트웨어 동작을 위해 적절하게 설정됐는지 확인하는 일이 매우 중요하다.

스플렁크 문서에는 다음과 같은 설명이 있다.

> "어떤 플랫폼에서든지 가상 머신(VM, virtual nachine)에서 스플렁크를 실행하면 성능은 떨어진다. 이는 시스템의 하드웨어를 VM이 필요할 때마다 사용하는 자원에서의 자원 풀(resource pool)로 추상화하는 방법을 통해 가상화가 동작하기 때문이다. 스플렁크는 인덱싱 동작을 위해 다수의 자원, 특별히 디스크 I/O 같은 자원에 지속적으로 접근해야 한다. VM에서 혹은 다른 VM들과 나란히 스플렁크를 실행하면 인덱싱 성능은 떨어진다.
>
> – Splunk.com

스플렁크 버전 6.0.2는 MS 윈도우와 리눅스 운영체제 모두에서 실행되나, 이 책은 MS 윈도우에 대해서만 다룰 것이다.

## 스플렁크 아키텍처

스플렁크를 32비트 혹은 64비트로 실행할 수 있다. 원하는 버전을 선택하라.

이제 소프트웨어를 얻을 수 있다! 웹사이트에서 패키지(MS 윈도우용 .msi)를 다운로드하고 설치하라.

설치 버전의 릴리스 노트를 읽어볼 것을 권장한다. 릴리스 노트는 알려진 이슈와 그에 대한 해결 방법을 제시하는데, 나중을 대비해 이런 정보가 기록되어 있다.

 스플렁크 업그레이드를 위해서는 스플렁크 웹사이트를 방문해 구체적인 지시사항을 숙지해야 한다.

### 스플렁크 계성 생성

원하는 스플렁크 버전을 다운로드하려면 스플렁크 계정이 필요하다. 앞서 지원과 교육을 위해 사용자 계정이 필요하다는 사실을 설명했다. 계정이 있다면 준비가 완료된 것이다. 계정이 없다면 다음 단계를 따르라.

1. http://www.splunk.com/을 방문하라.

2. Sign Up을 클릭하라. 정말 쉽다!

스플렁크 계정을 만들었다면 Free Download를 클릭하라. 여기서 Download Splunk Enterprise 페이지로 이동할 수 있는데, 다운로드 가능한 스플렁크 리스트를 볼 수 있다. 설치하고자 하는 스플렁크 버전의 링크를 클릭하라.

다음은 Thank You for downloading 페이지로 이동되어 현재 위치에 설치 파일을 저장할 것인지를 묻는 창을 보게 될 것이다.

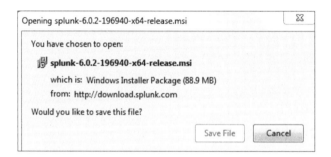

### 설치와 설정

스플렁크를 내려받은 후에, 다음과 같은 화면을 보게 된다. 이제 시작이다.

웹사이트(http://www.splunk.com/)를 둘러본 후에 (사용자 시스템에 적합한) 스플렁크 설치 파일을 다운로드하고 저장하라. 이후 설치 과정을 시작할 수 있다.

'Thank You for Downloading' 이메일을 수신하게 될 것이다.

이 이메일은 무료 스플렁크 라이선스의 제한사항뿐만 아니라 빠른 이동과 실행을 위한 링크를 제공한다. 다음과 같은 내용의 링크가 제공된다.

* 강의
* 스플렁크 사용자를 위한 무료 라이브 교육
* 교육용 비디오

## 설치

MS 윈도우에서 다운로드가 완료되면 다음과 같이 실행을 위한 프롬프트 창이 뜬다.

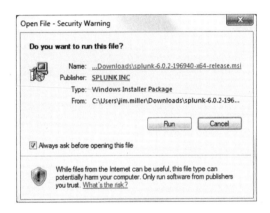

Run 버튼을 클릭하면 다음처럼 Welcome to the InstallShield… 화면을 볼 수 있다.

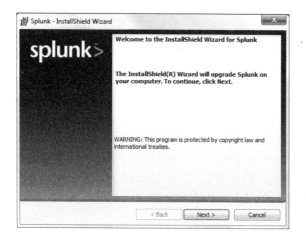

이제 I accept the terms in the license agreement<sup>라이선스 동의 약관을 수락합니다</sup>를 클릭하고 Next 〉 버튼을 클릭한다(약관을 읽고 수락해야 한다!).

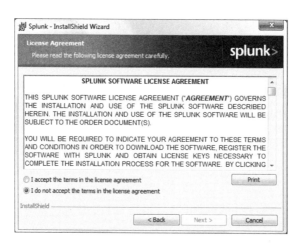

 경고! 약관을 수락하지 않으면 더 이상 진행할 수 없다(약관을 수락할 때까지 Next 〉 버튼은 비활성화된다).

약관을 수락하고 다음 버튼을 클릭하면 기본 위치 C:\Program Files\Splunk에 설치가 진행될 것임을 알려준다.

사용자가 선택한 설치 대상 폴더는 여러 가지 이유로 매우 중요하다. 교육과 평가를 위한 설치라면 기본 위치로 남겨둘 것을 권장한다.

스플렁크의 설치 위치는 $SPLUNK_HOME 혹은 %SPLUNK_HOME%로 참조됨을 명심하라.

Next )를 클릭한 후에 MS 윈도우 시작 메뉴에 바로가기 아이콘을 생성할 것인지 묻는 화면이 나타난다.

체크박스를 선택하고 Install 버튼을 클릭하라.

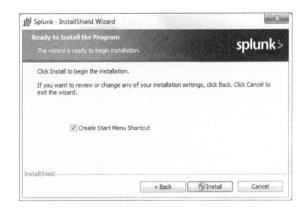

다음은 검증 단계다. 사용자의 운영체제에 적합한 스플렁크 버전이 설치됐는지, 그리고 적절한 지원 파일이 있는지 확인한다. 다음과 유사한 화면을 보게 될 것이다.

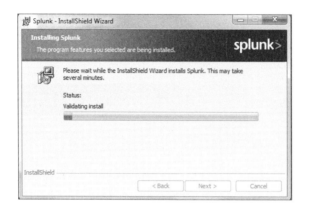

다음 화면에서 보이는 바와 같이 하드웨어에 따라 설치에 몇 분 이상이 소요될 수 있다.

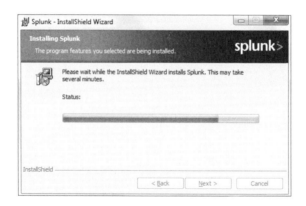

설치 과정 중 스플렁크는 두 가지 MS 윈도우 서비스를 설치(그리고 설정)한다.

- **Splunkd**: 스플렁크 서버로서 스트리밍 데이터를 접근, 처리, 인덱싱하며 모든 검색 요청을 처리한다.
- **Splunk Web**: 스플렁크 사용자 인터페이스를 제공한다.

로컬 시스템 사용자 계정으로 두 가지 서비스가 (기본설정으로) 설치되고 실행된다(설정을 변경해서 다른 사용자 계정으로 실행할 수 있다). 스플렁크 사용자가 모니터 대상을 결정하는 중요한 역할을 담당하는 반면, 로컬 시스템 사용자는 오직 로컬 머신에 존재하는 데이터에만 접근이 가능하고 그 외의 데이터에는 접근할 수 없다. 로컬 시스템 사용자가 아닌 사용자는 원하는 데이터에 접근 가능하지만 스플렁크 설치 전에 이런 접근 권한이 허용돼야 한다. 다음 화면은 스플렁크가 설치 중임을 보여준다.

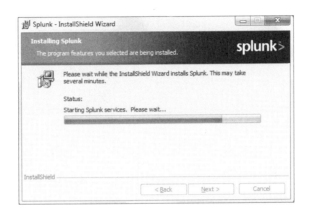

마지막 단계는 사용자 머신에 추가된 (새로운) 두 가지 MS 윈도우 서비스를 시작하는 것이다(앞서 설명했다). 문제없이 시작되면 다음 화면처럼 성공적인 설치를 알리는 대화 창이 뜨고 기본 웹 브라우저로 스플렁크를 시작할지 묻는 프롬프트 창을 보게 된다.

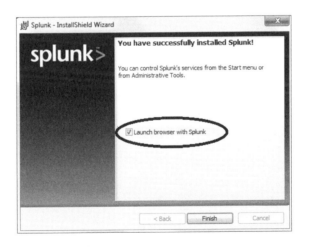

웹 브라우저에서 스플렁크를 시작하면 첫 로그인을 위한 준비가 완료된 것이다. 다음 화면처럼 사용자 이름과 비밀번호 입력란 아래 위치한 First time signing in?<sup>처음 로그인이십</sup> <sup>니까?</sup> 링크로 쉽게 사용자 등록을 할 수 있다.

다음 화면처럼 First time signing in? 링크를 클릭하면 스플렁크는 admin이라는 사용
자 이름과 함께 일회용 패스워드(등록을 위해 사용한 후 스플렁크는 강제로 사용자가 패스워
드를 변경하게 한다)를 제공한다.

첫 방문이라면 다음 화면처럼 What's new in 6.0 배너를 보게 될 것이다.

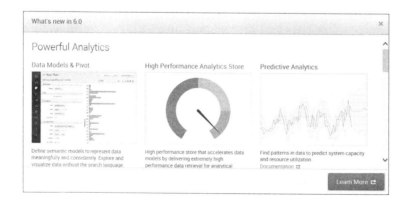

스플렁크를 처음 사용하는가? 그렇다면 스플렁크의 홈페이지로 직행하기 전에 Learn More 버튼을 클릭해서 어떤 내용들이 있는지 살펴보는 시간을 갖기 바란다.

## 스플렁크 홈

(Learn More 버튼을 선택하고 더 살펴본 후 혹은 닫음 창 우측 상단의 x 버튼을 클릭해) What's new 배너를 닫으면, 다음 화면처럼 홈페이지로 이동하게 된다. 이제 스플렁크를 시작할 준비가 완료된 것이다.

스플렁크 홈은 설치 후 접근 가능한 모든 앱과 데이터에 대한 시작점이다(스플렁크 인스턴스Splunk instance라고도 한다).

홈은 버전 6.0에서 새롭게 디자인됐으며, 간편한 검색바, '데이터 추가Add Data', '도움말Help' 패널이 추가됐다.

 처음 스플렁크에 로그인한 후 인스턴스를 특정 뷰로 '직행하도록' 설정할 수 있는데, 이렇게 하면 검색 혹은 피벗처럼 필요한 기능을 효율적으로 사용할 수 있다(스플렁크 로고를 클릭하면 홈페이지로 언제든지 돌아갈 수 있다는 사실을 기억하라). 이제 마음껏 스플렁크를 활용해보자!

# 학습 환경

일반적으로 대부분의 사용자는 배우고 싶은 소프트웨어를 찾아서 설치하는 데는 빠르지만, 실제로 소프트웨어를 실행하고 그 소프트웨어가 제공하는 모든 기능을 당장 살펴보는 일은 미루는 것이 보통이다. 일단 설치를 하면 즉각적인 만족감을 얻을 수는 있지만 결국에는 재작업, 재설치, 재설정을 해야 하는 상황이 발생하기도 하며, 심지어 새로운 버전이 아님을 알게 된 후에는 (소프트웨어의) 소스를 다시 찾는 경우도 있다.

또한 환경상 요구사항과 설정 옵션, 설치 후 사용 중인 소프트웨어의 특정 동작을 진단하고 문제를 해결하는 방법을 완벽하게 이해하는 일이 매우 중요하다.

끝으로, 다가올 미래를 준비하기 위해서는 현재 기술 수준, 기술이 사용되는 방법, 기술과 그 기술에 능숙한 사람이 만들어갈 미래의 기회들에 대한 큰 그림 혹은 장기적인 비전을 세울 필요가 있다.

다음은 공식적으로 스플렁크를 학습할 수 있는 환경을 구축하는 방법에 대한 몇 가지 조언이다.

* 모든 소프트웨어의 사전 요구사항을 파악하라.
* (지속적인 사용과 설치를 위한) 모든 하드웨어의 요구사항을 파악하라.
* 설치하고자 하는 혹은 잠재적으로 업그레이드할 소프트웨어의 정확한 버전과 빌드 번호를 확인하는 방법을 숙지해야 한다.
* 설치 과정 중 특별히 발생하는 일을 파악하라.
* 평가판이 만료됐을 경우 해야 할 일을 포함해 소프트웨어 라이선스 동의서에 서술된 내용을 숙지하라.
* 스플렁크 삭제 방법과 적절한 단계로 시스템을 복구하는 방법을 습득하라.
* (적어도 자주 쓰이는) 설정 옵션에 대해 알고 있어야 한다.
* 성능 기준치를 알고 있어야 한다. 응답 시간의 적절성 여부를 판단할 수 있어야 한다.
* 사용 중 에러 진단 방법 혹은 예외 처리 방법을 알고 있어야 한다.
* 도움말과 지원을 위해 방문해야 할 페이지를 알고 있어야 한다.
* 스플렁크를 최적으로 활용하기 위해 전문가가 제시하는 제품 로드맵을 숙지하라.

- 산업군에서의 일반적인 입증 사례 혹은 모범 사례를 숙지하고, 처음 소프트웨어를 접한 시점부터 그 사례를 응용하기 위해 노력하라. 그런 사례들을 단지 나중에 사용하기 위한 참고 자료로 남겨두지 마라.

위 내용은 효율적으로 스플렁크를 학습하는 방법에 대한 제안이다. 이런 제안은 모든 컴퓨터 소프트웨어에 적용되며, 스플렁크 전문가가 되는 데 꼭 필요한 지침이 될 것이다.

## 정리

부록에서는 다음과 같은 내용을 전달했다.

- 스플렁크에 관한 전문적 지식 수준을 높이기 위한 자료 목록
- 스플렁크 엔터프라이즈 최신 버전의 위치와 가져오는 방법
- (MS 윈도우용) 기본 스플렁크 엔터프라이즈 설치 방법
- 집중 학습 환경을 구축하기 위한 일반적인 권고사항

# 찾아보기

에이콘출판의 기틀을 마련하신 故 정완재 선생님 (1935-2004)

# acorn+PACKT Technical Book 시리즈

빅데이터 분석과 최적화를 위한
# Splunk 6 핵심 기술

인  쇄 | 2015년 5월 22일
발  행 | 2015년 5월 29일

지은이 | 제임스 밀러
옮긴이 | 이 미 정

펴낸이 | 권 성 준
엮은이 | 김 희 정
　　　　김 경 희
　　　　전 진 태
표지 디자인 | 한국어판_이승미
본문 디자인 | 선우숙영

인  쇄 | 한일미디어
용  지 | 한승지류유통

에이콘출판주식회사
경기도 의왕시 계원대학로 38 (내손동 757-3) (437-836)
전화 02-2653-7600, 팩스 02-2653-0433
www.acornpub.co.kr / editor@acornpub.co.kr

한국어판 ⓒ 에이콘출판주식회사, 2015, Printed in Korea.
ISBN 978-89-6077-715-6
ISBN 978-89-6077-210-6 (세트)
http://www.acornpub.co.kr/book/mastering-splunk

이 도서의 국립중앙도서관 출판시도서목록(CIP)은 서지정보유통지원시스템 홈페이지(http://seoji.nl.go.kr)와
국가자료공동목록시스템(http://www.nl.go.kr/kolisnet)에서 이용하실 수 있습니다.(CIP제어번호: CIP2015014349)

책값은 뒤표지에 있습니다.